河北省明长城资源调查报告

第四卷

保定市 石家庄市 邢台市 邯郸市

河 北 省 文 物 局
河北省文物与古建筑保护研究院 编著

文物出版社

河北省明长城资源调查报告

编辑委员会（第四卷）

主　　任：张立方　　罗向军

副 主 任：谢　飞　李恩佳　韩立森　徐艳红　张建勋　刘智敏　李　英　孙晶昌
　　　　　刘忠伟

委　　员：（以姓氏笔画为序）

于　耀　　王　凯　　史　展　　次立新　　孙荣芬　　李宏杰　　李英弟　　张文瑞

张守义　　孟　琦　　赵仓群　　贾金标　　郭建永　　郭瑞海　　韩朝旗

主　　编：李英弟　　郭建永

副 主 编：孟　琦　　张守义　　张　勇

参编人员：孟　琦　　张守义　　张　勇　　刘绍辉　　赵克军　　李子春　　张朋鸣　　冯　琰

王　博　　王晓强　　赵世利　　王桂歧　　王凤柱　　刘　朴　　郭建永　　郑兴广

邵晨光　　韩　旭　　高鸿宾　　赵学锋　　杨宝军　　杜鲜明　　雷永禄　　王　鹏

张世标　　魏　敏　　张　明　　尉迟书宁　　王培生　　郭绘宇　　邱晓亮　　刘其放

徐聪慧　　赵　健　　李鼎元

目 录

保定市

保定市位于河北省中部偏西，太行山东麓，冀中平原西部，地势由西北向东南倾斜，地理坐标：东经 113° 45′ 32″ ～ 116° 19′ 41″，北纬 38° 14′ 29″ ～ 39° 57′ 3″，市域东西宽 171 千米，南北长 179 千米。东与廊坊市毗邻，东南邻沧州市，南接衡水市，西南连石家庄市，西靠山西省大同市、忻州市，西北与张家口市交界，东北邻北京市。地处京津石金三角，距北京市 140 千米，距天津市 145 千米，距石家庄市 125 千米。

一、地形地貌

保定市地貌分为山区和平原两大类。山区分为中山区、低山区及丘陵三类。平原区按成因分山前洪积平原、冲积平原及洼淀区三部分。境内最高峰歪头山位于阜平县，海拔 2286 米；最低点洼淀区位于白洋淀和周边低洼易涝区，海拔 7 米。以黄海高程 100 米等高线划分，山区面积 10988.1 平方千米，占总面积的 49.7%。平原（含洼地）11124.9 平方千米，占总面积的 50.3%。

二、气候

保定市属暖温带大陆性季风气候区，主要气候特点是：四季分明，春季干燥多风，夏季炎热多雨，雨、热同季，秋季天高气爽，冬季寒冷干燥。多年平均气温 13.4℃，1 月平均气温—4.3℃，7 月平均气温 26.4℃。生长期年平均 280 天，无霜期年平均 211 天，最长达 231 天（1982），最短为 168 天（1991）。年平均日照时数 2511 小时。平均年降水量 498.9 毫米，平均年降水日数为 68 天；降水集中在每年 6 ～ 8 月，7 月最多。年平均风速 1.8 米 / 秒。年平均蒸发量为 1430.5 毫米。

三、水文

保定市位于海河流域大清河水系的中上游。大清河上游分为南北两支。北支水系上游为拒马河,自张坊出山口以下分为南、北拒马河。北拒马河在涿州市境内有胡良河、琉璃河、小清河汇入后称白沟河;南拒马河在定兴北河店有北易水、中易水汇入,白沟河、南拒马河在白沟新城汇流,以下称大清河。北支洪水经新盖房枢纽分别由白沟引河入白洋淀和新盖房分洪道入东淀。南支水系有潴龙河、唐河、孝义河、府河、漕河、萍河等,均汇入白洋淀,南支洪水经白洋淀下口的枣林庄枢纽入东淀。大清河水系流域面积4.3万平方千米,白洋淀以上流域面积3.1万平方千米。境内水系的最大特点是呈扇形分布,自成水系。

四、自然灾害

保定市主要自然灾害有旱涝、大风、冰雹、干热风、低温、霜冻、连阴雨等。境内春旱、初夏旱、伏旱、秋旱发生频繁,以春旱最为严重。境内暴雨具有很强季节性。1963年8月和1996年8月,发生洪涝灾害。境内降雹日数存在山区—丘陵—平原的递减趋势。连阴雨5天以上的年平均1～2次。

五、自然资源

(一)水资源

保定市多年平均地表水资源量16.2亿立方米,多年平均地下水资源量22.23亿立方米,多年平均水资源总量29.78亿立方米,多年平均入境水量6.32亿立方米。

(二)植物资源

保定市山地林木为落叶林、乔木,主要有桦、杨、落叶松、油松、侧柏、栎类等。山麓和山沟有枣、柿、花椒、杏、核桃、山里红等经济林木。灌木主要有胡枝子、虎榛子、酸枣、荆条等。丘陵和平原主要有用材林和经济林。白洋淀附近主要生长水生沼泽植物。

(三)矿产资源

保定市境内矿产资源主要分布在山区9县,截至2015年,保定市已发现矿产77种,已探明储量的59种,开发利用33种,主要矿种有煤、铁、金、铜、铅、锌、钼、花岗岩、大理石、石灰石、陶瓷原料等金属及非金属矿产。其中煤矿保有资源储量1.56亿吨;铁矿保有资源储量2.25亿吨;钛矿保有资源储量69.45万吨;铜矿保有资源储量(金属量)86.94万吨;铅矿保有资源储量(金属量)11.58万吨;锌矿保有资源储量(金属量)94.74万吨;钼矿保有资源储量(金属量)36.14万吨;金矿、银矿保有资源储量(金属量)996.11吨;熔剂用灰岩保有资源储量550万吨;冶金用白云岩保有资源储量1.001亿吨;

石棉保有资源储量 208 吨；云母保有资源储量 32.09 万吨；水泥用灰岩保有资源储量 4.05 亿吨。

六、明长城资源

此次调查明长城资源涉及涞水县、涞源县、易县、唐县、阜平县，共 5 个县。涞水县西邻张家口市涿鹿县马水口长城、东北邻北京市门头沟区沿河城长城、阜平县北邻山西省大同市灵丘县牛帮口长城、西北邻山西省忻州市繁峙县茨沟营长城、南邻石家庄市灵寿县庙台烽火台、平山县寺坪堡。

长城起点：涞水县九龙镇蔡树庵村，坐标：东经 115° 21′ 10.30″，北纬 39° 51′ 30.90″，高程 857 米。

长城止点：阜平县龙泉关镇龙泉关村，坐标：东经 113° 46′ 02.20″，北纬 38° 55′ 33.60″，高程 1648 米。

保定市明长城资源调查墙体 175 段，总长 152959 米；单体建筑 538 座，其中：敌台 309 座、马面 126 座、烽火台 100 座，水关（门）2 座、其他单体建筑 1 座；关堡 20 座；相关遗存 69 处。

保定市明长城资源调查统计表

地域	墙体		单体建筑					关堡	相关遗存
	段数	长度	敌台	马面	烽火台	水关(门)	其他单体		
涞水县	6	3462	8	4	4			2	15
易县	38	20706	10	20	5			3	
涞源县	122	122437	275	100	68	1		12	54
唐县	3	5068	1		12			2	
阜平县	6	1286	15	2	11	1	1	1	
总计	175	152959	309	126	100	2	1	20	69
			538						

涞水县

涞水县位于保定市西北部，东南部为拒马河冲积平原，西北部为太行山脉东北段，地理坐标：东经 114° 49′ ～ 115° 48′，北纬 39° 17′ ～ 39° 57′，县域东西长 137.9 千米，南北宽 74 千米，总面积 1661.61 平方千米。东接涿州市、高碑店市，南与定兴县、易县为邻，西与涞源县、张家口市涿鹿县、蔚县交界，北与北京市门头沟区、房山区相接，距北京市 103 千米，距石家庄市 183 千米，距保定市 62 千米。

涞水县明长城分布在九龙镇、其中口乡共 2 个乡镇，西邻张家口市涿鹿县马水口长城，东北邻北京市门头沟区沿河城长城，南邻易县紫荆关，西南邻涞源县乌龙沟长城。

长城起点：九龙镇蔡树庵村西北约 1.6 千米，坐标：东经 115° 21′ 10.30″，北纬 39° 51′ 30.90″，高程 857 米。

长城止点：蔡树庵村西北约 2 千米，坐标：东经 115° 21′ 24.50″，北纬 39° 53′ 01.60″，高程 1155 米。

涞水县调查长城资源墙体 6 段，总长 3462 米；单体建筑 16 座，其中：敌台 8 座、马面 4 座、烽火台 4 座；关堡 2 座；相关遗存 15 处。

（一）墙体

涞水县明长城墙体一览表（单位：米）

编号	认定名称	认定编码	类型	长度	保存程度				
					较好	一般	较差	差	消失
1	蔡树庵长城第1段墙体	130623382102170001	石墙	159			148	11	
2	蔡树庵长城第1段山险	130623382102170002	山险	821	821				
3	蔡树庵长城第2段墙体	130623382102170003	石墙	209				199	10
4	蔡树庵长城第2段山险	130623382102170004	山险	409	409				
5	蔡树庵长城第3段墙体	130623382102170005	石墙	1635			1103	532	
6	蔡树庵长城第4段墙体	130623382102170006	石墙	229				229	
合计		共6段：石墙4段，山险2段		3462	1230		1251	971	10
百分比（%）		100		100	35.5		36.2	28	0.3

类型：砖墙、石墙、土墙、山险墙、山险

保存程度：较好、一般、较差、差、消失

1. 蔡树庵长城第1段墙体 130623382102170001

位于九龙镇蔡树庵村西南1.4千米，起点坐标：东经115° 21′ 10.30″，北纬39° 51′ 30.90″，高程857米，止点坐标：东经115° 21′ 15.30″，北纬39° 51′ 33.20″，高程857米。

墙体长159米，毛石干垒，外高1.5～2.6米，内高1.2～1.7米，顶宽2.7～2.9米。墙体坍塌严重，顶部设施全部缺失。南北两端接山险，山势陡峭，东西两侧为谷，坡度较陡，山坡植被覆盖较好，多为灌木。

2. 蔡树庵长城第1段山险 130623382102170002

位于九龙镇蔡树庵村西南1.2千米，起点坐标：东经115° 21′ 15.30″，北纬39° 51′ 33.20″，高程857米，止点坐标：东经115° 21′ 32.30″，北纬39° 51′ 56.10″，高程857米。

山险长821米，自然山体，原状保存，山险地势陡峭，山体上巨石裸露，植被茂密，多低矮灌木和树木。

3. 蔡树庵长城第2段墙体 130623382102170003

位于九龙镇蔡树庵村西730米，起点坐标：东经115° 21′ 32.30″，北纬39° 51′ 56.10″，高程1025米，止点坐标：东经115° 21′ 30.60″，北纬39° 52′ 02.80″，高程974米。

墙体长209米，毛石垒砌，墙体外高1.17～3.06米，内高0.7～2.72米，上宽2.33～3.92米。顶部设施全部缺失，墙体北端存豁口1处，长10米。墙体东侧山势较平缓，西侧山势陡峭，植被覆盖较好，多为低矮灌木。

4. 蔡树庵长城第2段山险 130623382102170004

位于九龙镇蔡树庵村西南740米，起点坐标：东经115° 21′ 30.60″，北纬39° 52′ 02.80″，高程974米，止点坐标：东经115° 21′ 28.60″，北纬39° 52′ 15.80″，高程984米。山险长409米，为自然山体，原状保存，山险山势陡峭，山体上巨石裸露，植被茂密，多低矮灌木和树木。

5. 蔡树庵长城第 3 段墙体 130623382102170005

位于九龙镇蔡树庵村西北 905 米，起点坐标：东经 115° 21′ 28.60″，北纬 39° 52′ 15.80″，高程 984 米，止点坐标：东经 115° 21′ 24.50″，北纬 39° 53′ 01.60″，高程 1155 米。

墙体长 1635 米，设敌台 6 座，包括蔡树庵 1～6 号敌台，马面 4 座，包括蔡树庵 1～4 号马面，外包方整块石分层砌筑，小块石垫平、垫稳，掺灰泥砌筑，白灰勾缝，掺灰泥垒砌墙芯，墙体外高 1.5～5.05 米，内高 1.2～5.24 米，顶宽 2.7～2.9 米。坍塌严重，墙体顶部设施缺失。东西两侧临沟，东面较陡，西面平缓，植被覆盖较好，多为灌木。

6. 蔡树庵长城第 4 段墙体 130623382102170006

位于九龙镇蔡树庵村西北 1.4 千米，起点坐标：东经 115° 21′ 17.20″，北纬 39° 52′ 30.80″，高程 962 米；止点坐标：东经 115° 21′ 11.60″，北纬 39° 52′ 35.00″，高程 927 米。

墙体长 229 米，毛石砌筑，坍塌严重。墙体西侧为深沟，地势陡峭。

（二）单体建筑

涞水县明长城单体建筑一览表（单位：座）

编号	认定名称	认定编码	材质	保存程度				
				较好	一般	较差	差	消失
1	岭南台烽火台	1306233532011170001	石				√	
2	蔡树庵烽火台	1306233532011170002	石				√	
3	大龙门 01 号烽火台	1306233532011170003	石				√	
4	大龙门 02 号烽火台	1306233532011170004	石				√	
5	蔡树庵 01 号敌台	1306233532011170005	砖				√	
6	蔡树庵 02 号敌台	1306233532011170006	砖				√	
7	蔡树庵 03 号敌台	1306233532011170007	砖			√		
8	蔡树庵 04 号敌台	1306233532011170008	砖	√				
9	蔡树庵 05 号敌台	1306233532011170009	砖	√				
10	蔡树庵 06 号敌台	1306233532011170010	砖	√				
11	大龙门 1 号敌台	1306233532011170011	砖				√	
12	大龙门 2 号敌台	1306233532011170012	砖				√	
13	蔡树庵 01 号马面	1306233532011170013	石	√				
14	蔡树庵 02 号马面	1306233532011170014	石				√	
15	蔡树庵 03 号马面	1306233532011170015	石				√	
16	蔡树庵 04 号马面	1306233532011170016	石				√	
合计		共 16 座，砖 8 座，石 8 座		4	1		11	
百分比（%）		100		25	6		69	

类型：单体建筑包括敌台、烽火台、马面等

保存程度：较好、一般、较差、差、消失

1. 岭南台烽火台 130623353201170001

位于九龙镇岭南台村西北 2 千米，坐标：东经 115° 25′ 41.10″，北纬 39° 55′ 54.60″，高程 1227 米。

毛石砌筑，白灰勾缝，顶部直径 2.56 米，残高 1.87 米。

台体坍塌严重，坍塌的毛石散落呈圆丘状。台体南面是山脊（有矿厂），其余三面为峭壁。

2. 蔡树庵烽火台 130623353201170002

位于九龙镇蔡树庵村西北 2 千米，坐标：东经 115° 20′ 46.30″，北纬 39° 52′ 28.30″，高程 925 米。

台体为砖石结构，平面呈矩形，立面及剖面呈梯形，南北长 5.8 米，东西长 5.8 米，下段条石砌筑露明 8 层，东北角高 2.63 米，东南角高 2.33 米，西北角高 3.07 米，西南角高 2.7 米，中段城砖砌筑，台芯土石混筑。

顶部残存台阶 6 步，基础上皮至台阶高 1.4 米，土石台芯裸露，外包砖缺失，顶部和四周散落碎砖块。

台体东面山脊较平缓，北、西、南三面临谷，四周植被茂密，多为灌木。

3. 大龙门 01 号烽火台 130623353201170003

位于九龙镇大龙门村北侧 780 米，坐标：东经 115° 21′ 14.10″，北纬 39° 50′ 41.70″，高程 920 米。

台体毛石砌筑，白灰勾缝，平面呈矩形，立面及剖面呈梯形，残存东北角，残高约 3 米，其他三面坍塌成坡状。

台体四周皆为陡峭的崖壁，山体裸露，东侧残存石臼一处。

4. 大龙门 02 号烽火台 130623353201170004

位于九龙镇大龙门村东北 1 千米，坐标：东经 115° 22′ 21.50″，北纬 39° 50′ 38.60″，高程 708 米。

方整块石干垒砌筑，土石混筑台芯，平面呈矩形，立面及剖面呈梯形，东西宽 6.9 米，南北长 7.39 米，东北角高 3.8 米，西南角高 1.15 米，西北角高 1.92 米。

残存北立面，其余三面全部坍塌成斜坡状，台体四周植被覆盖，多为低矮灌木和杂草。

5. 蔡树庵 01 号敌台 130623352101170005

位于九龙镇蔡树庵村西北 990 米，坐标：东经 115° 21′ 29.90″，北纬 39° 52′ 22.40″，高程 946 米。

敌台南北接墙，砖石结构，平面呈矩形，立面及剖面呈梯形，顶部东西宽 10.75 米，南北长 10.88 米，东北角高 4.24 米，西南角高 4.67 米，西北角高 4.34 米，东南角高 4.05 米。条石基础露明 8 层，高 2.4 米，台芯土石混筑。

台体坍塌严重，台芯裸露，南侧残存门柱石，门券石散落，东西侧散落碎砖块，台体四周植被覆盖，多为低矮灌木和杂草。

6. 蔡树庵 02 号敌台 130623352101170006

位于九龙镇蔡树庵村西北 1.1 千米，坐标：东经 115° 21′ 25.80″，北纬 39° 52′ 26.40″，高程 936 米。

敌台东接墙，砖石结构，平面布局呈"回"字形，立面及剖面呈梯形，底部东西宽 10.8 米、南北长 11.9 米、残高 8.48 米。下段条石基础 12 层，高 4.27 米。中段城砖砌筑，四面设角柱石及压面石，东立面辟 1 门 2 箭窗，置槛石、柱石、平水石、券脸石，券脸石上刻有图案，上部设匾额，南、北立面均辟 3 箭窗，西立面辟 4 箭窗，窗下辟望孔；中心室东西宽 5.57 米，南北长 6.58 米，东西各辟 2 门，南北各辟1门，门宽0.95米，通高1.95米；一层地面为条砖墁地。中段与上段间设3层拔檐分隔，南立面残存石质吐水嘴1块，西立面存石质吐水嘴2块。上段设垛口墙。

东门匾额缺失，北立面箭窗破损严重，中心室渣土堆积，垛口墙残存1～2层砖，顶部其他设施已无法辨别，台体四周植被覆盖，多为低矮灌木和杂草。

7. 蔡树庵03号敌台 130623352101170007

位于九龙镇蔡树庵村西北1.4千米，坐标：东经115°21′17.60″，北纬39°52′32.80″，高程989米。

敌台南北接墙，砖石结构，平面布局呈"回"字形，立面及剖面呈梯形，底部南北长10.79米，东西宽10.24米，通高9.3米。下段条石基础12层，高4.3米。下段与中段间设腰檐4层分隔。中段城砖砌筑，南、北立面均辟1门2箭窗，置槛石、柱石、平水石、券脸石，券脸石上刻有图案，门通高1.94米，直高1.4米，门宽1.06米，门槛石长1.29米，宽0.73米，厚0.28米，上部设匾额，东、西立面均辟4箭窗，窗下辟望孔；中心券室东西宽3.02米，南北长3.17米，四角残留角柱痕迹；一层地面为条砖墁地。中段与上段间设拔檐分隔，南、北立面残存石质吐水嘴各2块。上段垛口墙及墙体设施已无法辨别。

南、北立面箭窗石构件部分缺失，匾额缺失，中心室东北角墙体及券门缺失，拔檐残存1层，顶部西北角存夹杆石1处，台体四周植被覆盖，多为低矮灌木和杂草。

8. 蔡树庵04号敌台 130623352101170008

位于九龙镇蔡树庵村西北1.5千米，坐标：东经115°21′17.30″，北纬39°52′35.20″，高程1007米。

敌台南北接墙，砖石结构，平面布局呈"回"字形，立面及剖面呈梯形，底部南北长10.58米，东西宽10.42米，通高8.1米。下段条石基础12层，高3.6米。下段与中段间设腰檐4层分隔。中段城砖砌筑，南、北立面均辟1门2箭窗，置槛石、柱石、平水石、券脸石，门宽0.97米，门槛石厚0.46米，上部设匾额；东、西立面均辟4箭窗，起券方式为两伏两券，窗下侧边辟望孔；中心室东西长6.01米，南北尺寸和高度无法测量，四角残留角柱痕迹，一层地面为条砖墁地；中段与上段间设拔檐分隔。南、北立面残存石质吐水嘴各2块；上段垛口墙及墙体设施已无法辨别。

东、西立面箭窗券砖局部缺失，匾额缺失，中心室墙体局部坍塌，拔檐残存1层，顶部西北角存夹杆石1处，台体四周植被覆盖，多为低矮灌木和杂草。

9. 蔡树庵05号敌台 130623352101170009

位于九龙镇蔡树庵村西北1.6千米，坐标：东经115°21′21.00″，北纬39°52′43.60″，高程1041米。

敌台南北接墙，砖石结构，平面布局呈"回"字形，立面及剖面呈梯形，底部南北长10.8米，东西宽10.4米，通高10.2米。台体可见条石13层，高5.2米。下段与中段间设腰檐4层分隔。中段城砖砌筑，南、北立面均辟1门2箭窗，东、西立面均辟4箭窗，窗下辟望孔，门宽0.96米置槛石、柱石、平水石，门和箭窗起券方式均为两伏两券；门上部设匾额；中心室东西长3.38米，南北宽3.28米，四角残留角柱痕迹，东南角处设梯道，宽0.65米；一层地面为条砖墁地。中段与上段间设拔檐分隔，东、西立面残存石质吐水嘴各2块；上段垛口墙及墙体设施已无法辨别。

东立面北侧存通裂缝1条，南、北门券砖局部缺失，西立面箭窗券砖全部缺失，梯道踏跺残存7

步，中心室南侧通道门内券室局部缺失，拔檐残存2层，顶部西北角存夹杆石1处，台体四周植被覆盖，多为低矮灌木和杂草。

10. 蔡树庵 06 号敌台 1306233521011700010

位于九龙镇蔡树庵村西北1.7千米，坐标：东经115°21′23.90″，北纬39°52′50.60″，高程1096米。

敌台南北接墙，砖石结构，平面布局呈"回"字形，立面及剖面呈梯形，底部南北长11.11米，东西宽11.05米，通高10.2米。下段条石基础12层，高5.4米。下段与中段间设腰檐2层分隔，下层石檐、上层砖檐。中段城砖砌筑，南、北立面均辟1门2箭窗，均置槛石、柱石、平水石、券脸石，券脸石上刻有图案，门洞宽1.54米，深0.86米，门槛石长1.75米，厚0.23米；东、西立面均辟4箭窗，窗下辟望孔，起券方式为两伏两券；门上部设匾额；中心室南北墙各辟1门，东西墙各辟2个门，南北长3.33米，东西长3.01米，四角残留角柱痕迹，东南角设梯道，宽0.76米，残存蹬道7步。中段与上段间设拔檐3层分隔，东、西立面残存石质吐水嘴各2块。上段设垛口墙，顶部墙体设施已无法辨别。

南、北立面东侧箭窗石构件缺失，匾额缺失，垛口墙残高2～3层砖，顶部东南角存夹杆石1处，台体四周植被覆盖，多为低矮灌木和杂草。

11. 大龙门1号敌台 1306233521011700011

位于九龙镇大龙门村西北98米公路北侧，坐标：东经115°21′21.10″，北纬39°50′21.20″，高程463米。

仅存少量土石台芯，修公路时被毁，当地人称为北楼。

12. 大龙门村2号敌台 1306233521011700012

位于九龙镇大龙门村西北115米，坐标：东经115°21′22.10″，北纬39°50′19.30″，高程454米。

仅存毛石台芯，坍塌严重，成堆状，台体四周植被覆盖，多为低矮灌木和杂草。

13. 蔡树庵 01 号马面 1306233521021700013

位于九龙镇蔡树庵村西北1.2千米，坐标：东经115°21′23.60″，北纬39°52′28.20″，高程941米。

台体平面呈矩形，剖面呈梯形，向墙体西侧凸出，方块石垒砌，小片石垫平、垫稳，白灰膏勾缝，垛口墙小块毛石掺灰泥砌筑，白灰罩面。墙体内侧设蹬城步道，宽1.2米，由南向北蹬顶。西立面存通缝1条，最宽处约0.1米，台体四周植被覆盖，多为低矮灌木和杂草。

14. 蔡树庵 02 号马面 1306233521021700014

位于九龙镇蔡树庵村西北1.3千米，坐标：东经115°21′21.10″，北纬39°52′30.50″，高程955米。

台体平面呈矩形，剖面呈梯形，向墙体西侧凸出，方块石垒砌，小片石垫平、垫稳，白灰膏勾缝，垛口墙小块毛石掺灰泥砌筑，白灰罩面。墙体内侧设蹬城步道，由北向南蹬顶，台体四周植被覆盖，多为低矮灌木和杂草。

15. 蔡树庵 03 号马面 1306233521021700015

位于九龙镇蔡树庵村西北1.5千米，坐标：东经115°21′20.90″，北纬39°52′40.70″，高程1017米。

台体平面呈矩形，剖面呈梯形，向墙体西侧凸出，毛石垒砌，小片石垫平、垫稳，白灰膏勾缝。北立面残存部分外包墙体，其他面坍塌，台体四周植被覆盖，多为低矮灌木和杂草。

16. 蔡树庵 04 号马面 130623352102170016

位于九龙镇蔡树庵村西北 1.9 千米，坐标：东经 115° 21′ 27.00″，北纬 39° 52′ 56.40″，高程 1124 米。

毛石垒砌，坍塌严重，呈堆状，墙体向外凸出，台体下部散落大量的碎石块。周围植被较好，多为低矮灌木和杂草。

（三）关堡

涞水县明长城关堡一览表（单位：座）

编号	认定名称	认定编码	类型	周长（米）	保存程度				
					较好	一般	较差	差	消失
1	大龙门堡	1306233531101170001	石墙	1723				√	
2	金水口城堡	1306233531101170002	石墙	744	√				
合计		共2座，石墙2座		2467		1		1	
百分比（%）		100				50		50	

保存程度：较好、一般、较差、差、消失

1. 大龙门堡 130623353102170001

位于九龙镇大龙门村，坐标：东经 115° 21′ 45.80″，北纬 39° 50′ 13.80″，高程 467 米。堡城一座，正城一道，冲；永乐八年建。明清两代，该城堡均设把总驻守。城堡南面以山为屏障，东、西、北面为拒马河支流小西河，城堡西北为龙门峡摩崖石刻，是涞水通向涿鹿的军事要冲。

墙体结构损毁严重，北墙和东墙、西墙部分残存外条石基础，内侧坍塌严重；南墙坍塌严重；墙体顶部附属设施无存。

墙体长 1723 米、角台 2 座、马面 5 座、水门 1 座。

东墙长 523 米，保存程度差，墙体外侧部分地段残存条石包砌痕迹，墙芯为河卵石和灰土混筑，墙体内侧坍塌严重，多为人为破坏，大部分地段被当地居民侵占、使用。

东南角台外部为条石包砌、坍塌严重，向东侧外凸 5.7 米，南北长 10.71 米，东西宽 11.07 米，残高 6.91 米。

大龙门堡东门为砖石结构，下段条石基础 12 层，高 4.4 米，中段城砖垒砌，南北长 13.72 米，东西宽 11.44 米，通高 7.14 米；内券道宽 3.82 米，高 3.9 米，外券道宽 3.12 米，高 4.9 米，砖券外置石券脸；东门匾额镌刻"屏翰都寿"，顶部水泥罩面，北侧有一人为垒砌的红砖门洞，内侧悬挂保护标志牌。

大龙门堡 01 马面外侧为条石垒砌，向东外凸 5.7 米，南北长 10 米，通高 7.4 米，顶部和内侧坍塌严重，外侧保存较好。

大龙门堡 02 马面坍塌严重，外侧残存条石痕迹，内侧已被村民破坏。

东北角台外侧为条石垒砌，南侧向东凸出墙体 5.94 米，东西宽 9.3 米，西侧向北凸出墙体 5.33 米，南北长 10.12 米，外高 8.85 米，东侧南侧坍塌严重，北侧保存较好。

北墙长 359 米，保存状况差，墙体外侧为条石包砌，墙芯为河卵石、灰土混筑，外侧保存较好，内侧坍塌严重，墙体上有 3 处坍塌。

大龙门堡 03 马面坍塌严重，残存外包砌条石痕迹。

大龙门堡 04 马面为条石垒砌，向北侧凸出墙体 5.01 米，东西长 9.7 米，外高 7.4 米，内高 5.85 米，外侧坍塌严重，东立面存裂缝 1 条。

大龙门堡西门为砖石结构，南北长 13 米，东西宽 10.54 米，内侧券道宽 3.72 米，高 4.15 米，外侧券道宽 3.04 米，高 3.3 米，砖券外置石券脸，顶部坍塌严重，台芯裸露，残存门轴石，西门原有"镇宣威武"匾额，现已缺失。

大龙门堡 05 马面外部条石包砌，保存较好，东西长 9.79 米，向北侧外凸墙体 5.43 米，外高 6.82 米。

西墙长 441 米，该段墙体随山势起伏而修建，地势陡峭，蜿蜒向西爬升，至山顶山险止。墙体保存较差，顶部墙体外侧残留垛口墙，垛口墙宽 0.5 米，墙体用 0.2 ～ 0.4 米大小的毛石垒砌，黄土和粗石粒做浆，内外侧用三合土抹面，质地坚硬。

南墙长 112 米，坍塌严重，残存痕迹。南墙和西墙未交接，中间由山险相隔，山险长 153 米，地势陡峭，为悬崖峭壁。

城堡西延墙体、水门，该段墙体为条石垒砌，地处南北走向山沟之中，沟底处建有一座水门，南北长 5.48 米，宽 1.98 米，高 2.4 米，顶部由方砖铺墁，保存较好，墙体立面呈"V"形，西侧接山体，接山体处用石条筑成台阶，山险上部残存一小段墙体痕迹。

2. 金水口城堡 130623353101170002

位于其中口乡金水口村，坐标：东经 115° 03' 09.80″，北纬 39° 35' 53.80″，高程 743 米。

城堡保存情况一般，总体格局基本完整，墙体结构损毁较为严重，墙体包砌毛石缺失较为严重，裸露的夯土墙芯水土流失较严重，墙体顶部地面及墙体设施无存，西北部山坡墙体灌木丛生。

城堡城墙周长 744 米，东、南各辟一门。

东墙保存状况一般，墙体结构清晰，上部残宽 1.8 ～ 4.9 米，内部残高 2.11 ～ 5.79 米，外部残高 4 ～ 4.59 米。

东门保存状况一般，券门洞保存较为完整，此门当地俗称"喜门"，券门现状内宽 3.04 米，通高 4.28 米；券门外宽 2.44 米，通高 3.55 米。

南墙保存状况较差，上部残宽 3.2 ～ 5.33 米，内部残高 0.95 ～ 2.9 米，外部残高 1.5 ～ 1.88 米，南墙现状存有豁口两个，西豁口 33.8 米，东豁口 2.98 米，两豁口均为进出村的小路。

南城墙设南门保存状况较差，城台东西长 16.06 米，南北残长 6 米，残高 6.74 米，仅存内侧券门洞，宽 5 米，此门在当地俗称"丧门"。

西墙保存状况一般，上部残宽 3.8 ～ 4.4 米，内部残高 2.66 ～ 5.21 米，外部残高 2.52 ～ 4.48 米。

北墙保存状况较差，大部分向外坍塌，上部残宽 1.08 ～ 4.9 米，内部残高 0.4 ～ 0.43 米，外部残高 0.56 ～ 0.75 米。

城堡西南方向尚有两道门，其中：二道门距城堡南门 805 米；头道门距二道门 495 米，现已无存，仅存部分城墙残段。

金水口，堡城一座，正城一道，永乐八年建，缓。北齐仲口，正城一道，缓；石塘口，正城一道，缓；上二口俱景泰二年建。南齐仲口，正城一道，缓，正德二年建。横岭口，正城一道，冲，嘉靖十一年建。新龙潭口，正城一道，冲，嘉靖二十一年建。小将沟口，正城一道，缓；荞麦石塘口，正城一道，缓；赭罗沟口，正城一道，缓，上三口俱嘉靖二十三年建。边城一百三十丈。附墙敌台五座。空心敌台一座，隆庆五年建。

（四）相关遗存

涞水县明长城相关遗存一览表（单位：处）

编号	认定名称	认定编码	保存程度				
			较好	一般	较差	差	消失
1	蔡树庵 01 居住址	130623354107170001				√	
2	蔡树庵 02 居住址	130623354107170002				√	
3	岔河挡马墙	130623354107170003				√	
4	杏黄挡马墙	130623354107170004				√	
5	柏林城第 1 段挡马墙	130623354107170005				√	
6	柏林城第 2 段挡马墙	130623354107170006				√	
7	岭南台第 1 段挡马墙	130623354107170007				√	
8	岭南台第 2 段挡马墙	130623354107170008				√	
9	岭南台第 3 段挡马墙	130623354107170009				√	
10	岭南台第 4 段挡马墙	130623354107170010				√	
11	岭南台第 5 段挡马墙	130623354107170011				√	
12	岭南台第 6 段挡马墙	130623354107170012				√	
13	岭南台第 7 段挡马墙	130623354107170013				√	
14	岭南台第 8 段挡马墙	130623354107170014				√	
15	岭南台第 9 段挡马墙	130623354107170015				√	
合计		共 15 处：挡马墙 13 处，居住址 2 处				15	
百分比（%）		100				100	

保存程度：较好、一般、较差、差、消失

1. 蔡树庵 01 居住址 130623354107170001

位于涞水县蔡树庵村西北 1.6 千米，坐标：东经 115° 21′ 11.60″，北纬 39° 52′ 35.00″，高程 927 米。

居住址平面呈矩形，毛石垒砌，南北向，面阔 5 间，长 18 米，宽 3 米，面积 54 平方米。

坍塌严重，现只残存墙体基础。房基址的东侧为偏坡墙相接。

2. 蔡树庵 02 居住址 130623354107170002

位于涞水县菜树庵村西北 1.5 千米，坐标：东经 115° 21′ 18.70″，北纬 39° 52′ 36.60″，高程 1011 米。

居住址平面呈矩形，毛石垒砌，坍塌严重，残存部分墙体，高 0.2 ～ 0.6 米，房基址被灌木覆盖，东侧为沟，地势较陡。

3. 岔河挡马墙 130623354104170003

位于涞水县岔河乡岔河村东南 1.5 千米，起点坐标：北纬 39° 50′ 36.2″，东经 115° 20′ 33.0″，高程 721 米，止点坐标：北纬 39° 50′ 36.8″，东经 115° 20′ 33.1″，高程 714 米。

墙体长 17 米，毛石砌筑，起点外高 2.61 米，内高 1.12 米，墙上宽 2.99 米，止点外侧高 3.82 米。坍塌严重，成垄状，两端接山险，扼守沟口，东西侧地势陡峭。墙体四周植被覆盖多为低矮灌木和杂草。

4. 杏黄挡马墙 130623354104170004

位于涞水县杏黄乡杏黄村西 1.7 千米，起点坐标：北纬 39° 49′ 04.1″，东经 115° 20′ 14.9″，高程 1250 米，止点坐标：北纬 39° 49′ 06.2″，东经 115° 20′ 15.4″，高程 1249 米。该段墙体共长 67 米，毛石砌筑，坍塌严重，两端接山险，东西两侧临谷，沟谷坡度陡直，植被覆盖较好，树木丛生，多菜树、核桃树，间生灌木。

5. 柏林城挡马墙 1 段 130623354104170005

位于涞水县九龙镇柏林城村西北，起点坐标：北纬 39° 54′ 01.1″，东经 115° 24′ 09.1″，高程 1073 米，止点坐标：北纬 39° 54′ 00.4″，东经 115° 24′ 09.2″，墙体长 21 米，毛石砌筑，坍塌严重。墙体起点上宽 3.3 米，外高 1.95 米，内高 2.64 米，墙体止点上宽 3.17 米，外高 0.8 米。该段墙体地处沟谷中，南、北侧连接山体，南侧现为水道，墙体被冲毁。东西两侧树木茂盛，多核桃树，间伴有杏树。东侧山谷落差大，西侧山谷较平缓，多巨石。

6. 柏林城挡马墙 2 段 130623354104170006

位于涞水县九龙镇柏林城村西北，起点坐标：北纬 39° 54′ 44.7″，东经 115° 23′ 51.4″，高程 1411 米，止点坐标：39° 54′ 45.0″，东经 115° 23′ 53.9″，墙体长 77 米，毛石砌筑，坍塌严重，只残存部分墙体，墙体依山势而建，时断时续，墙体上宽 0.47 ~ 5.53 米，北侧残高 1.95 米，内高 1.25 米左右。墙体中间部位有一条人为走路而形成的小道。西侧山坡巨石林立，形成山险，南侧山坡似阶梯状逐渐高起；植被丰茂，四周全部是茂密的树木，杏树、山桃、菜树、核桃树及多种灌木。

7. 岭南台第 1 段挡马墙 130623354104170007

位于涞水县九龙镇岭南台村西北 3.7 千米，起点坐标：北纬 39° 55′ 59.8″，东经 115° 24′ 26.7″，高程 1401 米，止点坐标：北纬 39° 56′ 00.8″，东经 115° 24′ 28.2″，墙体长 47 米，毛石砌筑，坍塌、歪闪严重。墙体顶部宽 3.4 米，外侧残高 4 米，内侧残高 2.9 米，垛口墙残高 0.36，宽 0.58 米。两侧为山险，位于断口岭上。墙体两侧树木茂密，树种丰富，可见橡树、核桃树、榆树、柳树、杏树、枫树等。

8. 岭南台第 2 段挡马墙 130623354104170008

位于涞水县九龙镇岭南台村西北 2.6 千米，起点坐标：北纬 39° 55′ 57.5″，东经 115° 25′ 15.1″，高程 1182 米，止点坐标：北纬 39° 55′ 58.2″，东经 115° 25′ 15.2″，墙体长 22 米，毛石砌筑，墙体上宽 1.89 米，西侧残高 1.75 米左右。该段墙体位于山谷之中，南北侧与山险相接，残存南端墙体，北侧墙体消失。顶部被土和杂草覆盖，周围植被较好，生长核桃、山杏，间伴生低矮灌木。

9. 岭南台第 3 段挡马墙 130623354104170009

位于涞水县九龙镇岭南台村西北 2.1 千米，起点坐标：北纬 39° 55′ 54.7″，东经 115° 25′ 34.6″，高程

1114 米，止点坐标：北纬 39° 55′ 55.2″，东经 115° 25′ 34.4″，墙体长 20 米，毛石砌筑，坍塌严重，碎石块散落。墙体地处沟谷之中，北侧山根底残留一小段墙体，南侧三分之二的墙体无存，现为山路。东南方向山顶有矿场，废矿渣顺山坡倾倒。

10. 岭南台第 4 段挡马墙 130623354104170010

位于九龙镇岭南台村西北 2 千米，起点坐标：北纬 39° 55′ 59.6″，东经 115° 25′ 43.2″，高程 1107 米，止点坐标：北纬 39° 56′ 01.6″，东经 115° 25′ 42.7″，墙体长 62 米，毛石砌筑，坍塌严重。墙体被山道和水沟断开，东西两侧岩石裸露，北山根墙体东侧有石砌房屋、羊圈，南山根墙体东侧 10 米处有红砖房一处。西南山上建有矿场，墙体位于山谷之中，北侧山体较为平缓，山坡上灌木丛生。

11. 岭南台第 5 段挡马墙 130623354104170011

位于涞水县九龙镇岭南台村西北 2.5 千米，起点坐标：北纬 39° 56′ 23.3″，东经 115° 25′ 39.3″，高程 1156 米，止点坐标：北纬 39° 56′ 22.7″，东经 115° 25′ 38.8″，墙体长 24 米，毛石砌筑，坍塌严重，东侧山脚下残存一段墙体。墙体位于崖秋峪沟谷之中，墙体东北侧是峭壁，西南侧为沟，沟底树木茂密，多核桃树、花椒树。

12. 岭南台第 6 段挡马墙 130623354104170012

位于涞水县九龙镇岭南台村西北 1.9 千米，起点坐标：北纬 39° 56′ 08.8″，东经 115° 25′ 55.3″，高程 1079 米，止点坐标：39° 56′ 08.4″，东经 115° 25′ 54.6″，墙体长 20 米，毛石砌筑，坍塌严重。东侧山脚下残存一小段墙体，东西侧为山坡，东坡较为平缓，西坡山脚下为一山路，山路东侧是水沟，北侧有农田。周围植被多为山杏。

13. 岭南台第 7 段挡马墙 130623354104170013

位于涞水县九龙镇岭南台村西南 2.9 千米，起点坐标：北纬 39° 54′ 41.3″，东经 115° 25′ 13.2″，高程 1126 米，止点坐标：北纬 39° 54′ 41.8″，东经 115° 25′ 13.6″，墙体长 16 米，毛石砌筑，坍塌严重。墙体宽 1.56 米。残高 1.2 米。两侧山体上均残存毛石垒砌的痕迹。墙体周围植被较好，长有核桃、山杏等树木，间伴有低矮灌木和杂草。

14. 岭南台第 8 段挡马墙 130623354104170014

位于涞水县九龙镇岭南台村西南 2.9 千米，起点坐标：北纬 39° 54′ 39.1″，东经 115° 25′ 22.4″，高程 1102 米，止点坐标：北纬 39° 54′ 39.8″，东经 115° 25′ 22.1″，墙体长 22 米，毛石砌筑，坍塌严重。墙上宽 1.74 ～ 4.24 米，外高 2.82 米，内高 0.68 米。北端残存墙体垒砌痕迹，西侧有羊圈，南端接山体存豁口 1 处，山体陡峭。四周植被覆盖较好，多灌木。墙体东西临沟，长有核桃、山杏等树木，间伴有低矮灌木和杂草。

15. 岭南台第 9 段挡马墙 130623354104170015

位于涞水县九龙镇岭南台村西南 2.2 千米，起点坐标：北纬 39° 54′ 49.6″，东经 115° 25′ 41.2″，高程 1060 米，止点坐标：北纬 39° 54′ 48.9″，东经 115° 25′ 41.4″，墙体长 24 米，毛石砌筑，坍塌严重。墙体宽 2.2 米，西高 0.45 米，东高 1.56 米。墙体北端消失，残存南端墙体，南北两侧为峭壁，墙体西侧为低缓的平地，两侧种有核桃树。

易县

易县位于保定市西北部，太行山北端东麓，地理坐标：东经114°51′～115°37′，北纬39°02′～39°35′，县域东西长67.7千米，南北宽61.7千米，总面积为2534平方千米。东接定兴县，南与徐水县、满城县、顺平县为邻，西与涞源县交界，北接涞水县，距北京市122千米，距石家庄市169千米，距保定市53千米。

易县明长城分布在南城司乡、紫荆关镇、蔡家峪乡共3个乡镇，西邻涞源县浮图峪、乌龙沟长城，北邻涞水县金水口城堡，东北距张家口市涿鹿县马水口47千米，距涞水县大龙门城堡48千米。

长城起点：南城司乡奇峰口村东北约360米，坐标：东经115°16′19.6″，北纬39°29′04.8″，高程569米。

长城止点：紫荆关镇小盘石村南，坐标：东经115°06′14.7″，北纬39°24′41.9″，高程653米。

易县调查长城墙体38段，总长20706米；单体建筑35座，其中：敌台10座、马面20座、烽火台5座；关堡3座。

（一）长城墙体

易县明长城墙体一览表（单位：米）

编号	认定名称	认定编码	类型	长度	保存程度				
					较好	一般	较差	差	消失
1	奇峰口村长城1段	1306333821021700001	石墙	578			578		
2	奇峰口长城2段	1306333821021700002	山险	125		125			
3	奇峰口长城3段	1306333821021700003	石墙	180				180	
4	奇峰口长城4段	1306333821021700004	石墙	280				280	
5	奇峰口长城5段	1306333821021700005	山险	260		260			
6	奇峰口长城6段	1306333821021700006	石墙	37				37	
7	九源长城1段	1306333821021700007	石墙	681				681	
8	九源长城2段	1306333821021700008	石墙	788			758		30
9	君玉长城1段	1306333821021700009	石墙	935			881		54
10	君玉长城2段	1306333821021700010	山险	252		252			
11	君玉长城3段	1306333821021700011	石墙	104			104		
12	君玉长城4段	1306333821021700012	山险	241		241			
13	君玉长城5段	1306333821021700013	石墙	648			599		49
14	君玉长城6段	1306333821021700014	山险	923		923			
15	君玉长城7段	1306333821021700015	石墙	250			250		
16	君玉长城8段	1306333821021700016	山险	1800		1800			
17	君玉长城9段	1306333821021700017	石墙	135				135	
18	君玉长城10段	1306333821021700018	石墙	194				177	17
19	君玉长城11段	1306333821021700019	石墙	74			46		28

（续）

编号	认定名称	认定编码	类型	长度	保存程度				
					较好	一般	较差	差	消失
20	坡下长城1段	1306333382102170020	石墙	651			651		
21	黄土岭长城1段	1306333382102170021	石墙	123				72	51
22	小盘石鸭子沟长城1段	1306333382102170022	石墙	697			697		
23	小盘石鸭子沟长城2段	1306333382102170023	山险	313		313			
24	小盘石鸭子沟长城3段	1306333382102170024	石墙	387			387		
25	小盘石北长城1段	1306333382102170025	石墙	177			177		
26	王家庄长城1段	1306333382102170026	石墙	75			75		
27	小金城长城1段	1306333382102170027	石墙	2100			2100		
28	蔡家峪长城1段	1306333382102170028	石墙	138			138		
29	蔡家峪长城2段	1306333382102170029	石墙	210			210		
30	蔡家峪长城3段	1306333382102170030	石墙	670			606		64
31	口子长城1段	1306333382102170031	石墙	49			49		
32	紫荆关西长城1段	1306333382102170032	石墙	3300				2403	897
33	小盘石东长城1段	1306333382102170033	山险	205		205			
34	小盘石东长城2段	1306333382102170034	石墙	206				100	106
35	小盘石东长城3段	1306333382102170035	山险	1100		1100			
36	小盘石南长城1段	1306333382102170036	石墙	543				529	14
37	小盘石南长城2段	1306333382102170037	山险	252		252			
38	小盘石南长城3段	1306333382102170038	石墙	1025	198			694	133
合计		共38段：石墙28段，山险10段		20706	198	5471	4223	9371	1443
百分比（%）		100			0.96	26.42	20.4	45.22	7

类型：砖墙、石墙、土墙、山险墙、山险

保存程度：较好、一般、较差、差、消失

1. 奇峰口村长城1段 1306333382102170001

位于南城司乡奇峰口村南约160米，起点坐标：东经115°16′09.7″，北纬39°28′50.2″，高程474米，止点坐标：东经115°16′19.6″，北纬39°29′04.8″，高程569米。

墙体长578米，毛石垒砌，宽1～3.3米，外高0.5～2.8米，内高0.3～2.6米，保存较差，大部分墙体坍塌严重，修路、架设高压线塔造成的墙体豁口2处。

2. 奇峰口长城2段 1306333382102170002

位于南城司乡奇峰口村东北约360米，起点坐标：东经115°16′19.6″，北纬39°29′04.8″，高程569米，止点坐标：东经115°16′14.9″，北纬39°29′06.4″，高程501米。

山险长125米，利用自然山体岩石为墙体。

3. 奇峰口长城3段 1306333382102170003

位于南城司乡奇峰口村北，起点坐标：东经115°16′14.9″，北纬39°29′06.4″，高程501米，止点坐标：东经115°16′10.1″，北纬39°29′02.8″，高程479米。

墙体长 180 米，毛石垒砌，宽 1～2.4 米，高 0.2～1.3 米，损毁严重。

4. 奇峰口长城 4 段 130633382102170004

位于南城司乡奇峰口村北约 295 米，起点坐标：东经 115° 16′ 08.6″，北纬 39° 29′ 04.2″，高程 478 米，止点坐标：东经 115° 16′ 04.6″，北纬 39° 28′ 57.3″，高程 542 米。

墙体长 280 米，设马面 1 座，为奇峰口 1 号马面，毛石垒砌，墙体宽 1～2.3 米，高 0.3～1.3 米，大部分墙体损毁严重。

5. 奇峰口长城 5 段 130633382102170005

位于南城司乡奇峰口村西，起点坐标：东经 115° 16′ 04.6″，北纬 39° 28′ 57.3″，高程 542 米，止点坐标：东经 115° 16′ 03.3″，北纬 39° 28′ 48.9″，高程 616 米。

山险长 260 米，利用自然山体岩石为墙体。

6. 奇峰口长城 6 段 130633382102170006

位于南城司乡奇峰口村西南约 275 米，起点坐标：东经 115° 16′ 03.3″，北纬 39° 28′ 48.9″，高程 616 米，止点坐标：东经 115° 16′ 04.9″，北纬 39° 28′ 49.1″，高程 615 米。

墙体长 37 米，毛石垒砌，墙体宽 0.5～1.4 米，高 0.1～1 米，损毁严重。

7、九源长城 1 段 130633382102170007

位于紫荆关镇九源村东南约 1.3 千米，起点坐标：东经 115° 16′ 23.4″，北纬 39° 27′ 01.3″，高程 707 米，止点坐标：东经 115° 16′ 09.3″，北纬 39° 26′ 47.1″，高程 697 米。

墙体长 681 米，毛石垒砌，宽 1.2～3.4 米，外高 0.5～1.8 米，内高 0.4～1.5 米，大部分墙体向两侧坍塌，包砌石块散落，墙体上存豁口一处。

8. 九源长城 2 段 130633382102170008

位于紫荆关镇九源村东北约 350 米，起点坐标：东经 115° 15′ 41.10″，北纬 39° 27′ 20.3″，高程 687 米，止点坐标：东经 115° 15′ 33.3″，北纬 39° 26′ 57.7″，高程 680 米。

墙体长 788 米，毛石垒砌，墙体宽 1.2～3.8 米，外高 0.5～2.3 米，内高 0.5～2.2 米，大部分墙体向两侧坍塌，包砌石块散落，墙体存公路、耕地所造成的豁口长 30 米。

9. 君玉长城 1 段 130633382102170009

位于紫荆关镇君玉村西南约 320 米，起点坐标：东经 115° 14′ 29.8″，北纬 39° 26′ 34.1″，高程 558 米，止点坐标：东经 115° 15′ 01.8″，北纬 39° 26′ 43.6″，高程 666 米。

墙体长 935 米，毛石垒砌，设马面 2 座，为君玉 1 号马面、君玉 2 号马面，登城步道 1 座，墙体宽 1.8～4.2 米，外高 1.1～4.5 米，内高 1～4.2 米。大部分墙体向两侧坍塌，包砌石块散落，有公路、架设电线、生产生活活动造成的豁口 2 处，长共 54 米。

10. 君玉长城 2 段 130633382102170010

位于紫荆关镇君玉村东北，起点坐标：东经 115° 15′ 01.8″，北纬 39° 26′ 43.6″，高程 666 米，止点坐标：东经 115° 15′ 12.3″，北纬 39° 26′ 44.7″，高程 703 米。

山险长 252 米，利用自然山体岩石为墙体。

11. 君玉长城 3 段 1306333382102170011

位于紫荆关镇君玉村东北约 745 米，起点坐标：东经 115° 15′ 12.3″，北纬 39° 26′ 44.7″，高程 703 米，止点坐标：东经 115° 15′ 15.9″，北纬 39° 26′ 46.2″，高程 710 米。

墙体长 104 米，毛石垒砌，墙体宽 1.8～2.1 米，外高 0.8～2.2 米，内高 1～2.4 米。大部分墙体向两侧坍塌，包砌石块散落。

12. 君玉长城 4 段 1306333382102170012

位于紫荆关镇君玉村东北，起点坐标：东经 115° 15′ 15.9″，北纬 39° 26′ 46.2″，高程 710 米，止点坐标：东经 115° 15′ 16.4″，北纬 39° 26′ 38.4″，高程 656 米。

山险长 241 米，利用自然山体岩石为墙体。

13. 君玉长城 5 段 1306333382102170013

位于紫荆关镇君玉村东，起点坐标：东经 115° 15′ 16.4″，北纬 39° 26′ 38.4″，高程 656 米，止点坐标：东经 115° 15′ 06.9″，北纬 39° 26′ 24.4″，高程 652 米。

墙体长 648 米，毛石垒砌，墙体宽 1.2～3.2 米，外高 1.1～3.6 米，内高 1～3.5 米。大部分墙体坍塌严重。公路、生产生活活动造成的豁口 2 处，长 49 米。

14. 君玉长城 6 段 1306333382102170014

位于紫荆关镇君玉村东，起点坐标：东经 115° 15′ 06.9″，北纬 39° 26′ 24.4″，高程 652 米，止点坐标：东经 115° 14′ 41.3″，北纬 39° 26′ 02.0″，高程 573 米。

山险长 241 米，利用自然山体岩石为墙体。

15. 君玉长城 7 段 1306333382102170015

位于紫荆关镇君玉村南，起点坐标：东经 115° 14′ 41.3″，北纬 39° 26′ 02.0″，高程 573 米，止点坐标：东经 115° 14′ 38.5″，北纬 39° 25′ 55.0″，高程 524 米。

墙体长 250 米，毛石垒砌，墙体宽 1.5～2.2 米，高 0.2～1.5 米，大部分墙体向两侧坍塌，包砌石块散落。

16. 君玉长城 8 段 1306333382102170016

位于紫荆关镇君玉村南，起点坐标：东经 115° 14′ 37.6″，北纬 39° 25′ 54.5″，高程 525 米，止点坐标：东经 115° 13′ 46.0″，北纬 39° 25′ 11.1″，高程 746 米。

山险长 1800 米，利用自然山体岩石为墙体。

17. 君玉长城 9 段 1306333382102170017

位于紫荆关镇君玉村三队西北，起点：东经 115° 13′ 46.0″，北纬 39° 25′ 11.1″，高程 746 米，止点坐标：东经 115° 13′ 45.7″，北纬 39° 25′ 07.2″，高程 722 米。

墙体长 135 米，毛石垒砌，墙体宽 1.8～2.2 米，高 1.1～1.85 米，大部分墙体向两侧坍塌，包砌石块散落。

18. 君玉长城 10 段 1306333382102170018

位于紫荆关镇君玉村东，起点坐标：东经 115° 15′ 06.2″，北纬 39° 26′ 31.4″，高程 566 米，止点坐标：东经 115° 15′ 06.3″，北纬 39° 26′ 37.6″，高程 586 米。

墙体长 194 米，毛石垒砌，墙体宽 0.8～1.2 米，外高 0.5～3.2 米，内高 0.3～2.3 米。墙体顶部坍塌严重，整体向两侧坍塌，包砌石块散落，修公路和生产生活活动造成的豁口 2 处，长共 17 米。

19. 君玉长城 11 段 130633382102170019

位于紫荆关镇君玉村内，起点坐标：东经 115° 15′ 06.2″，北纬 39° 26′ 31.4″，高程 566 米，止点坐标：东经 115° 15′ 06.3″，北纬 39° 26′ 37.6″，高程 586 米。

墙体长 74 米，毛石垒砌，墙体宽 2～3.8 米，外高 0.5～4.2 米，内高 0.5～3.3 米，部分墙体包砌石块缺失，修公路时造成的豁口 1 处，长 28 米，部分墙体被村民借用做院墙。

20. 坡下长城 1 段 130633382102170020

位于紫荆关镇坡下村北约 210 米，起点坐标：东经 115° 11′ 11.9″，北纬 39° 24′ 13.6″，高程 294 米，止点坐标：东经 115° 10′ 38.4″，北纬 39° 24′ 03.4″，高程 463 米。

墙体长 651 米，毛石垒砌，设敌台 1 座，为坡下 1 号敌台，城门 1 座，墙体宽 1～1.4 米，外高 0.4～1.6 米，内高 0.4～1 米，大部分墙体向两侧坍塌，包砌石块散落，有日伪时期修筑的炮楼 1 座。

21. 黄土岭长城 1 段 130633382102170021

位于紫荆关镇黄土岭村北，起点坐标：东经 115° 09′ 20.5″，北纬 39° 24′ 23.4″，高程 618 米，止点坐标：东经 115° 09′ 16.4″，北纬 39° 24′ 25.1″，高程 636 米。

墙体长 123 米，毛石掺灰泥砌筑，墙体内侧有铺房遗址 1 处，墙体宽 1.9 米，残高 1.1 米，铺房遗址东西长 4.9 米，南北宽 3.5 米，包砌石块散落，部分墙体外包缺失，修路造成的豁口 1 处，长 51 米。

22. 小盘石鸭子沟长城 1 段 130633382102170022

位于紫荆关镇小盘石村南鸭子沟，起点坐标：东经 115° 08′ 14.7″，北纬 39° 24′ 29.4″，高程 889 米，止点坐标：东经 115° 07′ 52.7″，北纬 39° 24′ 20.7″，高程 816 米。

墙体长 697 米，毛石垒砌，墙体宽 1～1.3 米，外高 0.5～0.8 米，内高 0.3～0.6 米，大部分墙体包砌石块缺失，部分墙体面临消失。

23. 小盘石鸭子沟长城 2 段 130633382102170023

位于紫荆关镇小盘石村南鸭子沟，起点坐标：东经 115° 07′ 52.7″，北纬 39° 24′ 20.7″，高程 816 米，止点坐标：东经 115° 07′ 45.3″，北纬 39° 24′ 12.3″，高程 811 米。

山险长 313 米，利用自然山体岩石为墙体。

24. 小盘石鸭子沟长城 3 段 130633382102170024

位于紫荆关镇小盘石村南鸭子沟，起点坐标：东经 115° 07′ 45.3″，北纬 39° 24′ 12.3″，高程 811 米，止点坐标：东经 115° 07′ 36.4″，北纬 39° 24′ 03.3″，高程 839 米。

墙体长 387 米，毛石垒砌，墙体宽 1～1.3 米，高 0.2～0.5 米，大部分墙体包砌石块缺失，部分墙体面临消失，墙体上有多座高压线塔占压。

25. 小盘石北长城 1 段 130633382102170025

位于紫荆关镇小盘石村北约 1.4 千米，起点坐标：东经 115° 06′ 51.7″，北纬 39° 25′ 58.9″，高程 886 米，止点坐标：东经 115° 06′ 45.2″，北纬 39° 26′ 08.0″，高程 905 米。

墙体长 177 米，毛石垒砌，墙体宽 3.8 米，高 0.8 米，整体向两侧坍塌成堆状。

26. 王家庄长城 1 段 130633382102170026

位于紫荆关镇小盘石村北约 1.4 千米，起点坐标：东经 115° 07′ 29.9″，北纬 39° 26′ 49.3″，高程 1059 米，止点坐标：东经 115° 07′ 29.7″，北纬 39° 26′ 51.7″，高程 1059 米。

墙体长 75 米，毛石垒砌，墙体宽 5.5 米，高 1.5 米，墙体整体向两侧坍塌成堆状。

27. 小金城长城 1 段 130633382102170027

位于紫荆关镇小金城北，起点坐标：东经 115° 09′ 39.0″，北纬 39° 25′ 44.4″，高程 569 米，止点坐标：东经 115° 09′ 04.3″，北纬 39° 26′ 31.7″，高程 794 米。

墙体长 2100 米，毛石垒砌，设马面 5 座，为小金城 1～5 号马面，墙体宽 1.2～1.8 米，外高 0.5～3 米，内高 0.5～2.94 米，墙体损毁严重，修路、架设线杆和生产生活活动造成的豁口 5 处。

28. 蔡家峪长城 1 段 130633382102170028

位于蔡家峪乡蔡家峪村东北约 365 米，起点坐标：东经 115° 05′ 48.8″，北纬 39° 29′ 34.4″，高程 866 米，止点坐标：东经 115° 05′ 45.9″，北纬 39° 29′ 37.7″，高程 899 米。

墙体长 138 米，毛石垒砌，墙体宽 1.2 米，残高 0.2 米，损毁严重，面临消失。

29. 蔡家峪长城 2 段 130633382102170029

位于蔡家峪乡蔡家峪村东北约 115 米，起点坐标：东经 115° 05′ 41.3″，北纬 39° 29′ 27.9″，高程 681 米，止点坐标：东经 115° 05′ 39.6″，北纬 39° 29′ 34.0″，高程 853 米。

墙体长 210 米，毛石垒砌，墙体宽 1～1.4 米，残高 0.2 米，损毁严重，面临消失，修路、洪水冲击形成的豁口 2 处。

30. 蔡家峪长城 3 段 130633382102170030

位于蔡家峪乡蔡家峪村，起点坐标：东经 115° 05′ 37.5″，北纬 39° 29′ 28.1″，高程 806 米，止点坐标：东经 115° 05′ 25.6″，北纬 39° 29′ 47.1″，高程 1004 米。

墙体长 670 米，毛石垒砌，设马面 2 座，为蔡家峪 1、2 号马面，墙体宽 2～3.5 米，外高 1.1～3.5 米，内高 1.1～2.3 米，大部分墙体向两侧坍塌，包砌石块散落，修公路、架设高压线塔和生产生活活动形成的豁口 2 处，长共 64 米。

31. 口子长城 1 段 130633382102170031

位于桥家河乡口子村北，起点坐标：东经 114° 55′ 05.8″，北纬 39° 15′ 58.0″，高程 604 米，止点坐标：东经 114° 55′ 07.8″，北纬 39° 15′ 58.2″，高程 588 米。

墙体长 49 米，毛石垒砌，墙体宽 3.5 米，残高 1.2 米，大部分墙体向两侧坍塌，包砌石块散落。

32. 紫荆关西长城 1 段 130633382102170032

位于紫荆关镇紫荆关村西，起点坐标：东经 115° 09′ 37.7″，北纬 39° 25′ 27.9″，高程 524 米，止点坐标：东经 115° 07′ 47.1″，北纬 39° 25′ 24.8″，高程 592 米。

墙体长 3300 米，毛石垒砌，墙宽 1.2～3.2 米，残高 0.5～2.9 米，大部分墙体向两侧坍塌，包砌石块散落，墙体有多处豁口和一段消失段，消失段长 897 米。

33. 小盘石东长城 1 段 130633382102170033

位于紫荆关镇小盘石村东，起点坐标：东经 115° 07′ 47.1″，北纬 39° 25′ 24.8″，高程 592 米，止点坐标：东经 115° 07′ 46.1″，北纬 39° 25′ 16.8″，高程 593 米。

山险长 205 米，利用自然山体岩石为墙体。

34. 小盘石东长城 2 段 130633382102170034

位于紫荆关镇小盘石村东，起点坐标：东经 115° 07′ 46.1″，北纬 39° 25′ 16.8″，高程 593 米，止点坐标：东经 115° 07′ 37.7″，北纬 39° 25′ 15.3″，高程 553 米。

墙体长 206 米，毛石垒砌，墙体损毁严重，地表上可见零散石块，墙体大部分已消失。

35. 小盘石东长城 3 段 130633382102170035

位于紫荆关镇小盘石村东，起点坐标：东经 115° 07′ 37.7″，北纬 39° 25′ 15.3″，高程 553 米，止点坐标：东经 115° 06′ 53.6″，北纬 39° 25′ 03.1″，高程 573 米。

山险长 1100 米，利用自然山体岩石为墙体。

36. 小盘石南长城 1 段 130633382102170036

位于紫荆关镇小盘石村南，起点坐标：东经 115° 06′ 53.6″，北纬 39° 25′ 03.1″，高程 573 米，止点坐标：东经 115° 06′ 41.4″，北纬 39° 24′ 54.1″，高程 573 米。

墙体长 543 米，毛石垒砌，墙宽 0.8 ～ 1.2 米，残高 0.5 ～ 1.55 米，大部分墙体向两侧坍塌，包砌石块散落，墙体豁口 1 处，长 14 米。

37. 小盘石南长城 2 段 130633382102170037

位于紫荆关镇小盘石村西南，起点坐标：东经 115° 06′ 41.4″，北纬 39° 24′ 54.1″，高程 573 米，止点坐标：东经 115° 06′ 34.1″，北纬 39° 24′ 48.2″，高程 632 米。

山险长 252 米，利用自然山体岩石为墙体。

38. 小盘石南长城 3 段 130633382102170038

位于紫荆关镇小盘石村南，起点坐标：东经 115° 06′ 34.1″，北纬 39° 24′ 48.2″，高程 632 米，止点坐标：东经 115° 06′ 14.7″，北纬 39° 24′ 41.9″，高程 653 米。

墙体长 1025 米，毛石掺灰泥砌筑，白灰勾缝，顶面片石墁地，内侧设石质吐水嘴，垛口墙毛石掺灰泥砌筑，掺灰泥罩面，设马面 2 座，为小盘石 1、2 号马面，墙体保存较好段宽 3.1 ～ 3.6 米，内高 2.4 ～ 3.96 米，外高 3.2 ～ 5.05 米，垛口墙厚 0.5 ～ 0.6 米，残高 1.6 ～ 1.95 米。墙体保存差段墙宽 1.3 ～ 5.4 米，残高 0.5 ～ 4.7 米，墙体豁口 3 处，共长 133 米。

（二）单体建筑

易县明长城单体建筑一览表（单位：座）

编号	认定名称	认定编码	材质	保存程度				
				较好	一般	较差	差	消失
1	坡下 1 号敌台	130633352101170001	砖				√	
2	紫荆关 1 号敌台	130633352101170002	砖				√	
3	紫荆关 2 号敌台	130633352101170003	砖				√	
4	紫荆关 3 号敌台	130633352101170004	砖				√	

（续）

编号	认定名称	认定编码	材质	保存程度				
				较好	一般	较差	差	消失
5	紫荆关 4 号敌台	1306333352101170005	砖				√	
6	紫荆关 5 号敌台	1306333352101170006	砖				√	
7	紫荆关 6 号敌台	1306333352101170007	砖				√	
8	紫荆关 7 号敌台	1306333352101170008	砖		√			
9	紫荆关 8 号敌台	1306333352101170009	砖		√			
10	紫荆关 9 号敌台	1306333352101170010	砖				√	
11	奇峰口 1 号马面	1306333352102170011	石				√	
12	君玉 1 号马面	1306333352102170012	石				√	
13	君玉 2 号马面	1306333352102170013	石				√	
14	紫荆关西 1 号马面	1306333352102170014	石		√			
15	紫荆关西 2 号马面	1306333352102170015	石			√		
16	紫荆关西 3 号马面	1306333352102170016	石		√			
17	紫荆关西 4 号马面	1306333352102170017	石				√	
18	紫荆关西 5 号马面	1306333352102170018	石				√	
19	紫荆关西 6 号马面	1306333352102170019	石				√	
20	紫荆关西 7 号马面	1306333352102170020	石				√	
21	紫荆关西 8 号马面	1306333352102170021	石				√	
22	小金城 1 号马面	1306333352102170022	石				√	
23	小金城 2 号马面	1306333352102170023	石				√	
24	小金城 3 号马面	1306333352102170024	石			√		
25	小金城 4 号马面	1306333352102170025	石				√	
26	小金城 5 号马面	1306333352102170026	石				√	
27	蔡家峪 1 号马面	1306333352102170027	石				√	
28	蔡家峪 2 号马面	1306333352102170028	石				√	
29	小盘石 1 号马面	1306333352102170029	石			√		
30	小盘石 2 号马面	1306333352102170030	石			√		
31	紫荆关西 1 号烽火台	1306333353201170031	石				√	
32	紫荆关西 2 号烽火台	1306333353201170032	石		√			
33	玉山铺 1 号烽火台	1306333353201170033	石				√	
34	蔡家峪 1 号烽火台	1306333353201170034	石				√	
35	蔡家峪 2 号烽火台	1306333353201170035	石				√	
合计		共 35 座：砖 10 座，石 25 座		5	4	26		
百分比（%）		100		14.29	11.43	74.28		

类型：单体建筑包括敌台、烽火台、马面等

保存程度：较好、一般、较差、差、消失

1. 坡下 1 号敌台 130633352101170001

位于紫荆关镇坡下村北，坐标：东经 115° 11′ 11.90″，北纬 39° 24′ 13.60″，高程 294 米。

台体西侧接墙体，北立面后期人为切削地基，其他面坍塌成堆状。

2. 紫荆关 1 号敌台 130633352101170002

位于紫荆关镇紫荆关村南，坐标：东经 115° 09′ 11.80″，北纬 39° 24′ 46.00″，高程 743 米。

台体北侧接墙体，毛石干垒砌筑，东西宽 8.05 米，南北长 8.1 米，残高 2.3 米，坍塌严重，呈堆状，周边多灌木、杂草。

3. 紫荆关 2 号敌台 130633352101170003

位于紫荆关镇紫荆关村北，坐标：东经 115° 10′ 44.10″，北纬 39° 25′ 46.10″，高程 682 米。

毛石垒砌，东西宽 5.7 米，南北长 6.2 米，残高 1.2 米。台体大部分坍塌，周边多灌木、杂草。

4. 紫荆关 3 号敌台 130633352101170004

位于紫荆关镇紫荆关村，坐标：东经 115° 10′ 19.00″，北纬 39° 25′ 43.90″，高程 529 米。

南侧接墙体，条石砌筑，白灰膏勾缝，平面呈矩形，剖面及立面呈梯形，台体东西长 8.56 米，南北宽 8.16 米，条石基础 13 层，高 5.1 米，东、北立面基础放脚三层，东立面借山险，山体岩石裸露，南立面右侧局部坍塌，西立面外侧有椿树 1 棵，北立面存裂缝 2 条。

5. 紫荆关 4 号敌台 130633352101170005

位于紫荆关镇紫荆关村北，坐标：东经 115° 10′ 16.40″，北纬 39° 25′ 41.50″，高程 538 米。

台体南、北侧接墙体，毛石垒砌，平面呈矩形，剖面及立面呈梯形，东西宽 6.5 米，南北长 8.1 米，残高 2.1 米，坍塌严重，仅存部分包砌块石，周边多灌木、杂草。

6. 紫荆关 5 号敌台 130633352101170006

位于紫荆关镇紫荆关村，坐标：东经 115° 10′ 16.30″，北纬 39° 25′ 37.10″，高程 560 米。

台体东、南、西侧接墙体，城砖包砌，土石混筑台芯，平面呈矩形，剖面及立面呈梯形，损毁严重，周边植被茂盛。

7. 紫荆关 6 号敌台 130633352101170007

位于紫荆关镇紫荆关村北，坐标：东经 115° 10′ 12.70″，北纬 39° 25′ 25.60″，高程 567 米。

台体东、西侧接墙体，毛石垒砌，平面呈矩形，剖面及立面呈梯形，东西长 6.95 米，南北宽 5.85 米，残高 4.6 米，西侧、南侧坍塌，周边多灌木、杂草。

8. 紫荆关 7 号敌台 130633352101170008

位于紫荆关镇紫荆关村西，坐标：东经 115° 09′ 36.20″，北纬 39° 25′ 27.00″，高程 560 米。

台体东西接墙，砖石结构，平面布局为南北三券室、东西三通道，剖面及立面呈梯形，东西长 9.64 米，南北宽 9.81 米，高 8.8 米。下段条石基础 9 层，高 2.7 米，放脚 2～5 层；中段城砖砌筑，残存最高 4.53 米，东、西立面均辟 1 门 2 箭窗，南、北立面均辟 3 箭窗，券门置槛石、柱石、平水石、券脸石、栓石，门宽 0.91 米，高 1.89 米，箭窗起券方式一伏一券，宽 0.57 米，高 0.73 米，券室宽 1.59 米，高 3.83 米，通道门宽 1.25 米，高 3.8 米，东券室南端头设梯道，由东向西登顶，砖砌踏跺，券顶为三段叠落式；上段墙体设施无存。

东立面砖件局部风化酥碱，南立面上部包砖缺失高 2.2 米，西侧券室券砖裸露，西立面上部包砖缺失高 1.3 米，梯道券砖裸露，西门石构件缺失，北立面上部包砖缺失高 1.7 米。

9. 紫荆关 8 号敌台 130633352101170009

位于紫荆关镇紫荆关村西，坐标：东经 115° 09′ 24.00″，北纬 39° 25′ 24.10″，高程 622 米。

台体南北接墙，砖石结构，平面布局呈"一"字形，立面及剖面呈梯形，东西长 5.77 米，南北宽 5.6 米，残高 5.65 米。下段条石基础 4～6 层，1.6～2.4 米；中段城砖砌筑，高 3.8 米，南墙辟门，起券方式为一伏一券，门宽 0.76 米，高 1.74 米，券室长 2.26 米，起券方式为一伏一券，宽 0.95 米，高 2 米，梯井口南北长 1.84 米，宽同券室；中段与上段间残存拔檐 1 层，直檐，西侧中部置石拔檐；二层地面斜铺城砖垫层 1 层。

东北角、西南角顶部墙体缺失，高 0.8 米，券室券顶存长 2.26 米，东南角存少量拔檐砖。

10. 紫荆关 9 号敌台 130633352101170010

位于紫荆关镇紫荆关村西，坐标：东经 115° 09′ 38.20″，北纬 39° 25′ 33.80″，高程 527 米。

台体南侧接墙体，台芯河卵石、毛石掺灰泥垒砌，东西长 6.45 米，南北宽 5.38 米，残高 5.23 米，包砖部分全部损毁，北侧为拒马河。

11. 奇峰口 1 号马面 130633352102170011

位于紫荆关镇奇峰口村西北，坐标：东经 115° 16′ 05.30″，北纬 39° 29′ 01.30″，高程 530 米。

毛石垒砌，东西长 5.5 米，南北宽 5 米，残高 1.5 米，整体坍塌，周围灌木、杂草茂盛。

12. 君玉 1 号马面 130633352102170012

位于紫荆关镇君玉村西南，坐标：东经 115° 14′ 33.80″，北纬 39° 26′ 34.40″，高程 553 米。

毛石垒砌，东西宽 4.5 米，南北长 4.8 米，残高 1.7 米，包砌石块大部分缺失，部分石块坍塌散落在山坡上，周围灌木、杂草生长茂盛。

13. 君玉 2 号马面 130633352102170013

位于紫荆关镇君玉村北，坐标：东经 115° 14′ 41.20″，北纬 39° 26′ 40.70″，高程 522 米。

毛石垒砌，东西宽 3.3 米，南北长 3.8 米，残高 1.95 米，周围灌木、杂草茂盛。

14. 紫荆关西 1 号马面 130633352102170014

位于紫荆关镇紫荆关村西，坐标：东经 115° 09′ 33.10″，北纬 39° 25′ 25.60″，高程 587 米。

台体平面呈矩形，立面及剖面呈梯形，毛石掺灰泥砌筑墙体、垛口墙、石拔檐，白灰勾缝，底部东西长 4.73 米，南北宽 3.15 米，残高 4.08 米，顶部和西南角部分坍塌，周围树木、灌木、杂草茂盛。

15. 紫荆关西 2 号马面 130633352102170015

位于紫荆关镇紫荆关村西，坐标：东经 115° 09′ 29.90″，北纬 39° 25′ 25.10″，高程 593 米。

台体平面呈矩形，立面及剖面呈梯形，毛石掺灰泥砌筑墙体，白灰勾缝，底部东西长 4.15 米，南北宽 2.15 米，残高 2.28 米，南立面坍塌严重，周围树木、灌木、杂草茂盛。

16. 紫荆关西 3 号马面 130633352102170016

位于紫荆关镇紫荆关村西，坐标：东经 115° 09′ 27.80″，北纬 39° 25′ 25.30″，高程 592 米。

台体平面呈矩形，立面及剖面呈梯形，毛石掺灰泥砌筑墙体，白灰勾缝，顶部东西宽 3.4 米，南北长 3.8 米，残高 4.27 米，西立面存一孔洞，直径 0.6 米，周围树木、灌木、杂草茂盛。

17. 紫荆关西 4 号马面 1306333352102170017

位于紫荆关镇紫荆关村西，坐标：东经 115° 09′ 02.40″，北纬 39° 25′ 26.00″，高程 593 米。

毛石垒砌，东西长 5.27 米，南北宽 4.41 米，残高 1.96 米，坍塌严重，成堆状，北墙残存部分毛石墙，周围灌木、杂草茂盛。

18. 紫荆关西 5 号马面 1306333352102170018

位于紫荆关镇紫荆关村西，坐标：东经 115° 08′ 20.40″，北纬 39° 25′ 27.90″，高程 582 米。

毛石垒砌，东西宽 4 米，南北长 4.3 米，残高 0.8 米，整体坍塌，周围毛石散落，灌木、杂草生长茂盛。

19. 紫荆关西 6 号马面 1306333352102170019

位于紫荆关镇紫荆关村西，坐标：东经 115° 08′ 11.90″，北纬 39° 25′ 30.10″，高程 586 米。

毛石垒砌，被人为拆毁，毛石散落东西宽 3.9 米，南北长 4.2 米，周围灌木、杂草生长茂盛。

20. 紫荆关西 7 号马面 1306333352102170020

位于紫荆关镇紫荆关村西，坐标：东经 115° 08′ 05.10″，北纬 39° 25′ 29.70″，高程 586 米。

毛石垒砌，残存毛石散落在山坡上，毛石散落东西 4.7 米，南北 4.1 米，周围灌木、杂草生长茂盛。

21. 紫荆关西 8 号马面 1306333352102170021

位于紫荆关镇紫荆关村西，坐标：东经 115° 07′ 46.30″，北纬 39° 25′ 26.70″，高程 600 米。

毛石垒砌，被人为损毁严重，毛石散落东西宽 2.6 米，南北宽 4.2 米，周围灌木、杂草生长茂盛。

22. 小金城 1 号马面 1306333352102170022

位于紫荆关镇紫荆关小金城北，坐标：东经 115° 09′ 37.00″，北纬 39° 25′ 47.60″，高程 567 米。

毛石垒砌，残高 5.3 米，坍塌严重，成堆状，周围灌木、杂草生长茂盛。

23. 小金城 2 号马面 1306333352102170023

位于紫荆关镇紫荆关小金城北，坐标：东经 115° 09′ 37.80″，北纬 39° 25′ 53.50″，高程 583 米。

毛石掺灰泥砌筑，白灰勾缝，东西长 6 米，南北宽 5.5 米，残高 3.1 米，外包毛石墙体大部分坍塌，周围灌木、杂草生长茂盛。

24. 小金城 3 号马面 1306333352102170024

位于紫荆关镇紫荆关小金城北，坐标：东经 115° 09′ 24.20″，北纬 39° 26′ 26.90″，高程 679 米。

马面平面呈矩形，立面及剖面呈梯形，毛石掺灰泥砌筑，白灰勾缝，东西宽 2.4 米，南北长 4.66 米，残高 1.98 米，顶部及东南角坍塌严重，周围灌木、杂草生长茂盛。

25. 小金城 4 号马面 1306333352102170025

位于紫荆关镇紫荆关小金城北，坐标：东经 115° 09′ 10.90″，北纬 39° 26′ 32.40″，高程 758 米。

马面坍塌严重，仅存部分毛石掺灰泥砌筑台芯，周围灌木、杂草生长茂盛。

26. 小金城 5 号马面 1306333352102170026

位于紫荆关镇紫荆关小金城北，坐标：东经 115° 09′ 04.30″，北纬 39° 26′ 31.70″，高程 794 米。

毛石垒砌，东西长 5.1 米，南北宽 4.7 米，残高 0.57 米，坍塌严重，周边植被茂盛。

27. 蔡家峪 1 号马面 130633352102170027

位于紫荆关镇蔡家峪村北，坐标：东经 115° 05′ 35.10″，北纬 39° 29′ 32.50″，高程 867 米。

马面平面呈矩形，立面及剖面呈梯形，毛石垒砌，东西宽 3.25 米，南北长 4.8 米，残高 3.5 米，坍塌严重，仅存部分东墙，周围树木、灌木、杂草生长茂盛。

28. 蔡家峪 2 号马面 130633352102170028

位于紫荆关镇蔡家峪村北，坐标：东经 115° 05′ 29.80″，北纬 39° 29′ 40.40″，高程 970 米。

毛石垒砌，东西长 6 米，南北宽 5.85 米，残高 0.8 米，坍塌严重，成堆状，周围灌木、杂草生长茂盛。

29. 小盘石 1 号马面 130633352102170029

位于紫荆关镇小盘石村西南，坐标：东经 115° 06′ 34.10″，北纬 39° 24′ 48.20″，高程 632 米。

马面平面呈矩形，立面及剖面呈梯形，毛石垒砌，东西宽 5.4 米，南北长 6.8 米，残高 4.02 米，东墙、西南角坍塌，周围灌木、杂草生长茂盛。

30. 小盘石 2 号马面 130633352102170030

位于紫荆关镇小盘石村西南，坐标：东经 115° 06′ 14.70″，北纬 39° 24′ 41.90″，高程 653 米。

马面平面呈矩形，立面及剖面呈梯形，毛石掺灰泥砌筑，白灰勾缝，东西宽 4.1 米，南北长 4.2 米，残高 2.4 米，顶部局部坍塌，马面周围灌木、杂草生长茂盛。

31. 紫荆关西 1 号烽火台 130633353201170031

位于紫荆关镇紫荆关西，坐标：东经 115° 08′ 46.10″，北纬 39° 25′ 26.40″，高程 610 米。

马面平面呈矩形，立面及剖面呈梯形，毛石掺灰泥砌筑，白灰勾缝，台体底部南北长 3.9 米，顶部南北长 3.2 米，西北角残高 2.9 米，西南角残高 2.1 米，东墙全部坍塌，南墙、北墙部分坍塌。台体周围灌木、杂草生长茂盛。

32. 紫荆关西 2 号烽火台 130633353201170032

位于紫荆关镇紫荆关西，坐标：东经 115° 08′ 32.50″，北纬 39° 25′ 26.60″，高程 618 米。

马面平面呈矩形，立面及剖面呈梯形，毛石掺灰泥砌筑，白灰勾缝，底部东西宽 4.13 米，南北长 4.27 米，残高 2.91 米，北墙外包墙体坍塌，周围灌木、杂草生长茂盛。

33. 玉山铺 1 号烽火台 130633353201170033

位于紫荆关镇玉山铺村北，坐标：东经 115° 02′ 48.20″，北纬 39° 25′ 45.20″，高程 774 米。

毛石垒砌，东西宽 4.6 米，南北长 4.8 米，残高 0.8 米，坍塌严重，成堆状，周围灌木、杂草生长茂盛。

34. 蔡家峪 1 号烽火台 130633353201170034

位于紫荆关镇蔡家峪村东，坐标：东经 115° 05′ 53.10″，北纬 39° 29′ 28.10″，高程 937 米。

毛石垒砌，东西残长 1.5 米，残高 1.1 米，坍塌严重，成堆状，周边多为杂草、灌木。

35. 蔡家峪 2 号烽火台 130633353201170035

位于紫荆关镇蔡家峪村东，坐标：东经 115° 05′ 45.00″，北纬 39° 29′ 26.90″，高程 913 米。

毛石垒砌，东西残长 1.3 米，残高 0.9 米，坍塌严重，成堆状，周边多为杂草、灌木。

（三）关堡

易县明长城关堡一览表（单位：座）

编号	认定名称	认定编码	类型	周长(米)	保存程度				
					较好	一般	较差	差	消失
1	小盘石城	1306333531021 70001	石墙	716			√		
2	小金城	1306333531021 70002	石墙	750			√		
3	紫荆关关城	1306333531011 70003	砖墙	12900			√		
合计		共3座：砖墙1座，石墙2座					3		
百分比（%）		100					100		

保存程度：较好、一般、较差、差、消失

1. 小盘石城 1306333531021 70001

位于紫荆关镇小盘石村，坐标：东经 115° 09′ 37.20″，北纬 39° 25′ 40.60″，高程 563 米。

平面形制呈矩形，周长 750 米，处于半山半平地，石墙和山险相结合，西城墙北段、北城墙位于山上，东城墙北段、北城墙接山险。东、西墙南段均辟门，北城墙辟马面1座。

墙体：墙宽 5.2 米，高 1～6.34 米，东城墙、西城墙、北城墙坍塌严重，南城墙人为破坏严重，在城墙基础上修建民居。

东门：平面呈矩形，立面及剖面呈梯形，砖、石混筑，城台南北长 11.55 米，东西宽 9 米，高 7 米，内侧券门长 5.3 米，宽 2.8 米，高 2.96 米，起券方式为三伏三券，外侧券门长 2.6 米，宽 2 米，高 2.7 米，起券方式为五伏五券。顶部设施缺失，内立面南侧及外立面城台外包缺失。

西门：现为豁口，仅存北侧城台。

北城墙马面：东西长 6.33 米，南北宽 6.13 米，坍塌严重，成堆状，周边多为杂草、灌木。

2. 小金城 1306333531021 70002

位于紫荆关镇小金城村，坐标：东经 115° 06′ 52.60″，北纬 39° 25′ 12.00″，高程 536 米。

平面形制呈矩形，周长 716 米，南与紫荆关关城隔拒马河相对，南、北侧接长城主线，南接墙体已消失，北接墙体下有涞涞高速穿越。东、西墙均辟门，现存东北角台、东南角台、西北角台、北城墙马面1座。

墙体：毛石垒砌，白灰勾缝，墙宽 3.8 米，高 1～5.2 米，墙体坍塌严重，西墙存豁口2处，长共 109 米，东墙存豁口1处，长 53 米。

东北角台：平面呈矩形，立面及剖面呈梯形，毛石垒砌，白灰勾缝，东西长 8.7 米，南北宽 6.5 米，残高 3.2 米，损毁严重，周边多为杂草、灌木。

东南角台：平面呈矩形，立面及剖面呈梯形，毛石垒砌，白灰勾缝，东西长 4.5 米，南北宽 3.6 米，残高 2.8 米，损毁严重，内侧为农田，外侧多为灌木、杂草。

西北角台：平面呈矩形，立面及剖面呈梯形，毛石垒砌，白灰勾缝，残高 3.76 米，损毁严重，周边多为杂草、灌木。

北城墙马面：平面呈矩形，立面及剖面呈梯形，毛石垒砌，白灰勾缝，东西长 10.31 米，南北宽 6.2 米，高 5.2 米，西立面存裂缝 1 条，周边多为杂草、灌木。

3. 紫荆关关城 130633353101170003

位于紫荆关镇紫荆关村，坐标：东经 115° 10′ 12.70″，北纬 39° 25′ 32.50″，高程 529 米。

周长 12900 米，占地面积 2600000 平方米，紫荆关建在依坡傍水两山相夹的盆地内，四周形成天然屏障，关城以真武山为中心，城墙依山起伏，向四外延伸，形成四个不规则的城圈，总平面为大城套小城的形式，由堡城、正城、夹城、稍城构成，稍墙自稍城东南角向西至紫荆关 1 号敌台长约 3 千米。关城东为万仞山，千岭耸立，峭壁悬崖；城西有犀牛山，蜿蜒向西，与盘石口相接；城北为拒马河，谷宽坡陡，浪高水急；城南是黄土岭背千山万壑，层峦叠嶂。拒马河北岸为 108 国道，112 国道沿东西向从紫荆关关城穿过，关城内有县级公路和村村通公路通过。

紫荆关秦汉时称"上谷关"，东汉时称"五阮关"，为太行八陉之第七陉，又有蒲阴陉、子庄关之称，宋时名金坡关，后因山上多紫荆而改称紫荆关，自明成祖迁都北平（北京）后，更大兴土木，修城建关。在正统、景泰、弘治、嘉靖、万历、崇祯年间，都曾改筑、扩建关城，增设城堡、隘口，开凿盘山道等，使紫荆关形成了一个较完备的防御体系。紫荆关位于居庸、倒马二关之间，称为"内三关"。

堡城：墙体长约 2100 米，东、南墙位于山地，东临正城，存马面 1 座，敌台 1 座；西墙位于平地，向北延伸至小金城，向西延伸至瓦窑关；南墙南临西稍城；北墙北临拒马河，南临正城，存马面 4 座，蹬城马道 1 座，石桥 1 座，水门 1 座，城门 1 座，门上有匾额二重，上重书"河山带砺"，下重"紫荆关"，落款为"万历丁亥聊城付关宅书"。东、南、西墙毛石砌筑，白灰勾缝；北墙内侧毛石砌筑、城砖砌筑两种，外侧条石砌筑，白灰勾缝，内外侧设石拔檐、石吐水嘴，内侧设宇墙，外侧设垛口墙，城砖墁地。西北角、南墙、东北角均存一豁口，北墙水文站占压。

正城：墙体长约 1300 米，正城位于山谷，东、西墙顺两侧山脊延伸北至堡城，南至夹城、西稍城，东侧为东稍城。东墙存马面 1 座，蹬城马道 1 座，东南角台；南墙辟水门 1 座，上有城楼遗址，城门 1 座，蹬城马道 1 座，门额有"紫塞金城"、下款识"万历十七年岁次乙丑孟秋吉旦立"匾，上款并列题为"钦差总理紫荆关后备按察使刘东星直隶保定府管关通判宋应试"，下款题为"钦差分守紫荆关参将韩光"，敌台 1 座，为紫荆关 6 号敌台；西墙存西南角台，马面 1 座，敌台 1 座；北墙存西北角台，为紫荆关 5 号敌台，马面 1 座。内墙毛石砌筑，白灰膏勾缝，外墙毛石砌筑，二次包砖扩筑。东墙中部东门缺失形成豁口，北墙缺失形成豁口，民居占压。

夹城：墙体长 780 米，夹城位于山谷，北临正城，东临东稍城，西南临西稍城，设角台 4 座，南墙中部设南城门城台，东西各置蹬城马道 1 座，南城台西侧墙体辟水门。墙体毛石砌筑，白灰膏勾缝。

稍城：东稍城墙体长 3000 米，稍城西临正城、夹城，南临西稍城。南墙西段辟南门，西南角台 1 座，西墙存马面 1 座，敌台 2 座，为紫荆关 4 号敌台、紫荆关 5 号敌台，北墙存敌台 2 座，为紫荆关 2 号敌台、紫荆关 3 号敌台。墙体毛石砌筑，白灰膏勾缝。南城门券顶坍塌，西墙西门缺失形成豁口，北墙西段豁口 1 处。西稍城墙体长 4600 米，南墙山险长 160 米，设南门（南天门）、西门（阳和门）已毁，现仅存遗址，墙体存豁口 1 处，长 495 米；西墙豁口两处，仅存中段墙体长 149 米。

稍墙：自西稍城东南角向西延伸至紫荆关 1 号敌台，墙体长 1000 米，毛石垒砌，坍塌严重，存豁口 1 处。

历史沿革：紫荆关历史悠久。据《吕氏春秋》记载：紫荆关即古太行八陉的第七陉"蒲阴陉"；秦汉时称"上谷关"，在东汉时又名为"五阮关"；北魏时期，范阳遒县（今河北省涞水县北）人，郦道元在《水经注》中称紫荆关为"子庄关"，宋金时改称"金坡关"，直至元代后更名为"紫荆关"至今（正统元年建，旧逾环城、夹城、稍城、圈城二十七丈，河北迤西堡城，正城、夹城、稍城、稍墙一带共九百三十丈）。

唐县

唐县位于保定市西部，北倚太行山，南临华北大平原，地理坐标：东经 114°28′～115°03′，北纬 38°38′～39°10′，县域东西宽 29.7 千米，南北长 67.8 千米，总面积 1417 平方千米。东与顺平县、望都县毗邻，西与曲阳县、阜平县相连，南与定州市相接，北与涞源县交界，107 国道从该县境内南端穿过。距北京市 197 千米，距石家庄市 88 千米，距保定市 44 千米。

唐县明长城分布在倒马关乡、军城镇共 2 个乡镇。北邻涞源县独山城、插箭岭长城，东北距紫荆关 60 千米。

长城起点：倒马关乡倒马关村西南 1.8 千米，坐标：东经 114°36′21.00″，北纬 39°05′06.90″，高程 693 米。

长城止点：倒马关村西北 2.1 千米，坐标：东经 114°36′54.10″，北纬 39°07′36.60″，高程 801 米。

唐县调查长城资源墙体 3 段，总长 5068 米；单体建筑 13 座，其中：敌台 1 座、烽火台 12 座；关堡 2 座。

（一）长城墙体

唐县明长城墙体一览表（单位：米）

编号	认定名称	认定编码	类型	长度	保存程度				
					较好	一般	较差	差	消失
1	倒马关长城第 1 段墙体	1306273821021700001	石墙	145				145	
2	倒马关长城第 2 段墙体	1306273821021700002	石墙	1536				945	591
3	倒马关长城第 3 段墙体	1306273821021700003	石墙	3387				3387	
合计		共 3 段：石墙 3 段		5068				4477	591
百分比（%）		100						88.3	11.7

类型：砖墙、石墙、土墙、山险墙、山险

保存程度：较好、一般、较差、差、消失

1. 倒马关长城第 1 段墙体 130627382102170001

位于倒马关乡倒马关村西南 1.8 千米，起点坐标：东经 114° 36′ 21.00″，北纬 39° 05′ 06.90″，高程 693 米，止点坐标：东经 114° 36′ 20.70″，北纬 39° 05′ 02.50″，高程 696 米。

处于两座山峰之间，南北侧接山险，墙体长 145 米，毛石干垒，顶宽 1.7 米，外侧残高 3.15 米，内侧残高 0.55 米。墙体坍塌严重，东西两侧为深沟，地势陡峭，植被覆盖多为灌木和杂草，北侧 100 米处有高压输电线路。

2. 倒马关长城第 2 段墙体 130627382102170002

位于倒马关乡倒马关村西北 1.5 千米，起点坐标：东经 114° 36′ 31.70″，北纬 39° 05′ 31.50″，高程 579 米，止点坐标：东经 114° 36′ 43.90″，北纬 39° 06′ 14.40″，高程 623 米。

墙体长 1536 米，毛石干垒，存豁口两处，内侧坍塌严重，外侧存有立面，顶宽 2.1 米，外侧残高 2.7 米，内侧残高 0.79 米。

3. 倒马关长城第 3 段墙体 130627382102170003

位于倒马关乡倒马关村西北 2.1 千米，起点坐标：东经 114° 36′ 43.20″，北纬 39° 06′ 34.70″，高程 623 米，止点坐标：东经 114° 36′ 54.10″，北纬 39° 07′ 36.60″，高程 801 米。

墙体长 3387 米，毛石垒砌，坍塌严重，多数墙体上的石块在 20 世纪五六十年代开垦农田时被拆毁。

（二）单体建筑

唐县明长城单体建筑一览表（单位：座）

编号	认定名称	认定编码	材质	保存程度				
				较好	一般	较差	差	消失
1	倒马关 1 号烽火台	1306273532011170001	石				√	
2	倒马关 2 号烽火台	1306273532011170002	石				√	
3	倒马关 3 号烽火台	1306273532011170003	石				√	
4	倒马关 4 号烽火台	1306273532011170004	石				√	
5	倒马关 5 号烽火台	1306273532011170005	石				√	
6	倒马关 6 号烽火台	1306273532011170006	石				√	
7	倒马关 7 号烽火台	1306273532011170007	石				√	
8	倒马关 8 号烽火台	1306273532011170008	石				√	
9	倒马关 9 号烽火台	1306273532011170009	石					√
10	倒马关 10 号烽火台	1306273532011170010	石				√	
11	倒马关 11 号烽火台	1306273532011170011	石				√	
12	倒马关 12 号烽火台	1306273532011170012	石				√	
13	倒马关敌台	1306273521011170013	砖				√	
	合计	共 13 座：砖 1 座，石 12 座					12	1
	百分比（%）	100					92.3	7.7

类型：单体建筑包括敌台、烽火台、马面等
保存程度：较好、一般、较差、差、消失

1. 倒马关 1 号烽火台 130627353201170001

位于倒马关乡倒马关村东，坐标：东经 114° 38′ 04.60″，北纬 39° 05′ 10.70″，高程 485 米。

毛石砌筑，白灰勾缝，底部南北长 5.7 米，东西长 5.9 米，北墙残高 2.97 米。整体坍塌严重，除北墙残存部分墙体外，其余三面皆坍塌，北侧 6 米处设有 3 根电线杆，台体四周植被覆盖较好，多为低矮灌木和杂草，西侧山下为唐河。

2. 倒马关 2 号烽火台 130627353201170002

位于倒马关乡倒马关村东，坐标：东经 114° 38′ 05.50″，北纬 39° 05′ 19.40″，高程 504 米。

毛石砌筑，白灰勾缝，平面呈矩形，剖面呈梯形，东南角残高 4.1 米，台体大部分坍塌。北墙坍塌成斜坡状，东墙残留南半部，南墙残留东半部，西墙残存底部一小段，植被覆盖多为低矮灌木和杂草，西侧山下为唐河。

3. 倒马关 3 号烽火台 130627353201170003

位于倒马关乡倒马关村东，坐标：东经 114° 38′ 01.30″，北纬 39° 05′ 30.60″，高程 530 米。

毛石砌筑，白灰膏勾缝，顶部残东西长 4.3 米，南北宽 4.75 米，西南角残高 1.85 米，整体坍塌严重。北、西侧墙体坍塌，南墙残存，东面墙体东北角坍塌，北面有电缆通过，四周皆灌木，西侧山下为唐河。

4. 倒马关 4 号烽火台 130627353201170004

位于倒马关乡倒马关村东北，坐标：东经 114° 37′ 48.00″，北纬 39° 05′ 31.30″，高程 445 米。

毛石砌筑，顶部东西宽 7 米，南北长 7.2 米，底部东西宽 8.1 米，南北长 9.1 米。西南角残高 5.72 米，西北角残高 2.05 米，东南角残高 5.58 米，东北角残高 5.5 米。整体坍塌，台芯裸露，顶部长满杂草，四周皆灌木杂草，北侧为山脊，南侧山下为唐河。

5. 倒马关 5 号烽火台 130627353201170005

位于倒马关乡倒马关村北，坐标：东经 114° 37′ 42.90″，北纬 39° 05′ 34.30″，高程 509 米。

毛石砌筑，白灰勾缝，底部东西宽 4.6 米，南北长 5 米，西南角残高 2.3 米，坍塌严重，成堆状，西立面墙残长 2.2 米。台体顶部被杂草和荆棘覆盖，四周皆灌木。南侧山下为唐河，坡度较陡。

6. 倒马关 6 号烽火台 130627353201170006

位于倒马关乡倒马关村西北，坐标：东经 114° 37′ 39.50″，北纬 39° 05′ 31.90″，高程 482 米。

顶部东西宽 4.2 米，南北长 6.4 米，底部东西宽 7.9 米，南北长 9.8 米，西南角残高 4.5 米，西北角残高 4.6 米，东南角残高 4.45 米，东北角残高 4.6 米。整体坍塌严重，台芯裸露，北、东、西侧坡度平缓，南侧山下为唐河，地势陡峭。

7. 倒马关 7 号烽火台 130627353201170007

位于倒马关乡倒马关村西北，坐标：东经 114° 37′ 17.10″，北纬 39° 05′ 34.90″，高程 536 米。

毛石砌筑，白灰勾缝，底部东西长 5.45 米，南北宽 5.25 米，残高 4.45 米。整体坍塌严重，东、西两面墙体残存二分之一，南墙全部坍塌，北面墙体保存较好，西侧 10 米处建有移动信号塔和机房。

8. 倒马关 8 号烽火台 130627353201170008

位于倒马关乡倒马关村西，坐标：东经 114° 37′ 24.00″，北纬 39° 05′ 17.80″，高程 472 米。

整体坍塌严重，残高 0.8～2.9 米，南侧残留部分墙体，其他三面墙体均坍塌，四周皆灌木。

9. 倒马关 9 号烽火台 130627353201170009

位于倒马关乡倒马关村东南，坐标：东经 114° 36′ 11.80″，北纬 39° 04′ 52.80″，高程 472 米。

台体消失，2004 年唐县林业局设森林防火倒马关瞭望站，利用烽燧石料建房舍一间，房址建在原来烽燧的位置，现无迹可寻。

10. 倒马关 10 号烽火台 130627353201170010

位于倒马关乡倒马关村西南，坐标：东经 114° 36′ 33.40″，北纬 39° 05′ 32.20″，高程 582 米。

西侧残高 7.9 米，南侧残高 6.3 米，东侧残高 3.2 米，北侧残高 4.7 米。整体坍塌严重，台体四周散落大量的碎石块，西北角 6 米处有一联通公司的信号塔和服务器小房一座。该设施全部建在墙体上。台体东侧地势陡峭，四周植被覆盖多为枣树和灌木。

11. 倒马关 11 号烽火台 130627353201170011

位于倒马关乡倒马关村西北，坐标：东经 114° 36′ 37.60″，北纬 39° 05′ 53.00″，高程 489 米。

砖石结构，东西宽 8.1 米，南北长 9.5 米。西北角残高 5.43 米，西南角残高 4.3 米，东南角残高 2.45 米，东北角残高 3.16 米。整体坍塌严重，台芯裸露，土石混筑台芯裸露，条石基础及外包砖已不存，台体四周植被覆盖酸枣树和灌木，东南侧 20 米处建有小庙一座。

12. 倒马关 12 号烽火台 130627353201170012

位于倒马关乡倒马关村西北山梁上，坐标：东经 114° 36′ 47.80″，北纬 39° 06′ 17.40″，高程 696 米。

毛石垒砌，东西长 4.08 米，南北宽 4.8 米，东北角残高 1.9 米。坍塌严重，北立面和东立面残存垒砌的痕迹，南立面和西立面坍塌成坡状。南、西侧地势陡峭，植被覆盖为灌木和杂草。

13. 倒马关敌台 130627352101170013

位于倒马关乡倒马关村，坐标：东经 114° 37′ 40.30″，北纬 39° 05′ 12.10″，高程 491 米。

平面呈矩形，剖面及立面呈梯形。下部条石基础，上部外包砖，台芯掺灰泥小块毛石砌筑，东侧残长 10.6 米，北侧残宽 9.5 米，西南角残高 3.75 米。外包缺失，仅存台芯，周围多为柏树、槐树、枫树、松树及榆树，四周环绕水泥路。

（三）关堡

唐县明长城关堡一览表（单位：座）

编号	认定名称	认定编码	类型	周长（米）	保存程度				
					较好	一般	较差	差	消失
1	倒马关关城	1306273531011701001	石墙	1800			√		
2	军城堡	130627353102170002	土墙	992				√	
合计		共 2 座：石墙 1 座，土墙 1 座		2792			1	1	
百分比（%）		100					50	50	

保存程度：较好、一般、较差、差、消失

1. 倒马关关城 130627353101170001

位于倒马关乡倒马关村，坐标：东经114° 37′ 41.90″，北纬39° 05′ 18.00″，高程418米。

倒马关分为上、下城，上城洪武初年建，下城景泰三年建。

上城位于下城西2千米的上关岭上，三面环水，地势险要，岭下设三道关门，易守难攻，现状仅存城门遗址1座。

下城位于倒马关村，唐河从西、北、东三侧环绕径流，南侧随山势构筑城墙，东、北两侧隔河山峰上有烽火台7座。关城城墙周长1800米，面积200000平方米，平面略呈菱形，路网为"十"字形，十字街北侧原建有阅兵楼，其后为官署，官署平面布局有大堂、二堂、三堂及东西偏房，东西偏房为兵器库、厨房；自阅兵楼向南有演武厅，演武厅南至山脚为校场；关城内原建有菩萨庙、关帝庙、孔庙等庙宇十座；城有东西北三门，东为"居仁"，西为"由义"，北为"宣威"，关城西南设水门。关城城墙保存较好段底宽6米，顶宽4米，通高10米，墙芯由三合土夯筑而成，外包砖石。

下城城墙设施现存有敌台1座、马面1座、东门系统（东城门遗址、东瓮城北门、北墙）、西水门、西南角台、东南角台。

东城墙残存246米，存豁口2处，长27米、37米，均为新旧保涞公路穿段；南城墙残存长476米；西城墙残长394米，存豁口2处，长19米、25米，均为新旧保涞公路穿断；北城墙残存322米，西北角存豁口长164米。

倒马关敌台：平面呈矩形，剖面及立面呈梯形。下部条石基础，上部外包砖，台芯掺灰泥小块毛石砌筑，东侧残长10.6米，北侧残宽9.5米，西南角残高3.75米。外包缺失，仅存台芯，周围多为柏树、槐树、枫树、松树及榆树，四周环绕水泥路。

倒马关马面：位于西城墙中段内侧，平面呈矩形，剖面及立面呈梯形。砖石混筑，南北长9.6米，顶部东西残宽3.21米，高4.1～4.7米。马面东侧多为杏树、槐树，顶部有电杆一根。

东门系统：位于东城墙北段，城内存拴马石2处；东门遗址残存北侧部分城台及外侧券砖痕迹，南侧城台东立面存少部分包砖，素土夯筑台芯，城台南北长13.8米，顶部存旗杆石1块，城台马道无法辨别；瓮城北墙长14.2米，高2.45米，大块毛石砌筑，白灰膏勾缝，墙上辟北门，条石砌筑，内、外券砖砌，券脸石砌，内券宽2.15米，高3.27米，外券宽1.75米，高2.37米，南北通长4.78米。

西水门：位于唐河东岸，东距西城墙257米，平面呈矩形，立面与剖面呈梯形，条石砌筑，城台东西宽10.54米，南北长14.26米；内、中、外券砖砌，券脸石砌，内口宽2.57米，高2.7米，中券宽3米，高4.1米，东西向起券，设门槛石、门栓石、门轴石，外券宽同内券，高3.4米。

西南角台：保存较差，平面呈矩形，立面及剖面呈梯形，毛石砌筑，台体西侧底宽10.9米，北侧底宽6.7米，顶部东侧宽8.7米，通高5.7米，四周环绕水泥路，台体三面遍植柏树、枫树、槐树。

东南角台：台体毁坏严重，原包砌的条石及砖墙已无存，仅存部分毛石台芯，边界已无法辨认，四周均为民居。

历史沿革：倒马关亦名倒马固关，"倒马"之名，相传是北宋时杨六郎在此统兵御辽，因被山石夹住马腿而退兵之故，又传是因地势险要，兵强城固，敌兵至此必人倒马翻、惨遭失败而得名。

《寰宇记》载："山路险峻，马为之倒因名""后汉置关于此。"《汉书》载："代郡有常山关。"《方舆纪要》载："常山关就是倒马关。"据《寰宇通志》和《关隘考》等文献记载："汉戍于关，乃设巡检司以守之。北宋名将杨延昭曾拒守此地。"据清光绪三年重修《唐县志》记载："明初设巡司，嘉靖年间设参将，清初设副将，顺治十年改设都司金书。"倒马关与居庸关、紫荆关合称为"内三关"。

倒马关下（所辖十四隘口，本关城堡一座，景泰三年建）

上城口，堡城一座，洪武初年建，冲；营沟口，正城一道，缓；周家堡口，正城一道，缓；玉河安口，正城一道，缓，上三口俱正统四年建。军城口，堡城一座，景泰三年建，缓；夹马石口，堡城一座，缓；孟良臼口，堡城一座，缓，上二口俱景台六年建。柳角菴口，正城一道，缓；蒿地菴口，正城一道，缓；吊驴崖口，正城一道，缓；夹耳菴口，正城一道，缓；小关城口，正城一道，缓，上司口俱弘治年建。大岭口，正城一道，嘉靖二十年建，冲；安子岭，正城一道，嘉靖二十四年建，冲。

边城一千六百七十一丈。

附墙敌台八座。

空心敌台二座，隆庆五年至万历二年节次建。

倒马关亦名倒马固关，"倒马"之名，相传是北宋时杨六郎在此统兵御辽，因被山石夹住马腿而退兵之故，又传是因地势险要，兵强城固，敌兵至此必人倒马翻、惨遭失败而得名。

《寰宇记》载："山路险峻，马为之倒因名。"倒马关历史悠久，置关较早，《寰宇记》载："后汉置关于此。"

《汉书》载："代郡有常山关。"

《方舆纪要》载："常山关就是倒马关。"倒马关为军事重镇，历代均设重兵驻守。

据《寰宇通志》和《关隘考》等文献记载："汉戍于关，乃设巡检司以守之。北宋名将杨延昭曾拒守此地。"

据清光绪三年重修的《唐县志》记载："明初设巡司，嘉靖年间设参将，清初设副将，顺治十年改设都司金书。"

倒马关与居庸关、紫荆关合称为"内三关"。

抗日战争中，我抗日军民曾在此地英勇抗敌，给日寇以沉重打击。

2. 军城堡 130627353102170002

位于军城镇南关村，墙体现存长 646.19 米，单体建筑马面 6 座。晋察冀烈士陵园位于城内，陵园坐西朝东，占地约 44555 平方米，背靠高耸的古城墙，东临古老的通天河，四周群山环绕，园内苍松翠柏，林墓相间，庄严肃穆，林荫下长眠着伟大的国际主义战士白求恩、柯棣华、傅莱，国际友人琼·尤恩女士和 36 名抗日烈士。

据《四镇三关志》记载："军城口，堡城一座，景泰三年建，缓"，为河北省明长城真保镇辖下的一个关口，倒马关关堡防御、供给和保障的一个重要关堡。

阜平县

　　阜平县位于保定市西部，太行山中北部东麓，大清河水系沙河上游，是两省四市九县交汇处，地理坐标：东经113°45′～114°31′，北纬38°9′～39°7′，县城东西长79.8千米，南北宽49.6千米，总面积2496平方千米。东北接涞源县，东接唐县、曲阳县，南与石家庄市行唐县、灵寿县、平山县为邻，西与山西省忻州市五台县交界，北接山西省大同市灵丘县，西北接山西省忻州市繁峙县，距北京市247千米，距石家庄市93千米，距保定市109千米。

　　阜平县明长城分布在砂窝乡、龙泉关镇、史家寨乡、下庄乡、吴王口乡共5个乡镇。东北邻涞源县上黄树台、狼牙口长城，北邻山西省大同市灵丘县牛帮口长城，西北邻山西省忻州市繁峙县茨沟营长城，南邻石家庄市灵寿县庙台烽火台、平山县寺坪堡。

　　长城起点：史家寨乡老路口村北，坐标：东经114°20′40.20″，北纬39°03′12.90″，高程806米。

　　长城止点：龙泉关镇龙泉关村西6.5千米，坐标：东经113°46′02.20″，北纬38°55′33.60″，高程1648米。

　　阜平县调查长城墙体6段，总长1286米；单体建筑30座，其中：敌台15座、马面2座、烽火台11座、水关（门）1座、其他单体建筑1座；关堡1座。

（一）墙体

阜平县明长城墙体一览表（位：米）

编号	认定名称	认定编码	类型	长度	保存程度				
					较好	一般	较差	差	消失
1	长城岭段长城墙体	1306243821021700001	石墙	682		148	225	255	54
2	高家沟段长城墙体	1306243821021700002	石墙	140				140	
3	铁岭口长城墙体	1306243821021700003	石墙	220				195	25
4	铜绿崖段长城墙体	1306243821021700004	石墙	102				102	
5	口子头长城墙体	1306243821021700005	石墙	124				124	
6	老路口长城墙体	1306243821021700006	石墙	18				18	
	合计	共6段：石墙6段		1286		148	225	834	79
	百分比（%）	100				11.5	17.5	65	6

类型：砖墙、石墙、土墙、山险墙、山险
保存程度：较好、一般、较差、差、消失

1. 长城岭段长城墙体130624382102170001

　　位于龙泉关镇龙泉关村西6.5千米，起点坐标：东经113°46′04.50″，北纬38°55′09.90″，高程1626米，止点坐标：东经113°46′02.20″，北纬38°55′33.60″，高程1648米。

　　墙体长682米，其间设敌台4座，长城岭01～04号敌台，马面2座，长城岭1、2号马面，长城岭关口1座。

墙体砌筑方式有片石掺灰泥砌筑、方整块石掺灰泥砌筑，白灰勾缝、毛石干垒砌筑 3 种，墙芯均为土石混筑。墙体残高 3.1 ～ 5.6 米，顶宽 4.3 米，底宽 5.2 米，片石拔檐 2 层，垛口墙高 1.7 米，厚 0.45 米，垛口高 0.8 米，宽 0.45 米，望孔宽 0.17 米，高 0.19 米。

墙体外侧保存较好，内侧坍塌严重，阜忻公路穿断墙体豁口 1 处。

2. 高家沟段长城墙体 130624382102170002

位于高家沟村西北，起点坐标：东经 114° 05′ 21.90″，北纬 39° 02′ 59.30″，高程 1054 米，止点坐标：东经 114° 05′ 16.60″，北纬 39° 02′ 57.30″，高程 1060 米。

墙体长 140 米，片石干垒，墙芯土石混筑，顶宽 0.8 米，底宽 1.1 米。

墙体坍塌严重，大部残留基础。东北与高家沟 2 号敌台相接，两侧植被覆盖多为杂草和灌木。

3. 铁岭口长城墙体 130624382102170003

位于史家寨乡铁岭口村北，起点坐标：东经 114° 12′ 35.30″，北纬 39° 03′ 17.70″，高程 1125 米，止点坐标：东经 114° 12′ 29.00″，北纬 39° 03′ 13.30″，高程 1137 米。

墙体长 220 米，毛石垒砌，墙芯土石混筑，顶宽 2 米，底宽 4.75 米，北侧残高 1.1 米。

墙体坍塌严重，残存基础，道路穿断豁口长 25 米，阴坡长有落叶松，阳坡灌木丛生，南北临沟，坡度较陡。

4. 铜绿崖段长城墙体 130624382102170004

位于山西省灵丘县铜绿崖村北，起点坐标：东经 114° 11′ 52.10″，北纬 39° 04′ 36.50″，高程 979 米，止点坐标：东经 114° 11′ 48.00″，北纬 39° 04′ 35.70″，高程 942 米。

墙体长 102 米，毛石垒砌，内侧残留白灰勾缝痕迹，墙芯土石混筑。底宽 3.1 米，残高 0.2 ～ 3.24 米。

墙体坍塌严重，北侧为深沟，地势陡峭，南北地势较为平缓，植被覆盖多为杂草。

5. 口子头长城墙体 130624382102170005

位于史家寨乡口子头村，起点坐标：东经 114° 17′ 13.80″，北纬 39° 02′ 40.50″，高程 666 米，止点坐标：东经 114° 17′ 13.40″，北纬 39° 02′ 37.00″，高程 612 米。

墙体长 124 米，毛石垒砌，底宽 1.5 米，残高 0.6 米。

保存状况差，坍塌严重，残存墙体基础，墙体上立有水泥电线杆，周围生长灌木杂草。西南侧临沟，沟底有流水。

6. 老路口长城墙体 130624382102170006

位于史家寨乡老路口村北，起点坐标：东经 114° 20′ 40.20″，北纬 39° 03′ 12.90″，高程 806 米，止点坐标：东经 114° 20′ 39.60″，北纬 39° 03′ 13.10″，高程 799 米。

墙体长 18 米，毛石垒砌，白灰勾缝，残高 2.3 米。

保存状况差，西北残存墙体长 7.6 米，残高 2.3 米，内侧坍塌严重。墙体始点与路相邻，路旁为沟，有一条通信线路通过，植被覆盖较差。

（二）单体建筑

阜平县明长城单体建筑一览表（单位：座）

编号	认定名称	认定编码	材质	保存程度				
				较好	一般	较差	差	消失
1	三官 01 号烽火台	1306243532011700011	石				√	
2	三官 02 号烽火台	1306243532011700012	石				√	
3	小关烽火台	1306243532011700013	石				√	
4	龙泉关烽火台	1306243532011700014	石				√	
5	长城岭烽火台	1306243532011700015	石				√	
6	黑崖沟1号烽火台	1306243532011700016	石				√	
7	黑崖沟2号烽火台	1306243532011700017	石				√	
8	黑崖沟村3号烽火台	1306243532011700018	砖		√			
9	南辛庄1号烽火台	1306243532011700019	石				√	
10	口子头1号烽火台	1306243532011700110	石				√	
11	口子头2号烽火台	1306243532011700111	石				√	
12	长城岭1号敌台	1306243521011700112	砖				√	
13	长城岭2号敌台	1306243521011700113	石				√	
14	长城岭3号敌台	1306243521011700114	石				√	
15	长城岭4号敌台	1306243521011700115	砖				√	
16	南辛庄敌台	1306243521011700116	砖		√			
17	吴王口1号敌台	1306243521011700117	砖	√				
18	吴王口2号敌台	1306243521011700118	砖	√				
19	大地沟1号敌台	1306243521011700119	砖		√			
20	大地沟2号敌台	1306243521011700120	砖		√			
21	高家沟1号敌台	1306243521011700121	石				√	
22	高家沟2号敌台	1306243521011700122	石				√	
23	黄崖敌台	1306243521011700123	石				√	
24	铜绿崖1号敌台	1306243521011700124	砖	√				
25	铜绿崖2号敌台	1306243521011700125	砖	√				
26	七里沟敌台	1306243521011700126	砖	√				
27	长城岭1号马面	1306243521021700127	石				√	
28	长城岭2号马面	1306243521021700128	石		√			
29	长城岭关口	1306243521031700129	砖				√	
30	长城岭石洞	1306243521991700130	石	√				
	合计	共30座：砖12座，石18座		6	5		19	
	百分比（%）	100		20	17		63	

类型：敌台、烽火台、马面、关门、石洞

保存程度：较好、一般、较差、差、消失

1. 三官 01 号烽火台 130624353201170001

位于下庄乡三官村北 200 米，坐标：东经 113° 55′ 53.00″，北纬 38° 42′ 53.00″，高程 869 米。

毛石垒砌，东西宽 4.5 米，南北长 4.6 米，残高 0.5 米。

整体坍塌严重，台体四周散落少量的碎石块，顶部被杂草和土覆盖。

2. 三官 02 号烽火台 130624353201170002

位于下庄乡三官村东北 150 米处，坐标：东经 113° 56′ 19.00″，北纬 38° 42′ 44.60″，高程 862 米。

毛石垒砌，整体坍塌严重，顶部建有联通公司的通信基站，周围植被覆盖较好，主要有松树和低矮灌木。

3. 小关烽火台 130624353201170003

位于龙泉关镇小关村南 1 千米，坐标：东经 113° 50′ 24.10″，北纬 38° 54′ 01.50″，高程 1046 米。

毛石垒砌，台芯土石混筑，顶部东西长 6 米，南北宽 5.3 米，残高 3.6 米。

整体坍塌严重，东、南两面墙体坍塌成斜坡状，西、北两面残存部分立面；东、北、西侧为坡，地势平缓，南侧为沟，地势陡峭，坡下为村村通公路，植被覆盖为低矮灌木和杂草。

4. 龙泉关烽火台 130624353201170004

位于龙泉关镇龙泉关村西南 300 米处，坐标：东经 113° 50′ 09.70″，北纬 38° 54′ 46.70″，高程 1046 米。

砖石结构，东西长 8.6 米，南北宽 8.1 米，残高 2.7 米。

台体坍塌严重，成堆状，碎砖和石块堆积，台体四周地势平缓，灌木和杂草覆盖，少见松树。

5. 长城岭烽火台 130624353201170005

位于龙泉关镇长城岭关口西 580 米，坐标：东经 113° 45′ 37.00″，北纬 38° 55′ 29.70″，高程 1640 米。

片石垒砌，台芯土石混筑，顶部东西长 5.6 米，南北宽 4.1 米，底部东西长 7.45 米，南北宽 7.2 米，残高 4 米。

台体北侧坍塌成坡状，其他三面残存立面。北侧与山脊相接，东、南、西侧地势陡峭。

6. 黑崖沟 1 号烽火台 130624353201170006

位于龙泉关镇黑崖沟村北，坐标：东经 113° 46′ 58.80″，北纬 38° 57′ 50.70″，高程 1387 米。

片石垒砌，台芯土石混筑，顶部东西残宽 7.21 米，南北残长 7.6 米，底部东西宽 7.8 米，南北长 8.2 米，残高 3.75 米。东、南两面墙体保存较好，西墙保存一般，北墙保存差，东侧沟底有一小型水库。顶部长满杂草，东、南、北侧地势陡峭，植被为低矮密灌。

7. 黑崖沟 2 号烽火台 130624353201170007

位于龙泉关镇黑崖沟村北，坐标：东经 113° 47′ 16.40″，北纬 38° 57′ 54.00″，高程 1383 米。

毛石垒砌，坍塌严重，成堆状，底部东西长 8.75 米，南北宽 8.3 米，残高 3.97 米。后期改造砌筑 2 堵墙体，植被覆盖为低矮灌木和杂草。

8. 黑崖沟村 3 号烽火台 130624353201170008

位于龙泉关镇黑崖沟村东北 1.5 千米，坐标：东经 113° 48′ 56.80″，北纬 38° 58′ 52.90″，高程 1986 米。

台体为实心砖石结构,平面呈矩形,立面及剖面呈梯形,底边长 10.4 米,顶部东西长 10.4 米,南北残宽 10.4 米,通高 9.02 米。下段条石基础 12 层,高 4.8 米。中段外包城砖,掺灰泥砌筑,白灰勾缝,城砖规格：0.32 米 ×0.16 米 ×0.07 米。台芯为片石、块石掺灰泥砌筑。中段与上段间设两层拔檐分隔,下层菱角檐、上层直檐。上段设施无存。

东、南、西三面墙体的中部全部向外鼓闪,西立面北侧二分之一坍塌,北立面条石基础和包砖全部坍塌,南立面墙体存多条裂缝。南墙根部后期挖掘坑洞,东西宽 2.2 米,南北长 2.6 米,深 1.7 米。

9. 南辛庄 1 号烽火台 130624353201170009

位于吴王口乡南辛庄村东,坐标：东经 113° 51' 12.80″,北纬 38° 59' 47.10″,高程 1406 米。

毛石垒砌,底部东西宽 3.1 米,南北长 4 米,顶部东西宽 2.05 米,残高 1.9 米。坍塌严重,台芯裸露,四周植被覆盖为低矮灌木。

10. 口子头 1 号烽火台 130624353201170010

位于史家寨乡口子头村南,坐标：东经 114° 17' 08.40″,北纬 39° 02' 34.00″,高程 654 米。

毛石垒砌,底部东西宽 4.6 米,南北长 5 米,残高 1.75 米。坍塌严重,成堆状,四周皆裸露的岩石,少有灌木,东侧临谷,顶部和四周长满杂草。

11. 口子头 2 号烽火台 130624353201170011

位于史家寨乡口子头村南,坐标：东经 114° 16' 38.10″,北纬 39° 03' 00.50″,高程 654 米。

毛石垒砌,底部东西宽 4.6 米,南北长 5 米,残高 1.75 米。

坍塌严重,成堆状,四周皆裸露的岩石,少有灌木,东侧临谷,顶部和四周长满杂草。

12. 长城岭 1 号敌台 130624352101170012

位于龙泉关镇龙泉关村西,坐标：东经 113° 46' 05.70″,北纬 38° 55' 08.10″,高程 1640 米。

敌台南、北接墙体,砖石结构,平面布局呈"回字"形,立面及剖面呈梯形,底部东西宽 11.7 米,南北长 13.02 米,西侧残高 6.22 米。下段条石基础 6 层,高 2.6 米。中段外包城砖,掺灰泥砌筑,白灰勾缝。

东立面坍塌严重,成坡状;南立面西侧保存外包砖和条石基础,大部分坍塌;西立面上部外包砖鼓闪、开裂、脱落严重;北立面东侧坍塌严重,下部条石基础缺失,上部残存箭窗痕迹。顶部被杂草和土覆盖,台体四周植被覆盖较好,多为松树和低矮灌木。

13. 长城岭 2 号敌台 130624352101170013

位于龙泉关镇龙泉关村西,坐标：东经 113° 46' 05.20″,北纬 38° 55' 15.50″,高程 1569 米。

敌台南、北接墙体,毛石砌筑,东西宽 8.1 米,南北长 10.3 米,残高 3.11 米。

坍塌严重,成堆状,台体南侧和西侧残存立面痕迹,其他两面均已坍塌,顶部被杂草和土覆盖,台体四周植被覆盖较好,多为松树和灌木。

14. 长城岭 3 号敌台 130624352101170014

位于龙泉关镇龙泉关村西,坐标：东经 113° 46' 01.10″,北纬 38° 55' 29.00″,高程 1607 米。

敌台南、北接墙体,毛石垒砌,底部东西长 8.5 米,南北宽 8 米,顶部东西长 7.4 米,南北宽 7 米,西侧残高 5.52 米，东侧残高 7.3 米。上部设石拔檐，顶部为毛石掺灰泥砌筑垛口墙。南侧设毛石砌筑蹬道，宽 0.5 ～ 0.9 米，高 0.3 ～ 0.4 米。

台体保存较好，东侧局部坍塌，顶部北侧残存垛口墙，残高 0.3 米，宽 0.45 米。东西侧植被为低矮灌木和杂草。

15. 长城岭 4 号敌台 130624352101170015

位于龙泉关镇龙泉关村西，坐标：东经 113° 46′ 01.40″，北纬 38° 55′ 35.50″，高程 1662 米。

敌台南接墙体，砖石结构，平面呈矩形，立面及剖面呈梯形，底部东西宽 12.7 米，南北长 12.9 米，残高 4.86 米。下段条石基础 5 层，高 1.86 米。中段外包城砖，掺灰泥砌筑，白灰勾缝。

北侧坍塌严重，成坡状，北侧残存券门石构件，土石掩埋。顶部灌木和杂草覆盖。南北为坡，地势平缓，东西为沟，地势陡峭。

16. 南辛庄敌台 130624352101170016

位于吴王口乡南辛庄村东，坐标：东经 113° 51′ 13.40″，北纬 38° 59′ 45.90″，高程 1382 米。

敌台南、北接墙体，砖石结构，平面布局呈"回"字形，立面及剖面呈梯形，东西宽 10.85 米，南北长 11.25 米，残高 11.29 米。下段条石基础 10 层，高 4.5 米。中段城砖包砌，掺灰泥砌筑，白灰勾缝，腰部设 2 层直檐分隔，城砖规格：0.4 米 ×0.2 米 ×0.08 米；北立面中间辟门，置门柱石、平水石、三块券脸石，门上设匾额；其他面均辟 4 箭窗，起券方式为两伏两券，宽 0.6 米，高 1.06 米，窗下辟望孔；中心室东西宽 3.86 米，南北长 4 米，四面中间辟门，宽 1.35 米，高 1.7 米；回廊通道宽 1.05 米，残高 2.2 米，均为两伏两券；中段与上段间设 2 层直檐分隔，南立面设石质吐水嘴 2 块；上段设垛口墙，墙上辟望孔。

东墙南侧 2 处箭窗及墙体坍塌，存裂缝 1 条，墙面砖风化酥碱严重，南门上部匾额缺失，中心室东墙和南墙已全部坍塌，西墙券门毁坏严重，一层地面碎砖、土覆盖，西立面吐水嘴折断 1 块，顶部垛口墙残存最高 0.99 米。

17. 吴王口 1 号敌台 130624352101170017

位于吴王口乡吴王口村东，坐标：东经 114° 01′ 43.80″，北纬 39° 02′ 55.70″，高程 516 米。

敌台南接墙体，砖石结构，平面布局呈"回"字形，立面及剖面呈梯形，东西长 12.07 米，南北宽 9.29 米，通高 11.43 米。下段条石基础 10 层，高 3.48 米，南立面题有"小蓬莱"及崇祯七年纪事刻石。中段城砖包砌，掺灰泥砌筑，白灰勾缝，腰部设 2 层直檐分隔，城砖规格：0.4 米 ×0.2 米 ×0.08 米；东立面辟 1 门 2 箭窗，置门柱石、平水石、三块券脸石，门宽 0.83 米，高 1.81 米，门上 0.75 米处镶嵌门匾，长 0.8 米，高 0.58 米，阴刻"茨字拾陆號臺"；南、北立面辟 4 箭窗，西立面辟 3 箭窗，起券方式为两伏两券，宽 0.65 米，通高 1.11 米，窗下辟望孔；中心券室东西长 5.72 米，南北宽 2.46 米，高 3.08 米，四面中间辟门；回廊通道宽 1.06 米，高 2.76 米，起券为两伏两券；一层地面城砖铺墁；距东墙 3.98 米处设梯井口。中段与上段间设 2 层直檐分隔，南、北立面均设石质吐水嘴 1 块；上段设垛口墙，墙上辟望孔及礌石孔。

东墙上部存多条裂缝，墙面砖风化酥碱严重，券脸石 1 块下沉，南侧箭窗局部缺失，南立面吐水嘴折断，顶部垛口墙残存最高 0.8 米。

18. 吴王口 2 号敌台 130624352101170018

位于吴王口乡吴王口村东，坐标：东经 114° 01′ 55.60″，北纬 39° 03′ 04.80″，高程 548 米。

敌台东、西接墙体，砖石结构，平面布局呈"回"字形，立面及剖面呈梯形，东西长 12.59 米，南北宽 9.2 米，通高 10.57 米。下段条石基础 7 层，高 3.3 米。中段城砖包砌，掺灰泥砌筑，白灰勾缝，腰部设 2 层直檐分隔，城砖规格：0.4 米 ×0.2 米 ×0.08 米；东立面辟 1 门 2 箭窗，置门槛石、门柱石、平水石、起券方式为两伏两券，门宽 0.96 米，高 1.86 米，门上部镶嵌门匾，长 0.74 米，高 0.51 米，阴刻"茨字拾陆号台"；南、北立面辟 4 箭窗，西立面辟 3 箭窗，起券方式同门，宽 0.65 米，高 0.93 米，窗下辟望孔；中心室东西长 6.83 米，南北宽 2.72 米，四面中间辟门；回廊通道宽 1.1 米，高 2.56 米；一层地面城砖铺墁。中段与上段间设 3 层砖檐分隔；上段设垛口墙，墙上辟望孔及礌石孔，铺房墙体厚 0.5 米，残高 0.84 米。

台体西南角坍塌，墙体存多条裂缝，中心室西南角墙体坍塌，顶部垛口墙残存最高 0.3 米。

19. 大地沟 1 号敌台 130624352101170019

位于吴王口乡大地沟村北，坐标：东经 114° 04′ 54.60″，北纬 39° 04′ 40.00″，高程 723 米。

敌台北接墙体，砖石结构，平面布局呈"回"字形，立面及剖面呈梯形，顶部东西长 11.13 米，南北宽 8.52 米，通高 9.74 米。下段条石基础 8 层，高 3.64 米。中段城砖包砌，掺灰泥砌筑，白灰勾缝，腰部设 2 层直檐分隔；北立面辟 1 门 3 箭窗，置门槛石、门柱石、平水石、起券方式为两伏两券，宽 0.77 米，高 1.88 米，门上部镶嵌门匾；南立面辟 4 箭窗，东、西立面均辟 3 箭窗，起券方式同门，宽 0.67 米，高 1.1 米，窗下辟望孔；中心室东西长 5.5 米，南北宽 2.72 米，四面均辟门；回廊通道宽 1.05 米，高 2.65 米；一层地面城砖铺墁。中段与上段间砖檐分隔。

门上部门匾缺失，拔檐残存 1 层直檐，中心室墙体局部缺失，上部设施全部缺失。

20. 大地沟 2 号敌台 130624352101170020

位于吴王口乡大地沟村北，坐标：东经 114° 04′ 58.90″，北纬 39° 04′ 37.70″，高程 731 米。

敌台东、西接墙体，砖石结构，平面布局呈"回"字形，立面及剖面呈梯形，底部东西长 11.64 米，南北宽 8.89 米，通高 11.54 米。下段条石基础 7 层，高 3.24 米。中段城砖包砌，掺灰泥砌筑，白灰勾缝，腰部设 2 层直檐分隔；东立面辟 1 门 2 箭窗，置门槛石、门柱石、平水石、起券方式为两伏两券，宽 0.78 米，高 1.92 米，门上部镶嵌门匾，长 1 米，高 0.45 米，阴刻"茨字□□□"；南、北立面辟 4 箭窗，西立面辟 3 箭窗，起券方式同门，宽 0.7 米，高 1.05 米，窗下辟望孔；中心室东西长 5.44 米，南北宽 2.9 米，四面中间辟门；回廊通道宽 1.08 米，高 2.49 米；一层地面城砖铺墁。中段与上段间设 3 层砖檐分隔；上段设垛口墙，墙上辟望孔及礌石孔。

北立面存多条裂缝，西侧券窗破损严重，垛口墙残存最高 0.7 米，顶部其它设施全部坍塌。

21. 高家沟 1 号敌台 130624352101170021

位于砂窝乡高家沟村北 2.5 千米，坐标：东经 114° 05′ 13.70″，北纬 39° 02′ 55.80″，高程 1084 米。

敌台片石垒砌，白灰罩面，平面呈矩形，立面及剖面呈梯形，底部东西长 3.46 米，南北宽 3.3 米，残高 3.3 米，设石拔檐 1 层，厚 0.1 米，上部为片石垛口墙。

东、西两面墙体保存较好，南墙上部墙体坍塌，北墙存孔洞1处，垛口墙残高0.27米。

22. 高家沟2号敌台 130624352101170022

位于砂窝乡高家沟村北山梁上，坐标：东经114°05′21.90″，北纬39°02′59.30″，高程1054米。

敌台毛石垒砌，白灰勾缝，台芯土石混筑，东西长8.8米，南北残宽5.37米，残高3.67米，设石拔檐1层，厚0.1米，上部为石垛口墙。

北墙坍塌，其余保存一般。顶部南侧残存垛口墙高0.77米，宽0.45米，存望孔2个，高0.37米，宽0.32米。

23. 黄崖敌台 130624352101170023

位于史家寨乡黄崖村北1千米处的半山腰上，坐标：东经114°09′04.70″，北纬39°02′34.10″，高程1034米。

敌台东、西接墙体，砖石结构，底部东西宽7.3米，南北长13.8米，残高6.38米，露明条石基础7层，高3.15米，坍塌严重，土石混筑台芯裸露，西墙开门，残存门槛石。

24. 铜绿崖1号敌台 130624352101170024

位于山西省灵丘县铜绿崖村北，坐标：东经114°11′41.60″，北纬39°04′40.50″，高程956米。

敌台西接墙，砖石结构，平面布局呈"回"字形，立面及剖面呈梯形，底部东西宽10米，南北长10米，通高12.07米。下段条石基础12层，高3.9米。中段城砖包砌，掺灰泥砌筑，白灰勾缝，腰部设2层直檐分隔；西立面辟1门2箭窗，置门槛石、门柱石、平水石、起券方式为两伏两券，宽0.8米，高1.9米，门上部镶嵌门匾，高0.4米，长1米，上刻："□□□□号台"；其他三面辟3箭窗，起券方式同门，宽0.76米，高1.05米，窗下辟望孔。中段与上段间设3层砖檐分隔；上段设垛口墙，墙上辟望孔、垛口。

东南角存竖向通裂缝，西立面存3条裂缝，东立面垛口墙存垛口1处，顶部其他设施全部坍塌。

25. 铜绿崖2号敌台 130624352101170025

位于山西省灵丘县铜绿崖村北，坐标：东经114°11′48.00″，北纬39°04′35.70″，高程942米。

敌台东接墙体，砖石结构，平面布局呈"回"字形，立面及剖面呈梯形，底部东西长12.01米，南北宽8.74米。下段条石基础12层，高3.9米。中段城砖包砌，掺灰泥砌筑，白灰勾缝，腰部设2层直檐分隔；东立面辟1门2箭窗，置门槛石、门柱石、平水石、起券方式为两伏两券，宽0.77米，高1.88米，门上部镶嵌门匾；南、北立面均辟4箭窗，西立面辟2箭窗，起券方式同门，宽0.6米，高1米，窗下辟望孔；中心室东西长7.95米，南北宽4.68米，东、西墙均中间辟门，南、北墙均辟2门；回廊通道宽1.05米，高2.92米。中段与上段间砖檐分隔。

北墙西侧存多条裂缝，门上部匾额缺失，拔檐残存直檐一层，上部设施全部缺失。

26. 七里沟敌台 130624352101170026

位于史家寨乡七里沟村北，坐标：东经114°15′47.30″，北纬39°02′20.30″，高程724米。

敌台东、西接墙体，砖石结构，平面布局呈"回"字形，立面及剖面呈梯形，底部东西长12.16米，南北宽8.46米，通高12.06米。下段条石基础9层，高3.03米。中段城砖包砌，掺灰泥砌筑，白灰勾缝，腰部设 2 层直檐分隔，城砖规格：0.43 米×0.19 米×0.08 米；西立面辟 1 门 2 箭窗，置门槛石、门柱石、平水石、券脸石，门宽 0.8 米，高 1.83 米，门上 1.34 米处镶嵌门匾，长 0.63 米，高 0.4 米，阴刻："茨字陆号台"；南、北立面辟 4 箭窗，西立面辟 3 箭窗，起券方式同门，宽 0.6 米，高 1 米，窗下辟望孔；中心室东西长 5.5 米，南北宽 2.38 米，四面中间辟门；回廊通道宽 1 米，通高 2.9 米；梯井口位于东南角；一层地面城砖铺墁。中段与上段间设 2 层砖檐分隔；上段设垛口墙，墙上辟垛口、望孔、排水孔及礌石孔，铺房墙体东西长 7.4 米，南北宽 4.11 米，残高 2 米。

台体西南角坍塌，墙体存多条裂缝，中心室西南角墙体坍塌，顶部垛口墙残存最高 0.3 米。

台室保存较好，铺房顶部坍塌，铺房北侧放置一通"万历四年春阅视"碑，后期人为生火导致内部墙体被烟熏黑。

27. 长城岭 1 号马面 1306243521021700 27

位于龙泉关镇龙泉关村西，坐标：东经 113° 46′ 03.80″，北纬 38° 55′ 20.00″，高程 1537 米。

毛石垒砌，向西侧凸出墙体，南北长 7 米，东西宽 4.5 米，高 2.3 米。坍塌严重，紧邻阜忻公路。

28. 长城岭 2 号马面 1306243521021700 28

位于龙泉关镇龙泉关村西，坐标：东经 113° 46′ 02.60″，北纬 38° 55′ 24.00″，高程 1535 米。

毛石垒砌，白灰勾缝，向西侧凸出墙体，顶部东西宽 4.65 米，南北长 11.11 米，残高 7.03 米。东面墙体坍塌，顶部全部毁坏，南立面存通裂缝，宽 0.08～0.13 米。西墙顶部残存一段拔檐石，出檐 0.23 米，残长 4.3 米。

29. 长城岭关口 1306243521031700 29

位于龙泉关镇龙泉关村西北 6.5 千米，坐标：东经 113° 46′ 03.30″，北纬 38° 55′ 22.40″，高程 1523 米。

台体南、北接墙体，砖石结构，南北长 42.8 米，东西宽 20.2 米，残高 9.43 米，中部辟门，由内到外分为内、中、外 3 券，门宽 3.72 米，高 4.06 米。底部为条石，高 5 米，表面打磨光滑，条石上部为包砖，内部填充石块。

台体南端头因修阜忻公路已被切断，西南角留有几块条石基础。内券门券脸坍塌，中部券门券顶坍塌，外券门保存较好。台体西北角基础及包砖保存完整，其余包砖缺失。西立面存通裂缝，宽达 3～5 厘米，顶部存长方碑座及龟形碑座各 1 座，长方形碑座长 0.84 米，宽 0.48 米，高 0.53 米，碑槽长 0.25 米，宽 0.19 米，深 0.19 米；龟形碑座长 1.44 米，宽 0.96 米，高 0.6 米，碑槽长 0.3 米，宽 0.22 米，深 0.2 米。关门西侧 40 米外被人为推为平地，现为煤场。

30. 长城岭石洞 1306243521991700 30

位于龙泉关镇龙泉关村西北 6.5 千米，坐标：东经 113° 46′ 04.50″，北纬 38° 55′ 09.90″，高程 1626 米。

由两个石券门、通道、一个耳室、一个主室组成，全部用石头砌筑，下部用不规则条石做基础，顶部用毛石券顶。石券门洞，一个面向西，用毛石券出洞口，因沙土堆积，现只容一人勉强爬入。进入洞口，是宽 0.95 米，高 1.9 米的通道，距洞口 4.05 米处向北转折，向北行进 4.05 米，通道东侧出现一个耳室。耳室进深 2.18 米，宽 1.1 米，高 1.55 米，券顶。北距耳室 5.4 米处有一主室，南北长 3.33 米，东西宽 2.38 米，高 2.4 米，券顶。主室北墙上距地面 0.96 米处留有一宽 0.78 米，高 0.34 米的窗口。另一个门洞面向北。洞口底部宽 2.4 米，高 1.6 米，门洞顶部石墙高 1.07 米。门洞内用毛石填塞，留有小窗口，可从主室内向外瞭望。

（三）关堡

阜平县明长城关堡一览表（单位：座）

编号	认定名称	认定编码	类型	周长（米）	保存程度				
					较好	一般	较差	差	消失
1	龙泉关关城	130624353101170001	石墙	1600				√	
合计		共 1 座：石墙 1 座						1	
百分比（%）		100						100	

保存程度：较好、一般、较差、差、消失

1. 龙泉关关城 130624353101170001

位于龙泉关镇龙泉关村，坐标：东经 113° 50′ 33.60″，北纬 38° 55′ 05.70″，高程 868 米。

城堡平面略呈"品"字形，占地面积 100000 平方米，城墙周长 1600 米。主要历史设施：庙宇 1 座，石桥 1 座，古泉 1 眼，传统民居 2 处，旗杆石 3 处，石碑 2 通，石碾 1 座，古树 3 棵，古街道 4 条。城堡辟东门、北门，门外均置有瓮城，西北为龙泉关泉眼，关城西南有城隍庙，城内街道呈"十"字形，东门外为龙泉关石桥。

墙体：外包城砖砌筑，墙芯素土夯筑，底部残宽 2.9 米，残高 4.63 米。北门东侧连接墙体存长 1.5 米，西城墙残存墙体长 531 米。城墙尚存有部分残段，裸露的夯土墙芯水土流失较严重，北城墙民房占压。

北门：现仅存北门，东西长 17.26 米，南北进深 12.15 米，残高 5.76 米，门内券宽 2.71 米，高 4.79 米，门外券高 3.56 米，下部露明 3 层条石基础，高 0.9 米，券门起券方式为五伏五券。

历史沿革：龙泉关，堡城一座，永乐中建，冲；下龙泉关，堡城一座，正统二年建，缓；黑崖沟口，正城一道，缓；旗杆岭口，正城一道，缓；旧路沟口，正城一道，极冲；盘道岭口，正城一道，缓；印钞石口，正城一道，今革；黄土坡口，正城一道，今革；胡八沟口，正城一道，缓；新路沟口，正城一道，缓；青杆岭口，正城一道，缓，上九口俱弘治十五年建。各略沟口，正城一道，弘治十六年建，缓；陡撞沟口，正城一道，缓；炕儿沟口，正城一道，缓；胡家庄口，正城一道，缓；龙八沟口，正城一道，缓；石胡沟口，正城一道，缓；八苔菴口，正城一道，缓；窜道沟口，正城一道，缓；阳和门口，正城一道，缓；三关子口，正城一道，缓，上九口俱嘉靖二十一年建。边城一百四十丈。

龙泉关距县西七十里，有上下二关，明正统二年建，景泰六年城废，迤北改筑土城，设千户，天顺二年添高真神二卫，关西北接山西界，各数百里所属隘口皆与晋省分列官兵，戍守山川深乌道盘互断崖峭壁架木栈以通前，明于茨沟添设参将控制三关。龙泉关在阜平县西七十里，有上下二关，相距二十里，下关明正统二年建，景泰二年又于西北筑上关城，嘉靖二十五年改筑关城，增设官兵戍守，东北至倒马关一百五十里，西至山西五台县一百八十里，关之南北沿山曲折各数百里。隘口凡六十余处，本朝初设参将驻防，康熙三十二年改设游击，乾隆十八年改设都司。

保定市明长城资源
建筑测绘图

蔡树庵长城

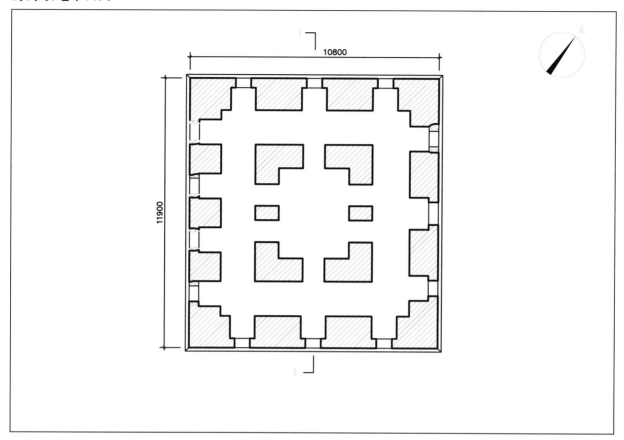

蔡树庵 02 号敌台平面图

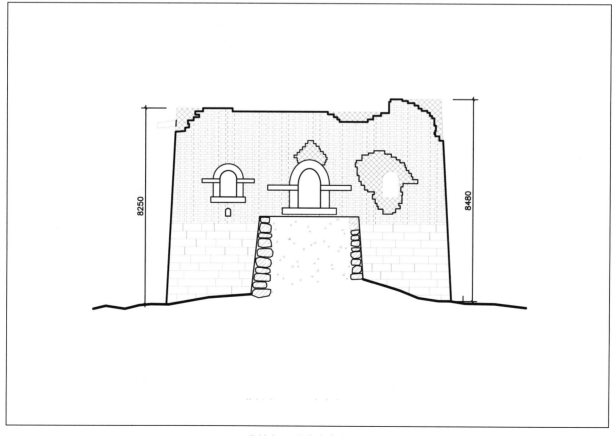

蔡树庵 02 号敌台东立面图

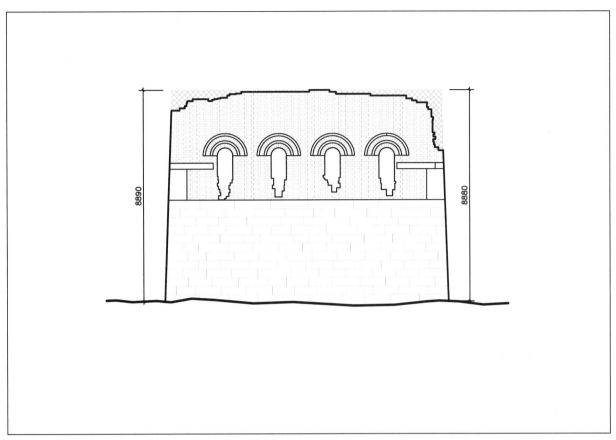

蔡树庵 02 号敌台西立面图

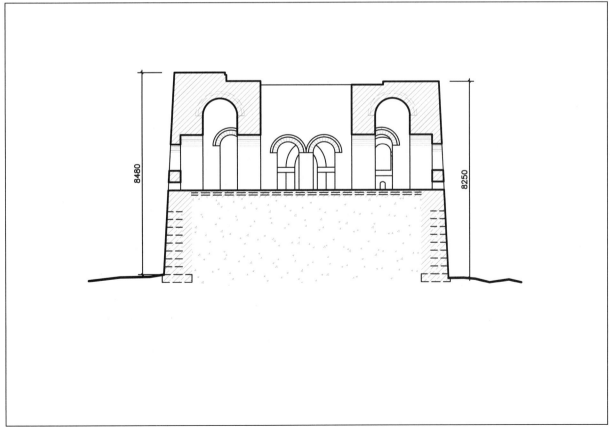

蔡树庵 02 号敌台 1-1 剖面图

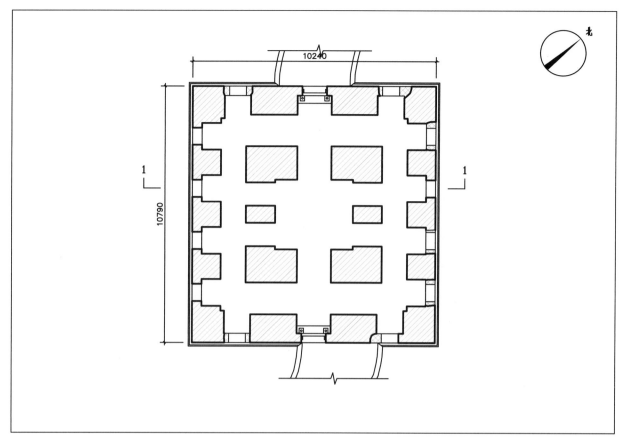

蔡树庵 03 号敌台平面图

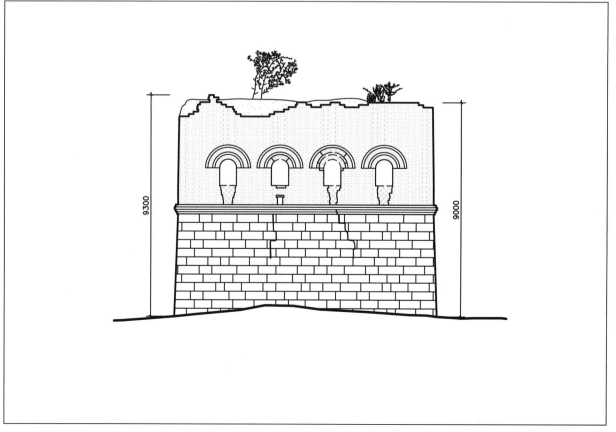

蔡树庵 03 号敌台东立面图

蔡树庵 03 号敌台南立面图

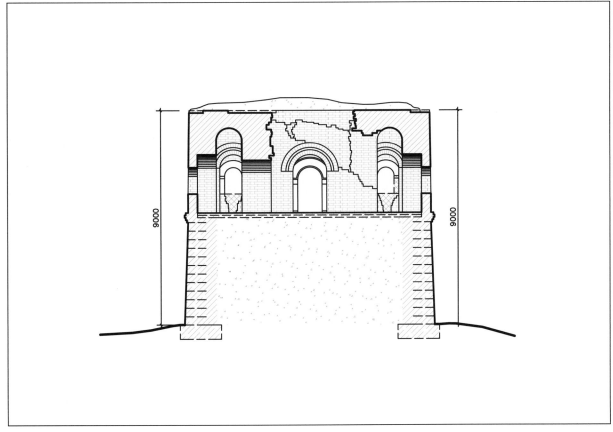

蔡树庵 03 号敌台 1-1 剖面图

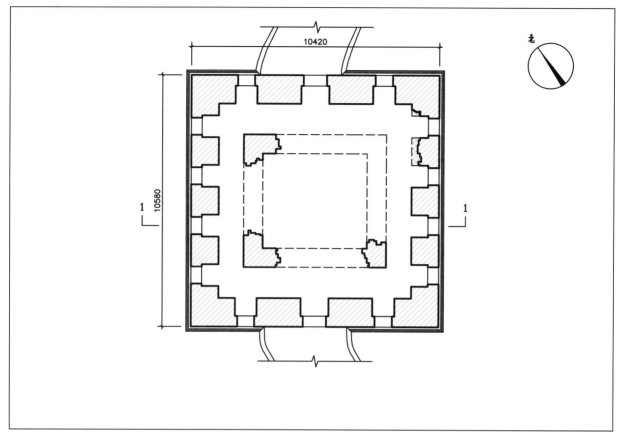

蔡树庵 04 号敌台平面图

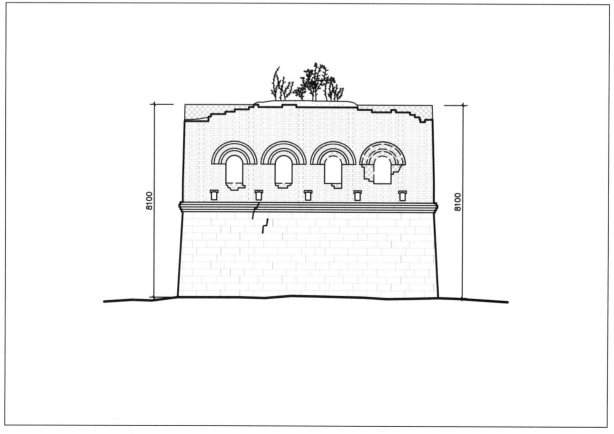

蔡树庵 04 号敌台东立面图

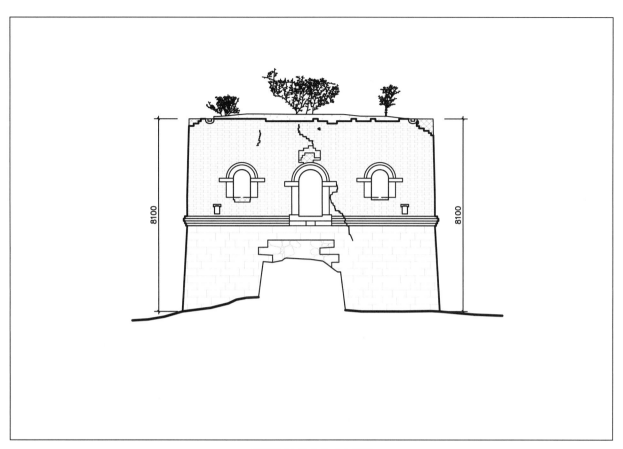

蔡树庵04号敌台南立面图

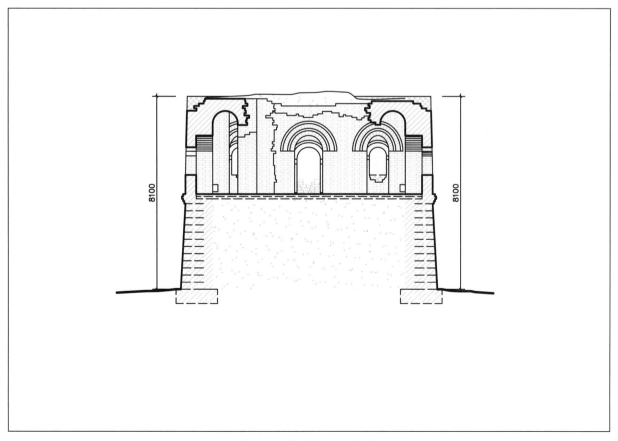

蔡树庵04号敌台1-1剖面图

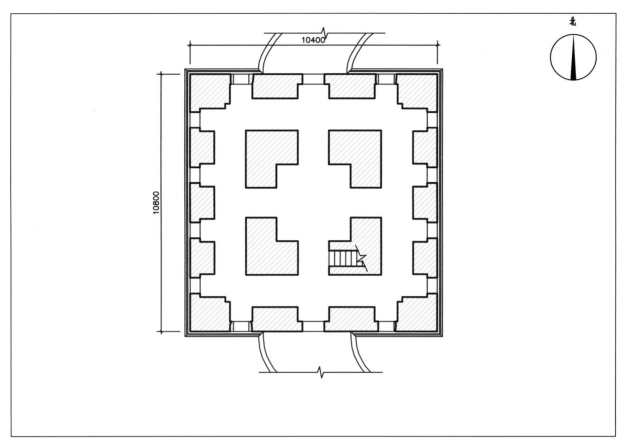

蔡树庵 05 号敌台平面图

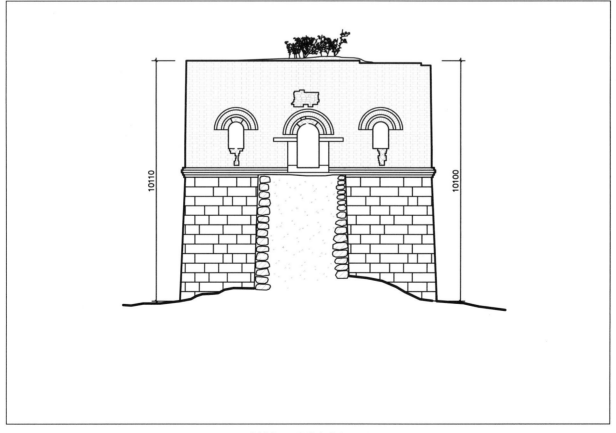

蔡树庵 05 号敌台南立面图

蔡树庵 05 号敌台北立面图

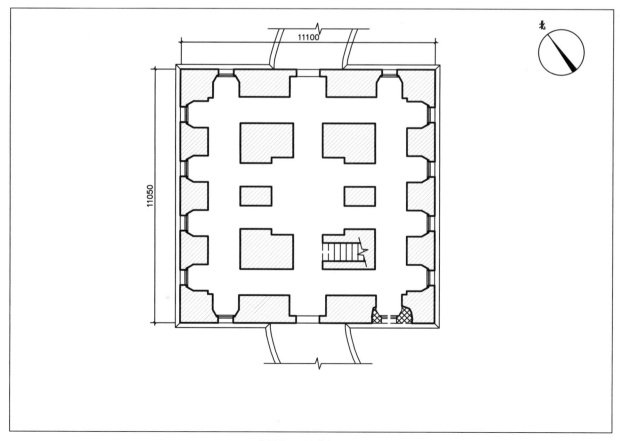

北

蔡树庵 06 号敌台平面图

蔡树庵 06 号敌台南立面图

蔡树庵 06 号敌台北立面图

大龙门城堡

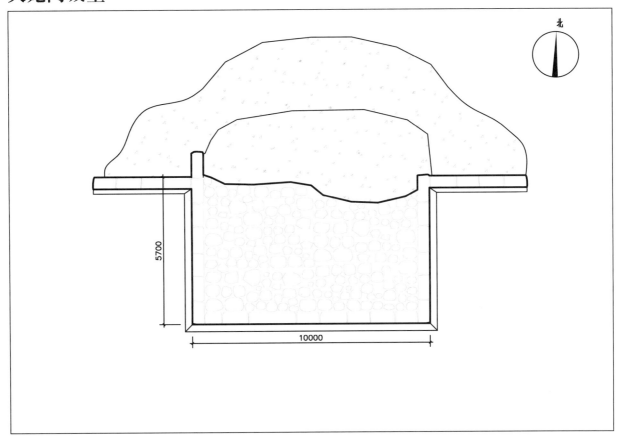

大龙门城堡 1 号马面平面图

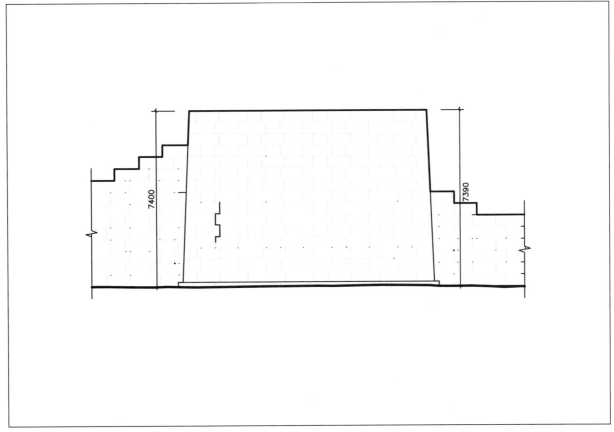

大龙门城堡 1 号马面东立面图

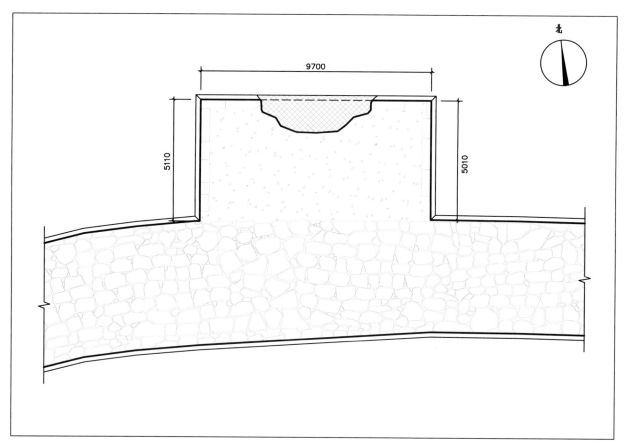

大龙门城堡4号马面平面图

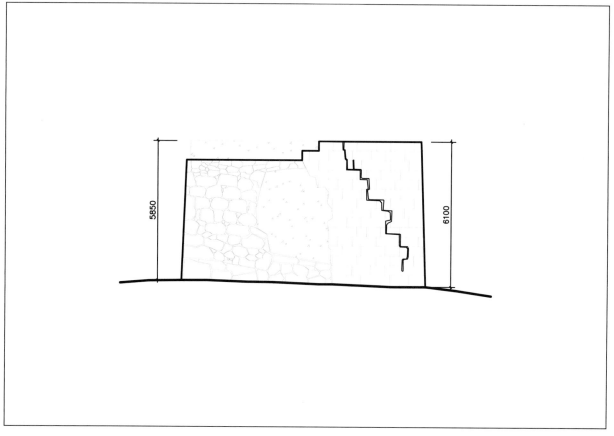

大龙门城堡4号马面东立面图

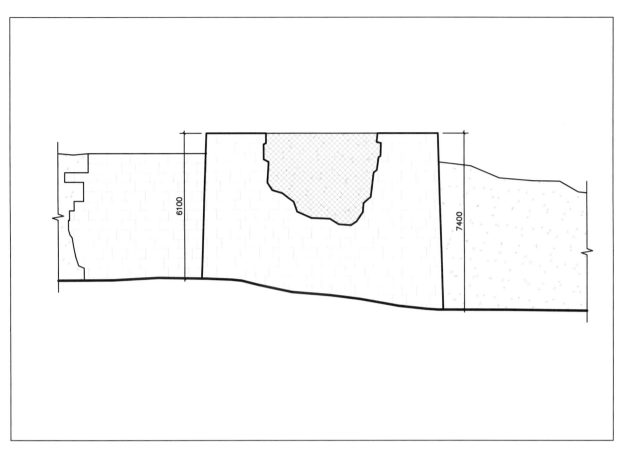

大龙门城堡 4 号马面北立面图

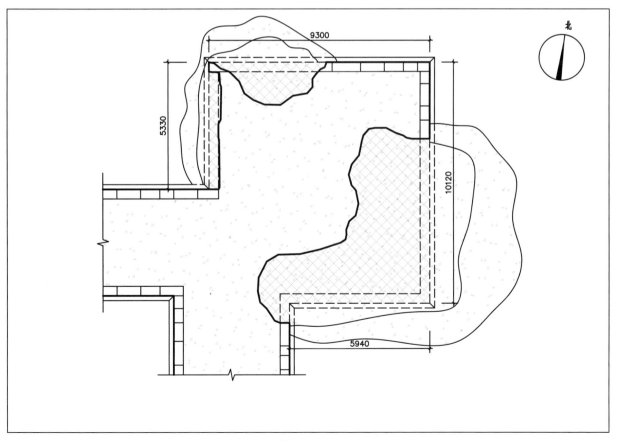

大龙门城堡东北角台平面图

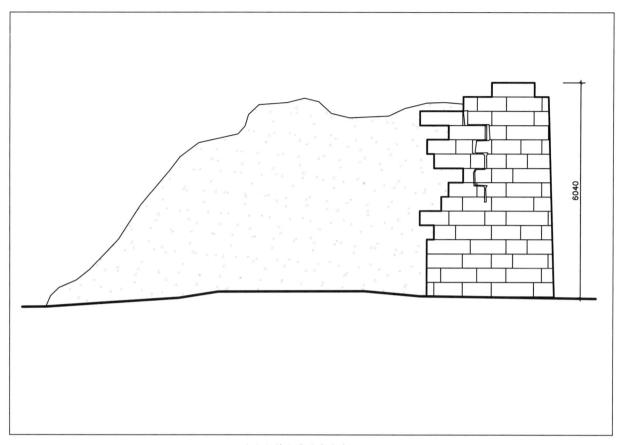

大龙门城堡东北角台东立面图

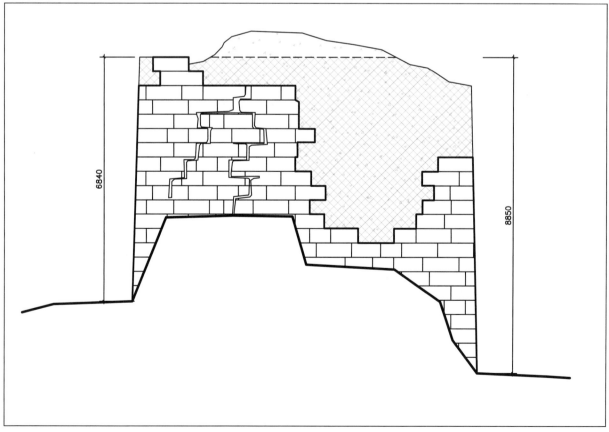

大龙门城堡东北角台北立面图

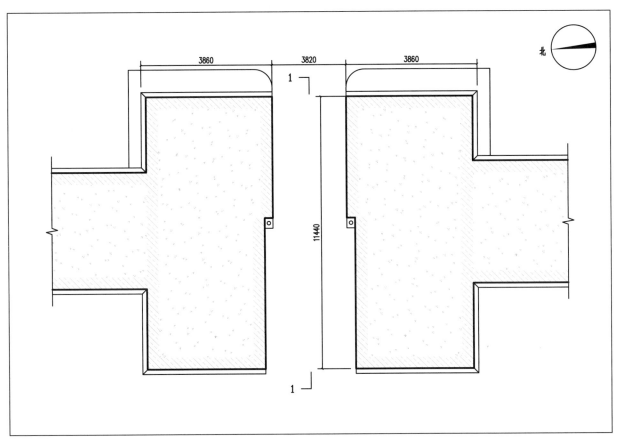

大龙门城堡东城门平面图

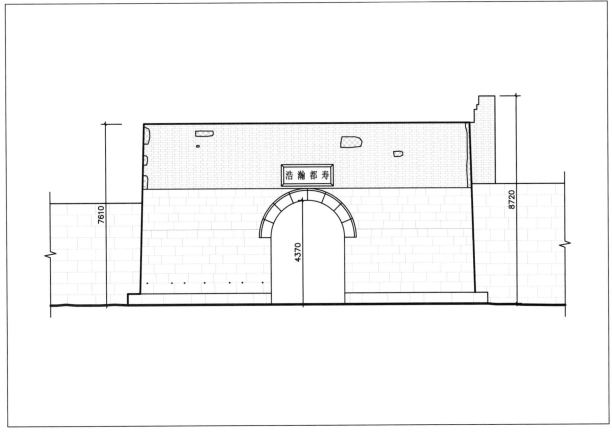

大龙门城堡东城门东立面图

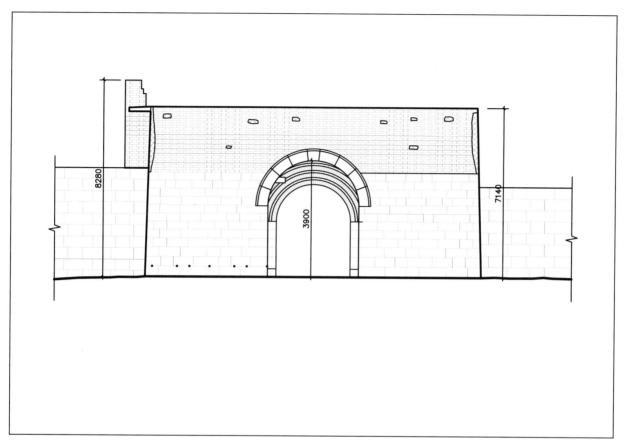

大龙门城堡东城门西立面图

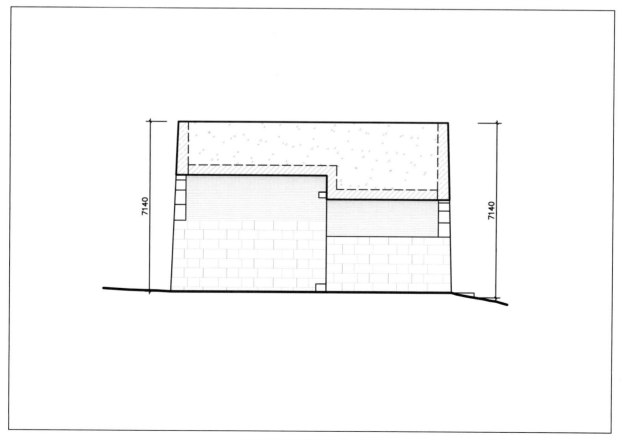

大龙门城堡东城门 1-1 剖面图

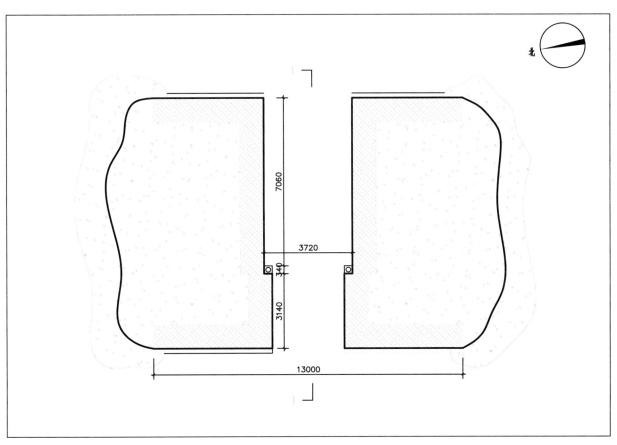

大龙门城堡西城门平面图

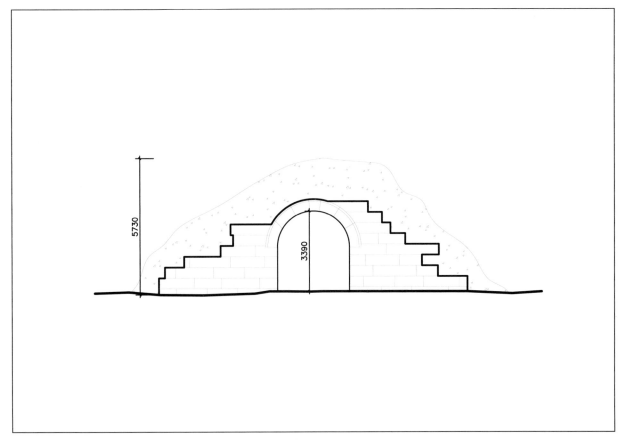

大龙门城堡西城门东立面图

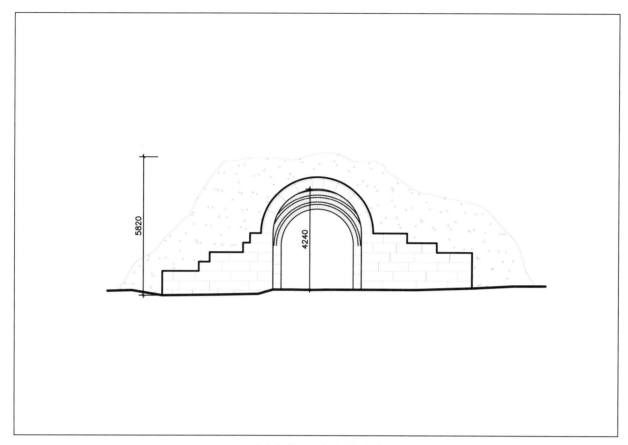

大龙门城堡西城门西立面图

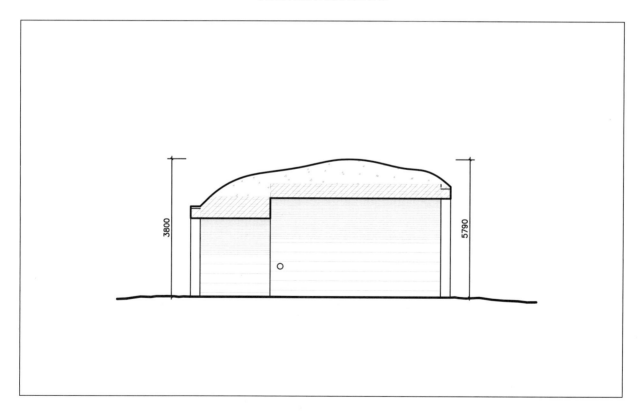

大龙门城堡西城门 1-1 剖面图

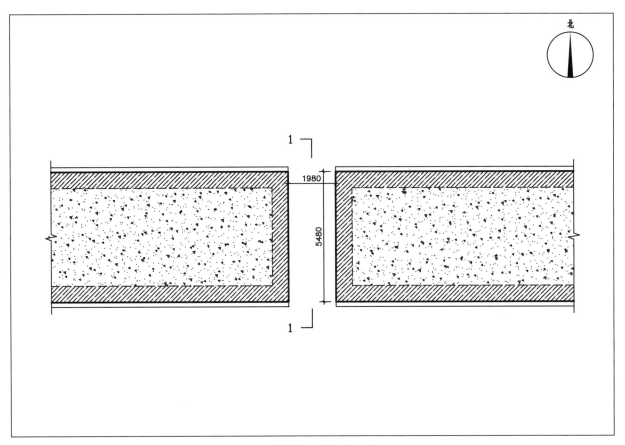

大龙门城堡西水门平面图

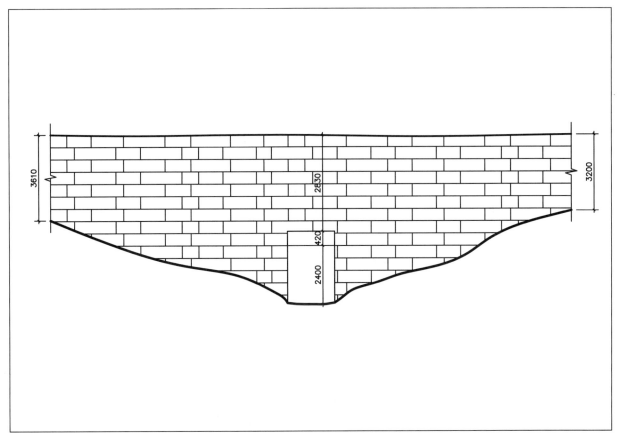

大龙门城堡西水门南立面图

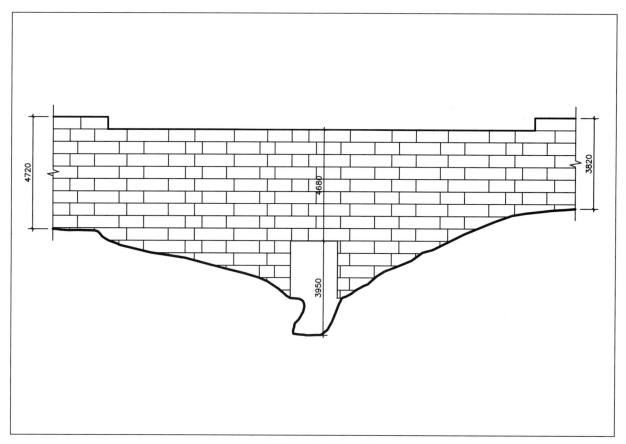

大龙门城堡西水门北立面图

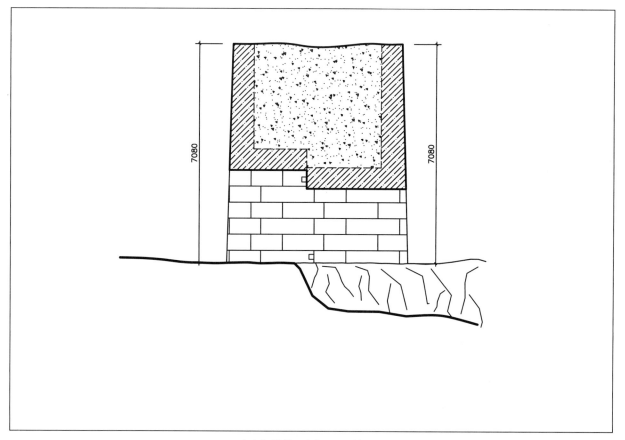

大龙门城堡西水门 1-1 剖面图

金水口城堡

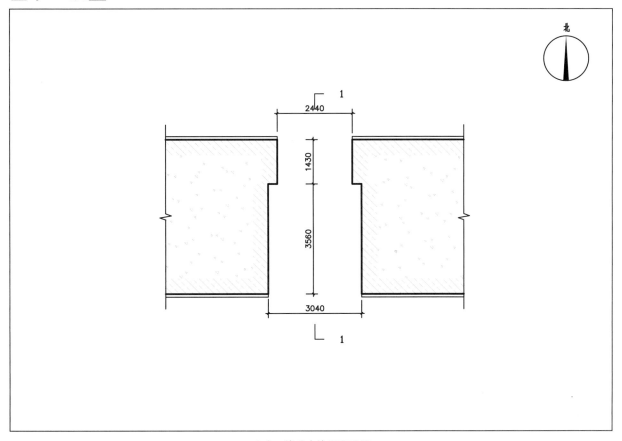

金水口城堡东城门平面图

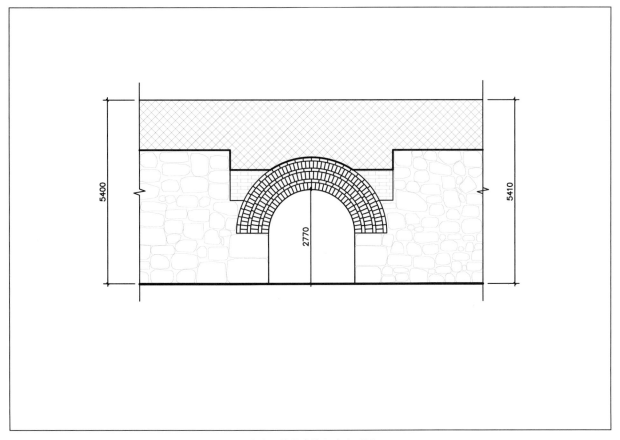

金水口城堡东城门东立面图

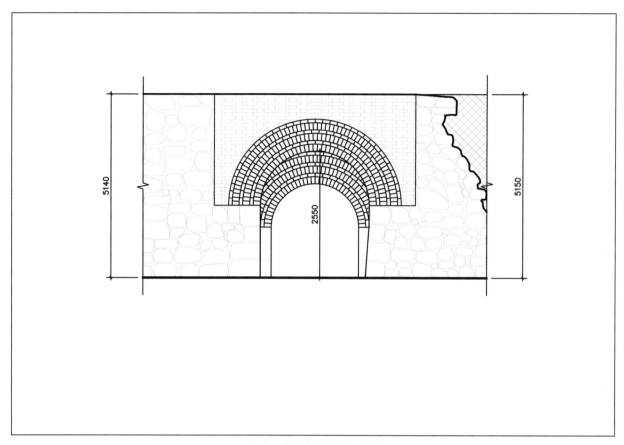

金水口城堡东城门西立面图

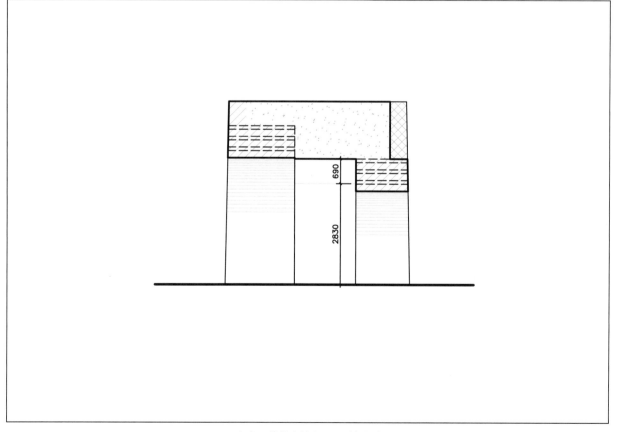

金水口城堡东城门 1-1 剖面图

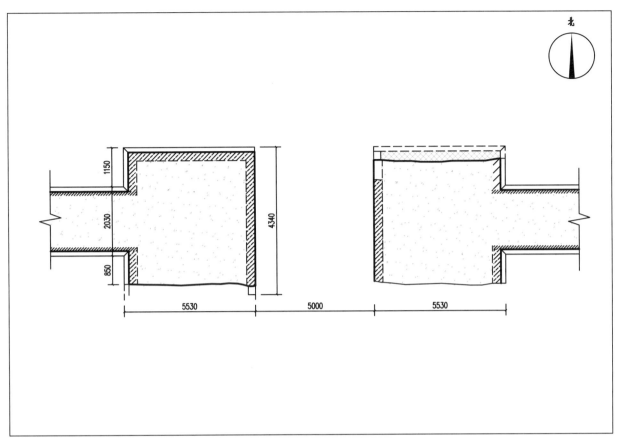

金水口城堡南城门平面图

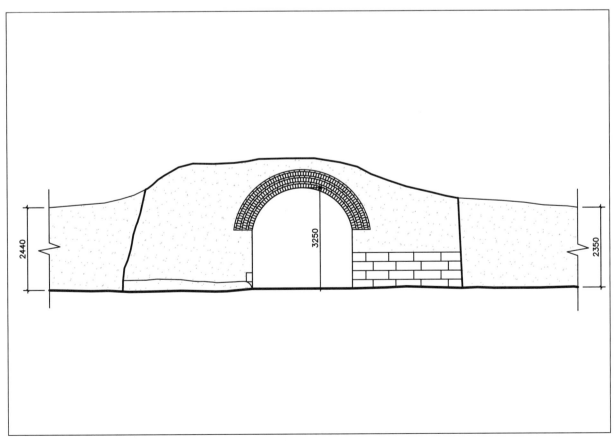

金水口城堡南城门南立面图

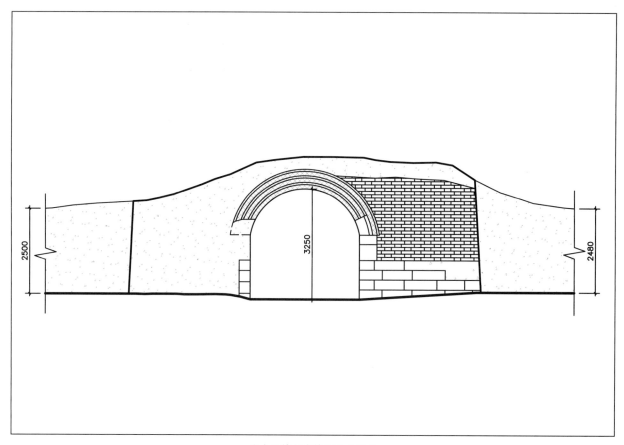

金水口城堡南城门北立面图

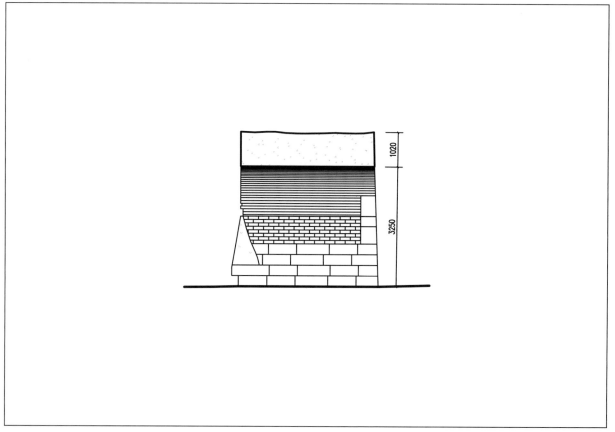

金水口城堡南城门 1-1 剖面图

紫荆关长城

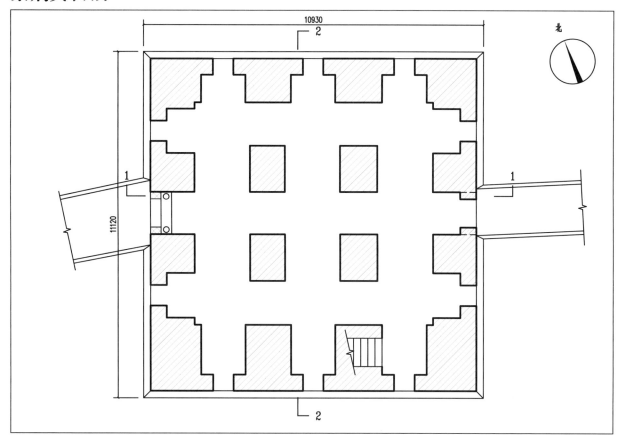

紫荆关 7 号敌台平面图

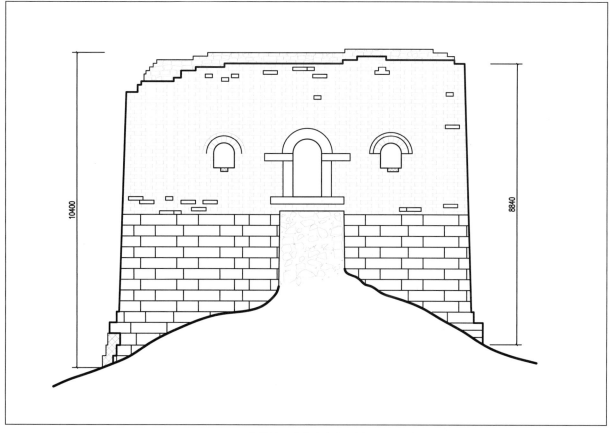

紫荆关 7 号敌台东立面图

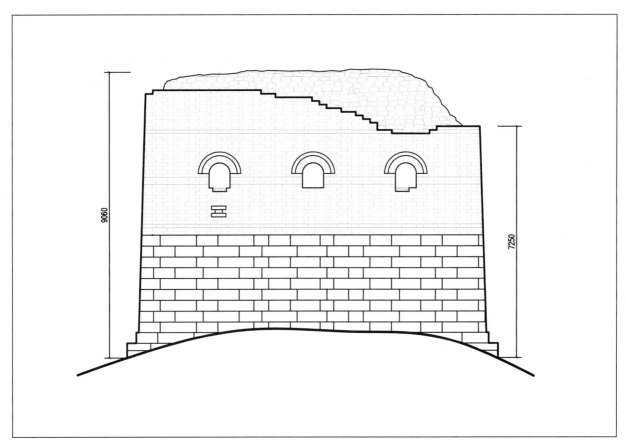

紫荆关 7 号敌台北立面图

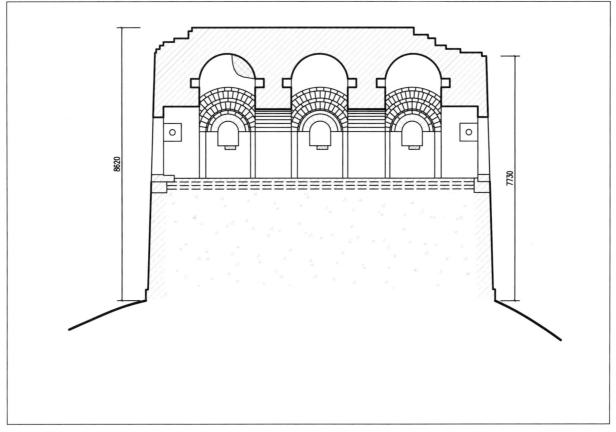

紫荆关 7 号敌台 1-1 剖面图

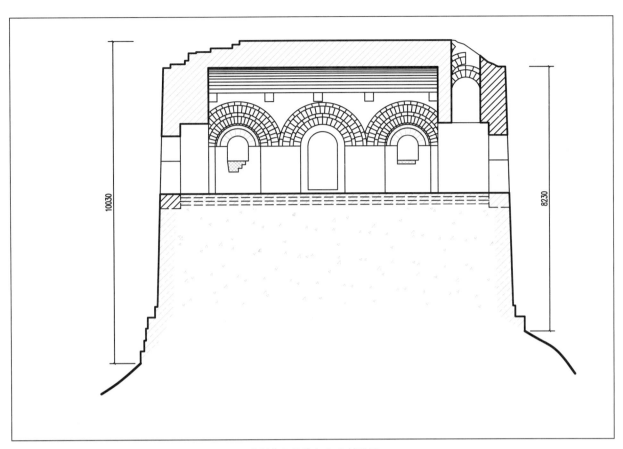

紫荆关 7 号敌台 2-2 剖面图

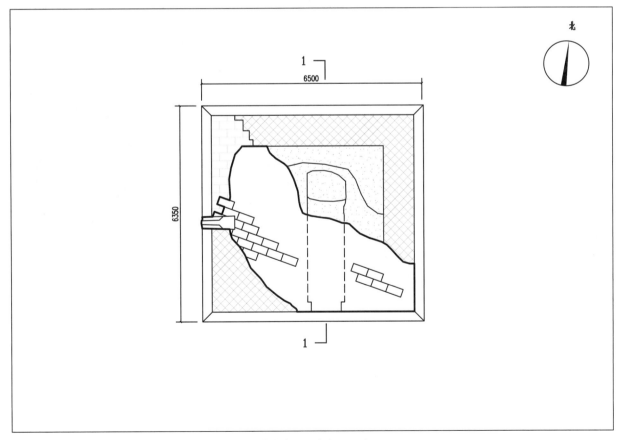

紫荆关 8 号敌台平面图

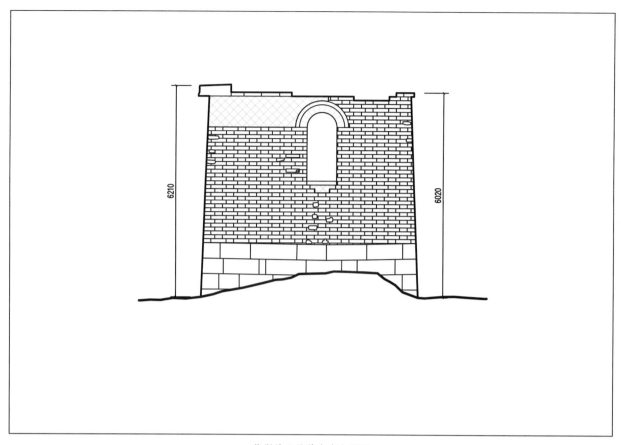

紫荆关 8 号敌台南立面图

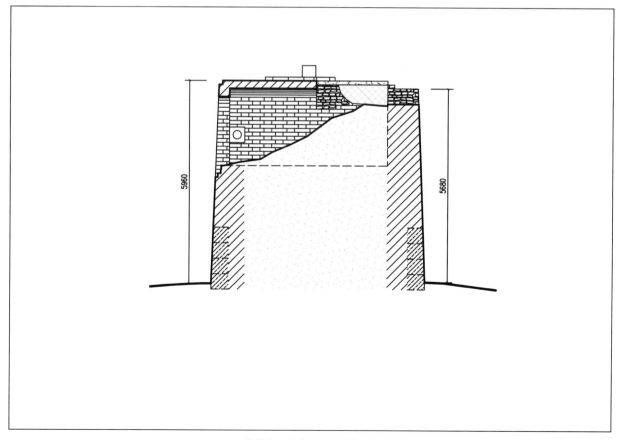

紫荆关 8 号敌台 1-1 剖面图

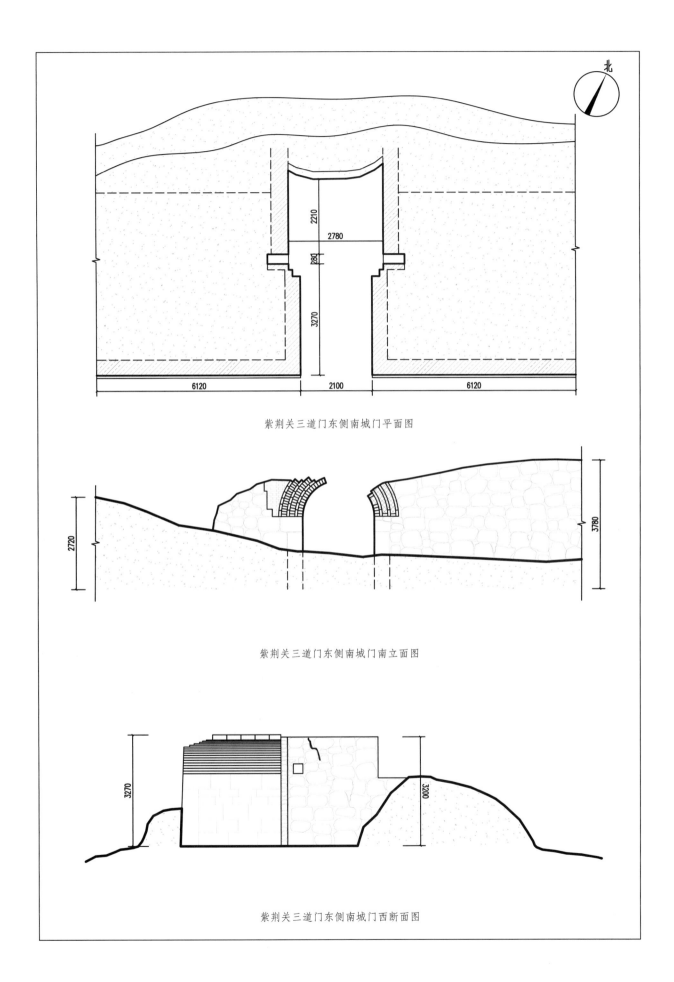

紫荆关三道门东侧南城门平面图

紫荆关三道门东侧南城门南立面图

紫荆关三道门东侧南城门西断面图

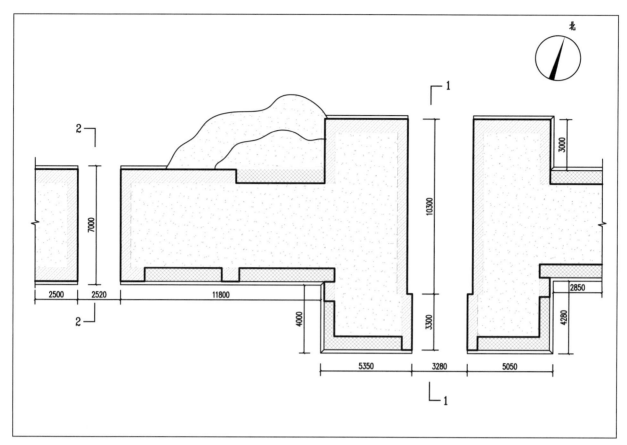

三道门、三道水门平面图

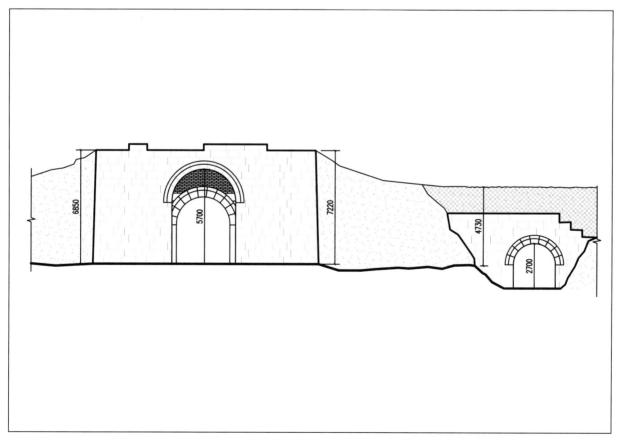

三道门、三道水门北立面图

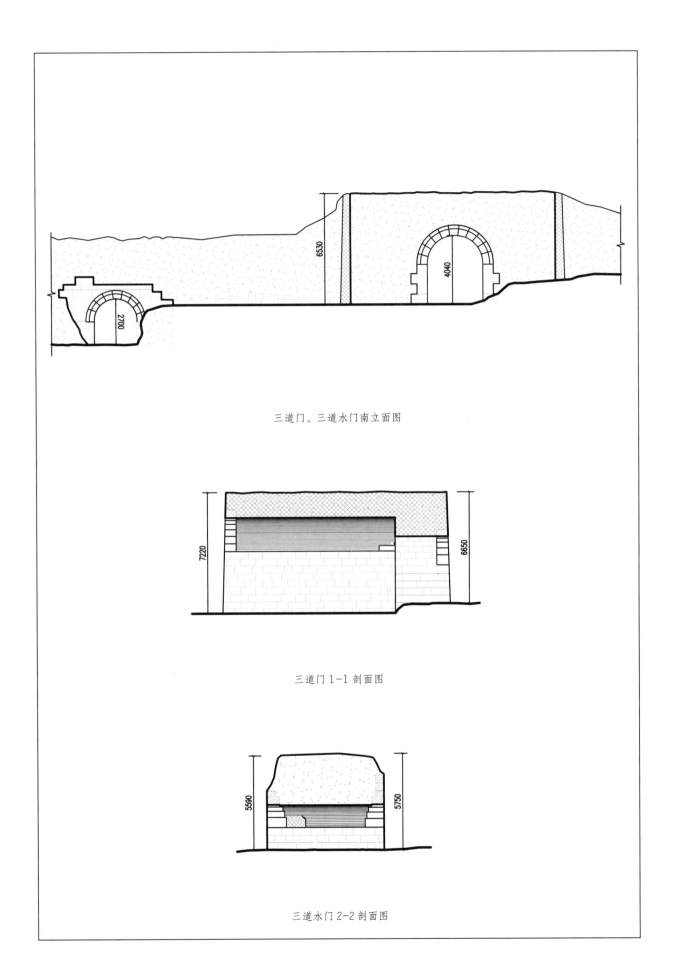

三道门、三道水门南立面图

三道门 1-1 剖面图

三道水门 2-2 剖面图

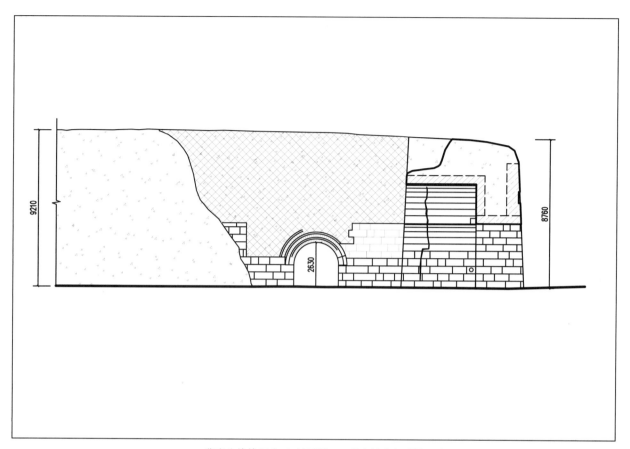

紫塞金城城门 1-1 剖面图、二道水门北立面图

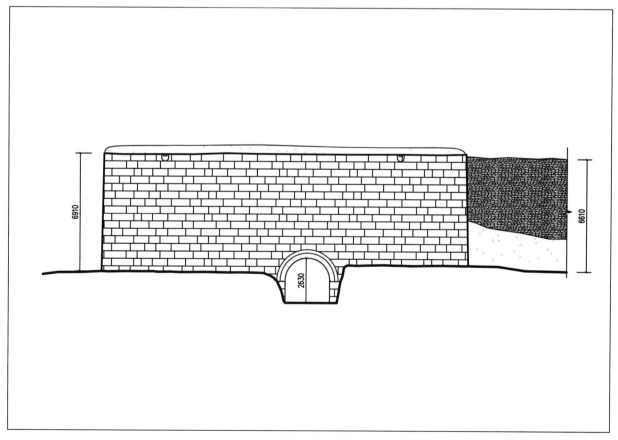

二道水门南立面图

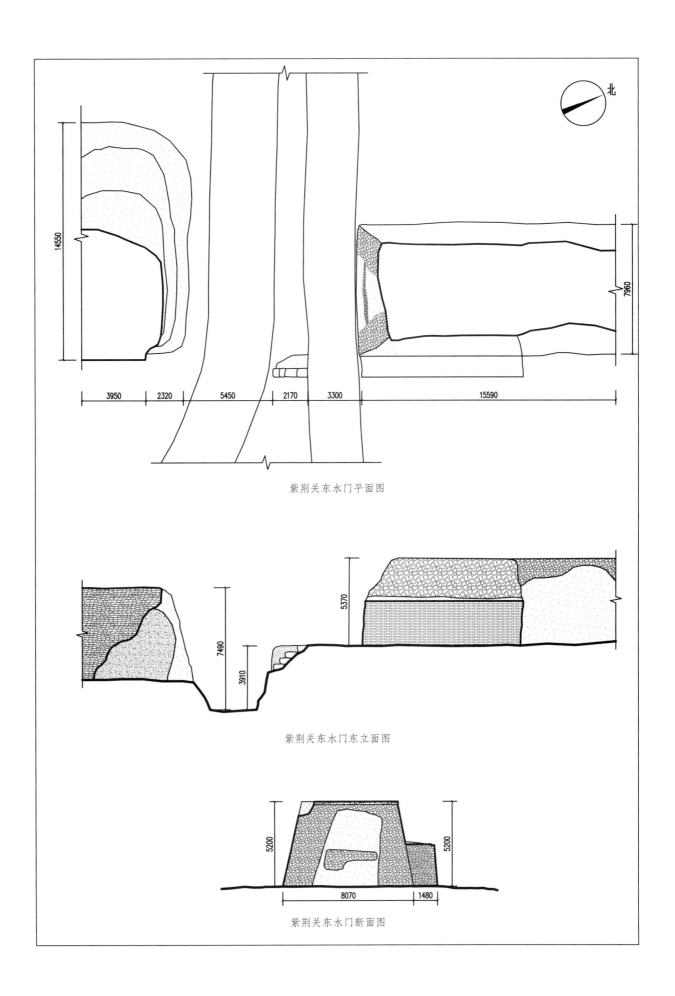

北

14550

7960

3950 2320 5450 2170 3300 15590

紫荆关东水门平面图

5370

7490

3910

紫荆关东水门东立面图

5200 5200

8070 1480

紫荆关东水门断面图

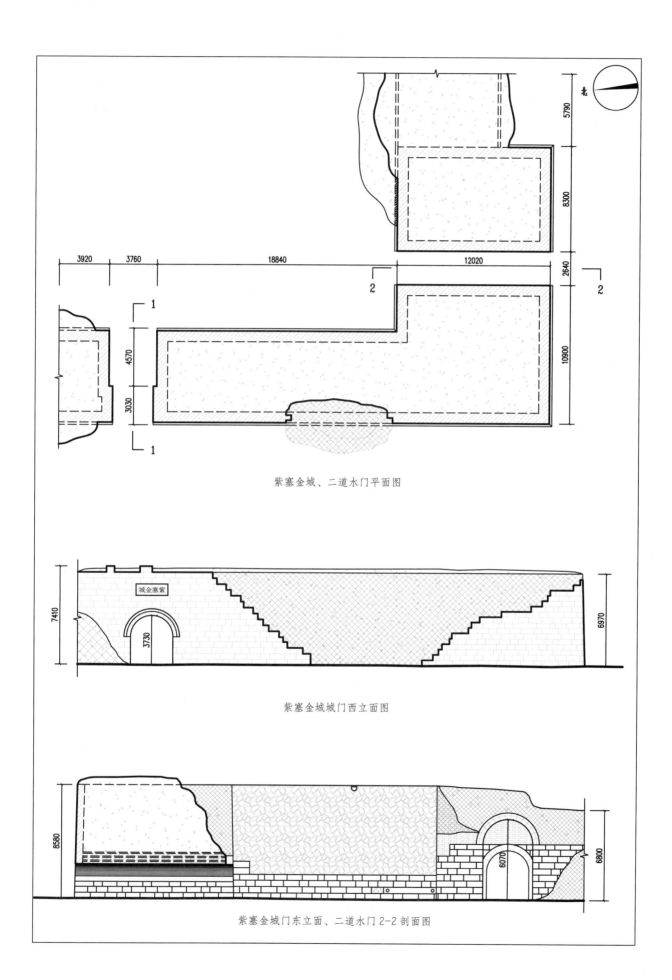

紫塞金城、二道水门平面图

城金塞紫

紫塞金城城门西立面图

紫塞金城门东立面、二道水门 2-2 剖面图

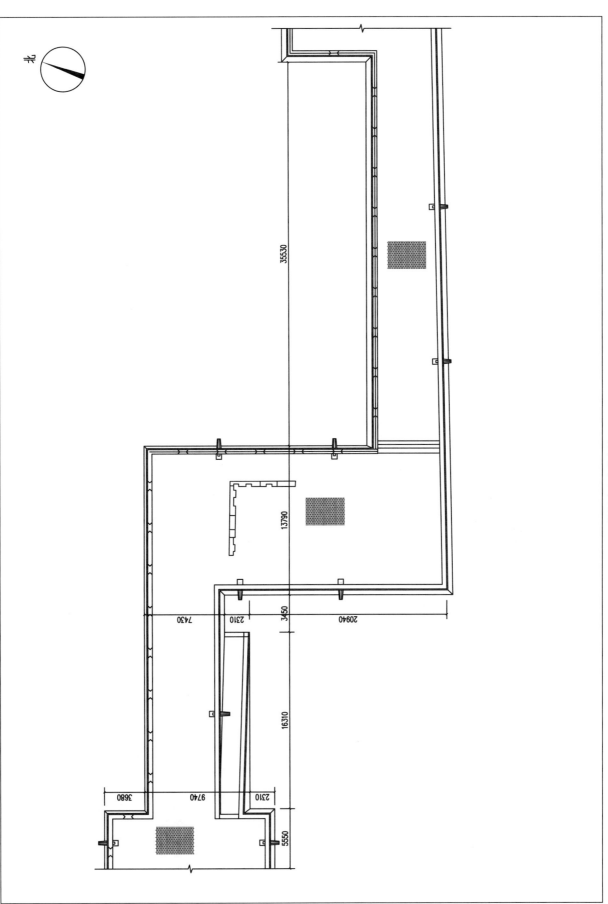

紫荆关关城北瓮城东城门平面图

北

35530

13790

16310

5550

7430

2310

3450

20940

3680

9740

2310

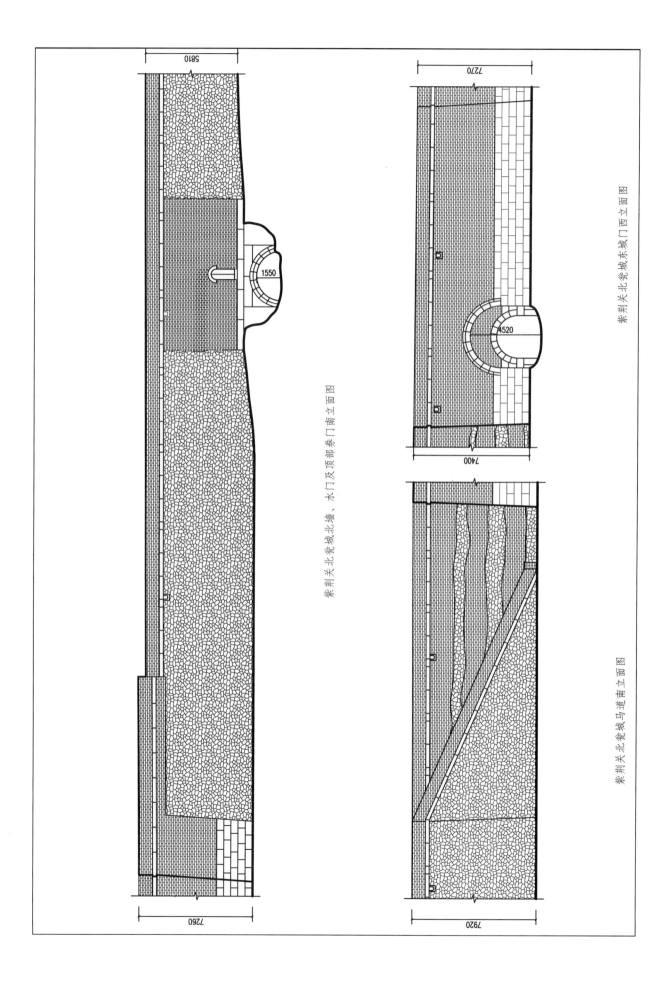

紫荆关北瓮城北墙、水门及顶部券门南立面图

紫荆关北瓮城东城门西立面图

紫荆关北瓮城马道南立面图

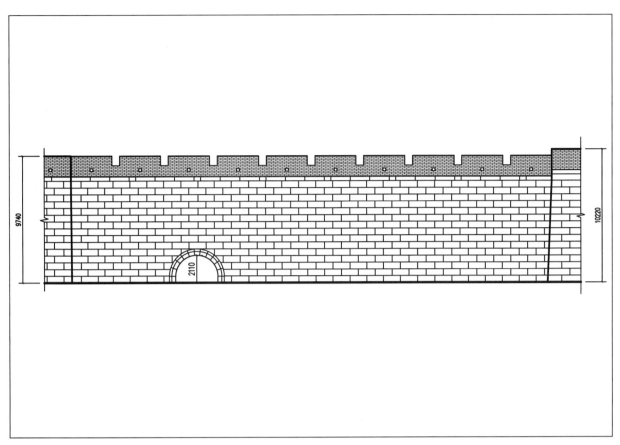

紫荆关北瓮城北墙水门北立面

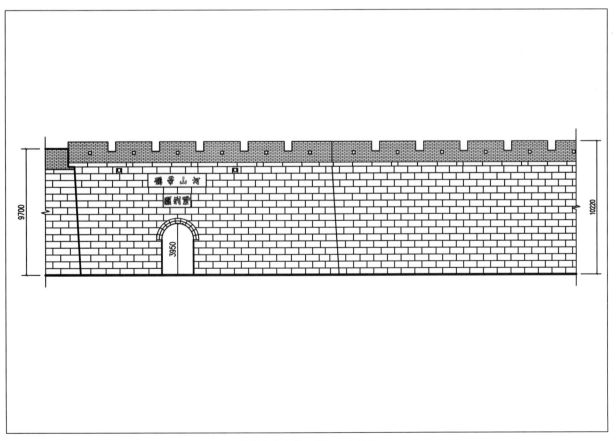

紫荆关北瓮城东城门东立面图

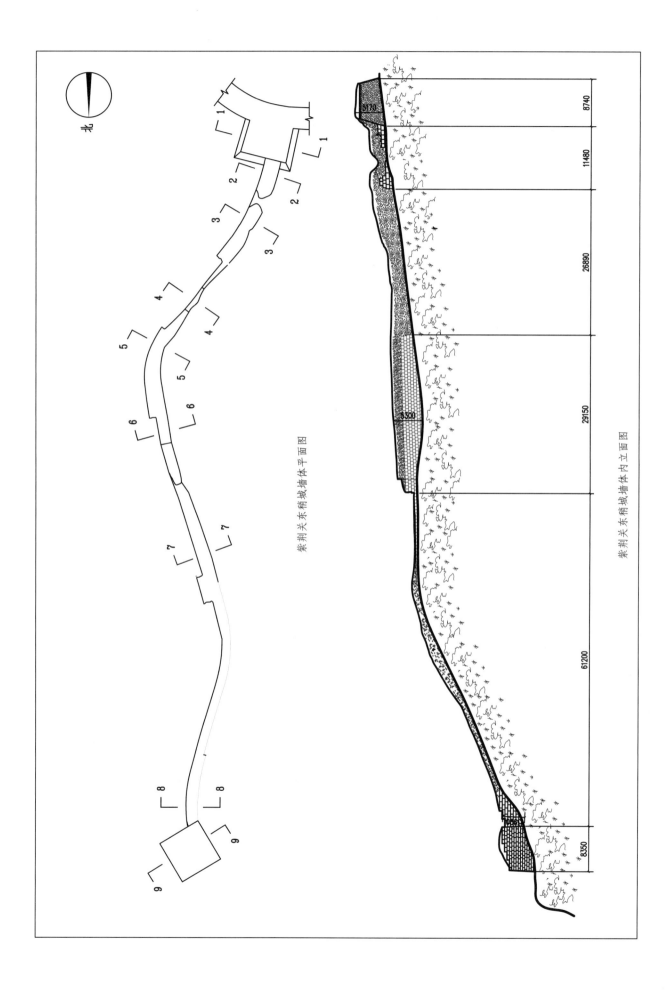

紫荆关东稍墙墙体平面图

紫荆关东稍墙墙体内立面图

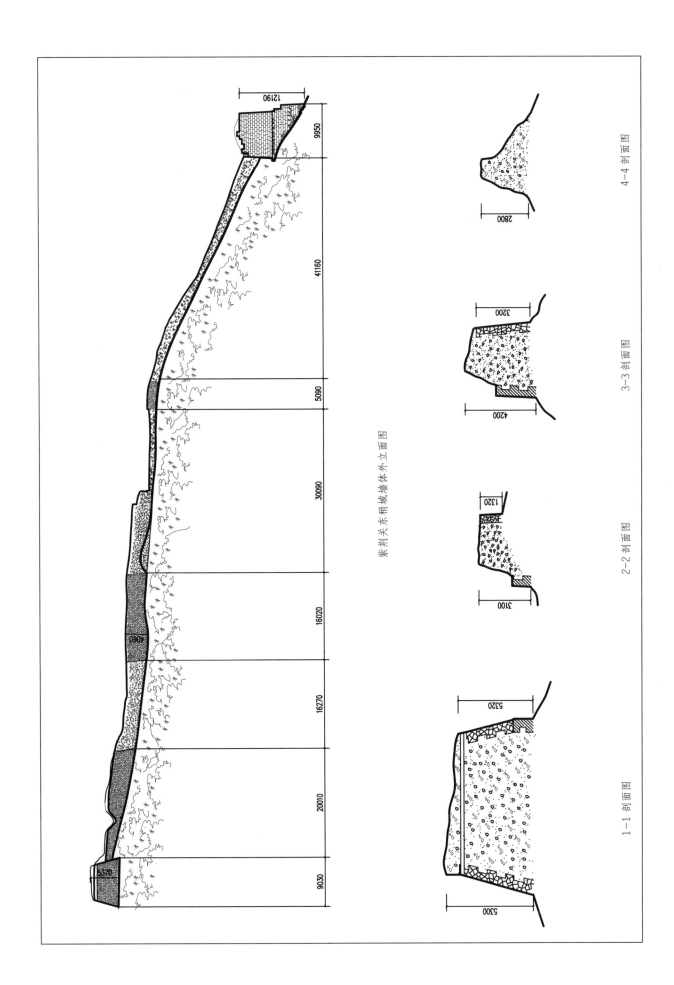

紫荆关东稍城墙体外立面图

4-4 剖面图

3-3 剖面图

2-2 剖面图

1-1 剖面图

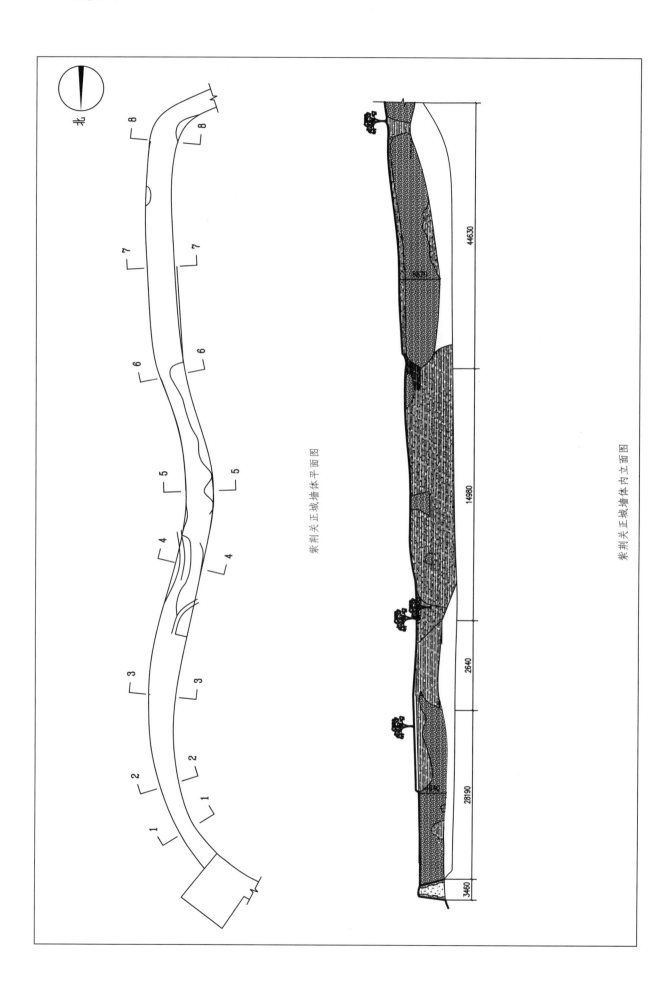

北

紫荆关正城墙体平面图

紫荆关正城墙体内立面图

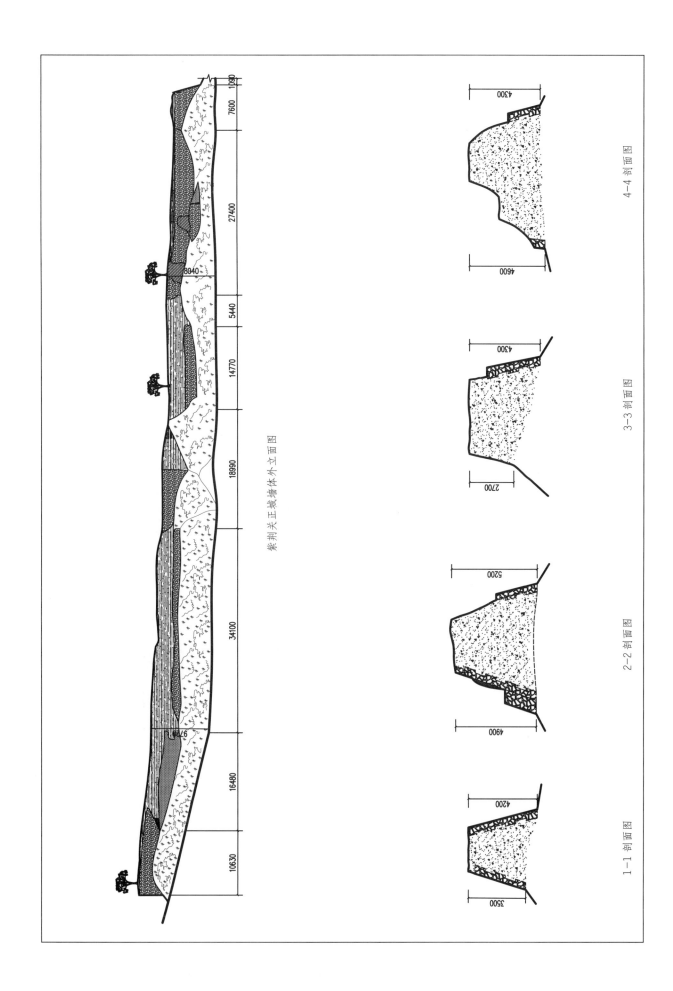

紫荆关正城墙体外立面图

1-1 剖面图　　2-2 剖面图　　3-3 剖面图　　4-4 剖面图

小盘石城

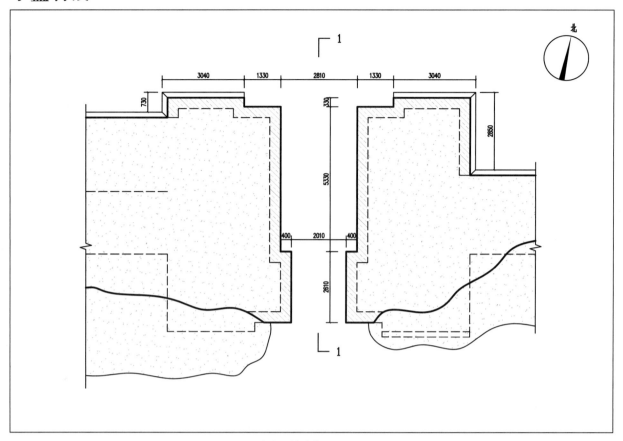

小盘石城东城门平面图

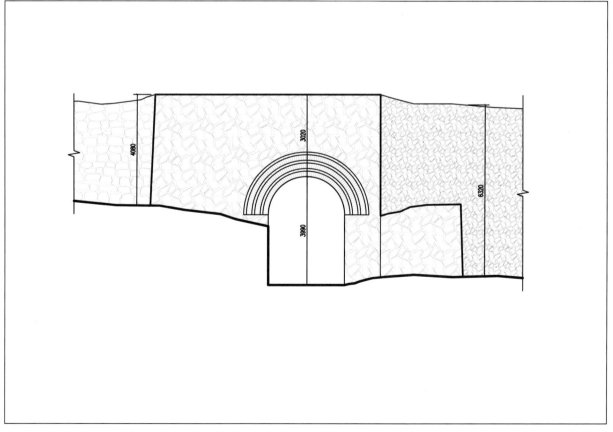

小盘石城东城门西立面图

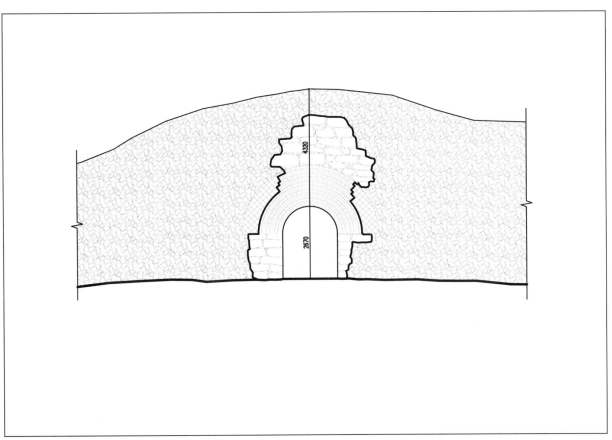

小盘石城东城门东立面图

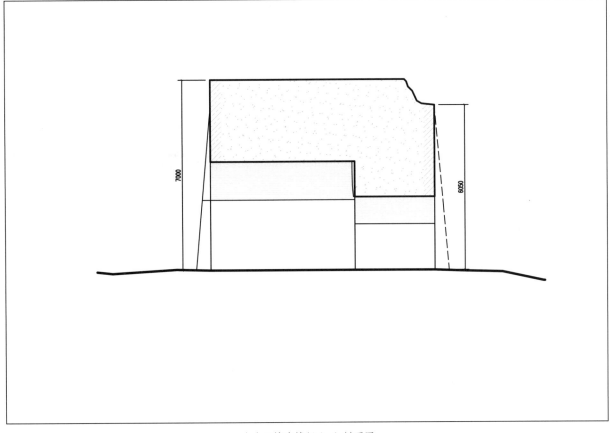

小盘石城东城门 1—1 剖面图

大盘石长城

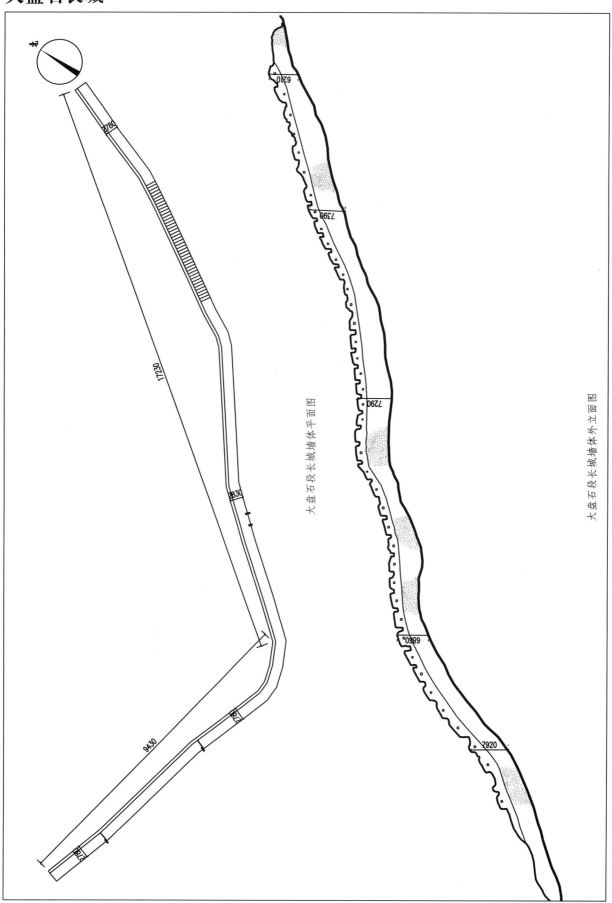

大盘石段长城墙体平面图

大盘石段长城墙体外立面图

阜平县单体建筑

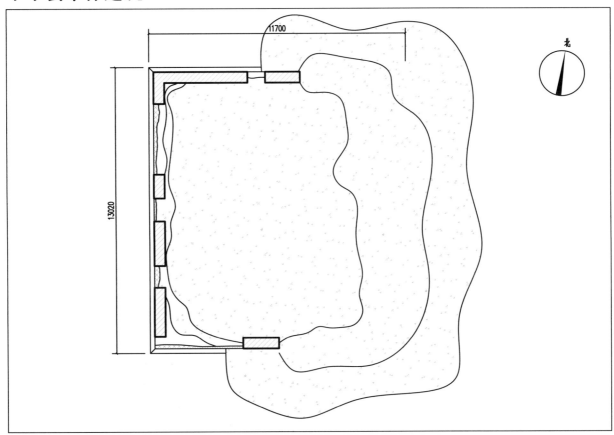

长城岭 1 号敌台平面图

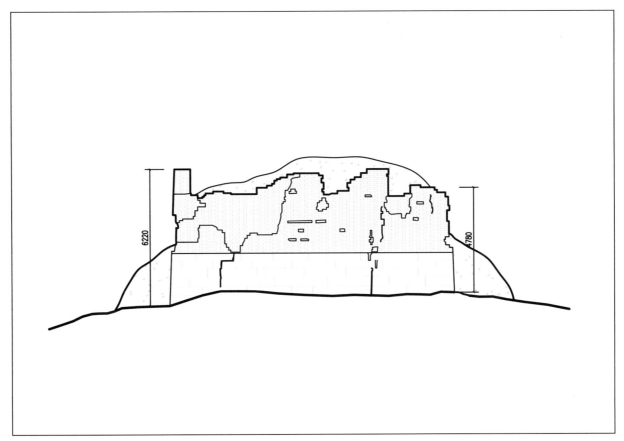

长城岭 1 号敌台西立面图

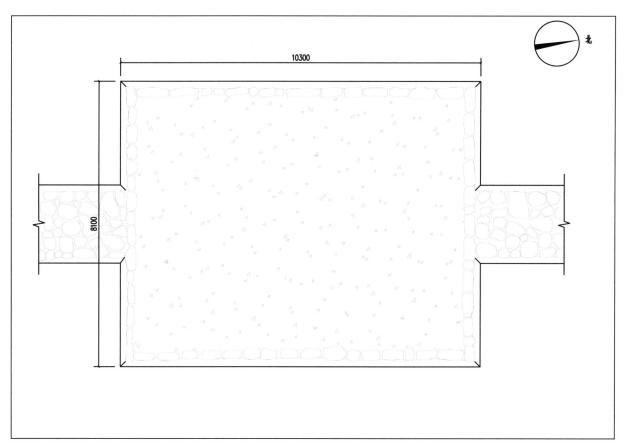

长城岭 02 号敌台平面图

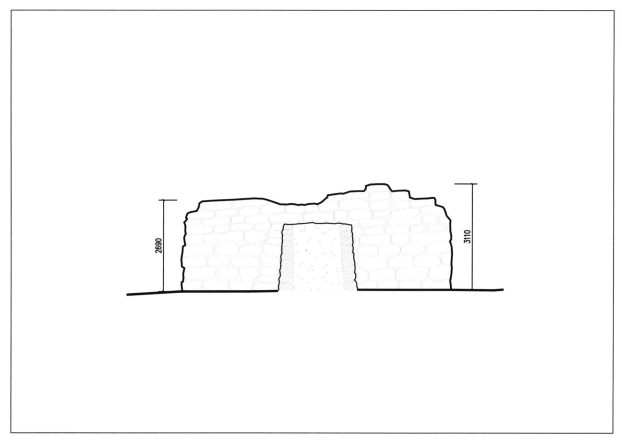

长城岭 02 号敌台北立面图

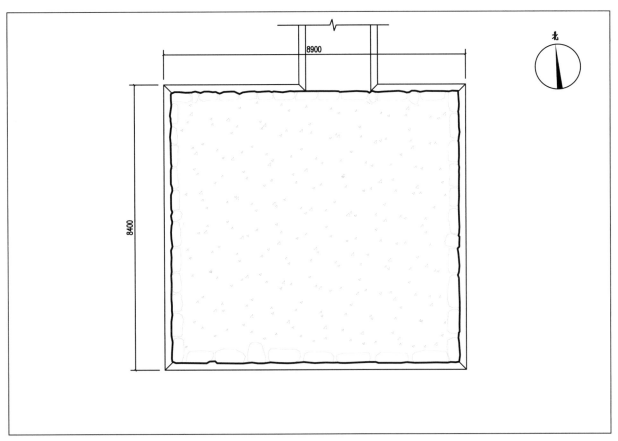

长城岭 03 号敌台平面图

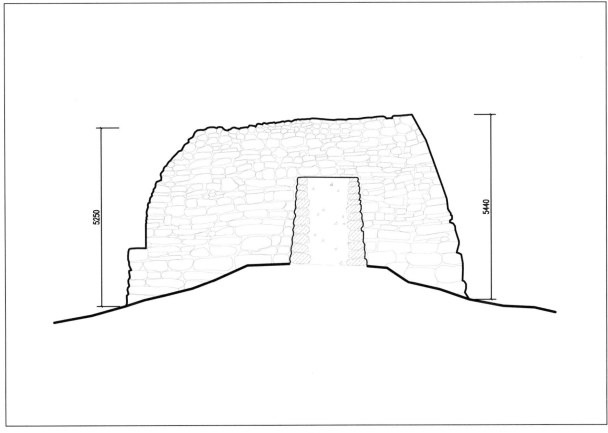

长城岭 03 号敌台北立面图

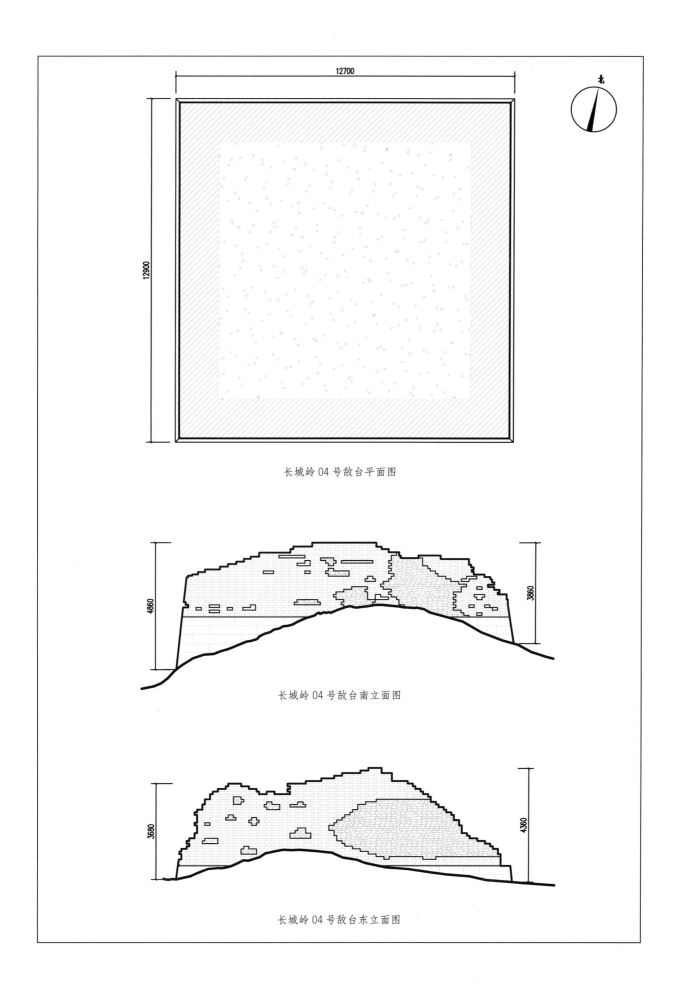

长城岭04号敌台平面图

长城岭04号敌台南立面图

长城岭04号敌台东立面图

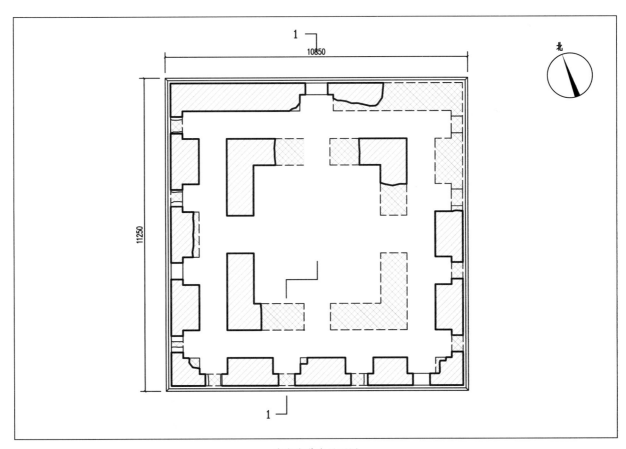

南辛庄敌台平面图

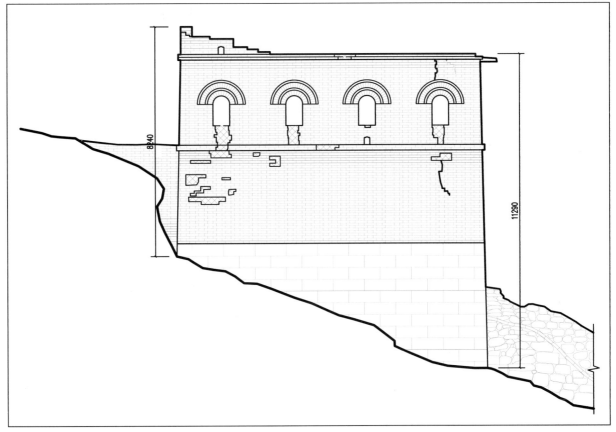

南辛庄敌台西立面图

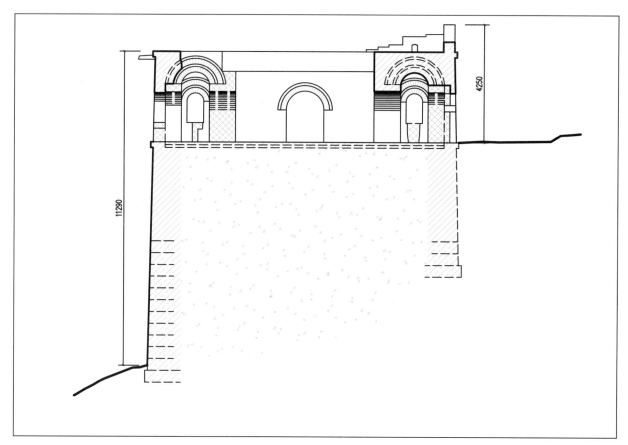

南辛庄敌台 1-1 剖面图

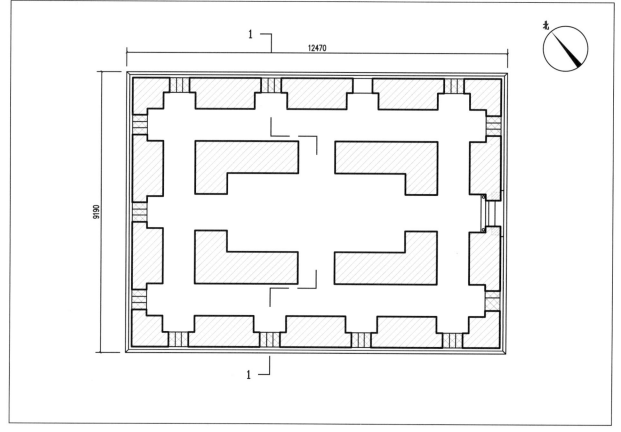

吴王口 1 号敌台平面图

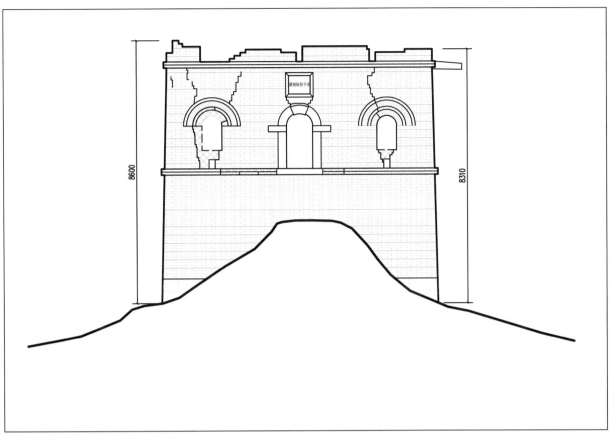

吴王口 1 号敌台东立面图

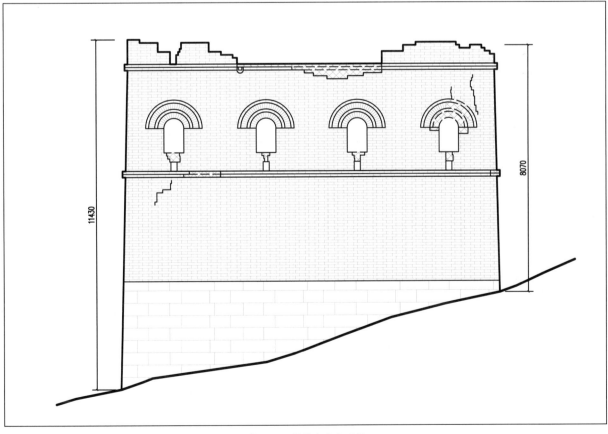

吴王口 1 号敌台南立面图

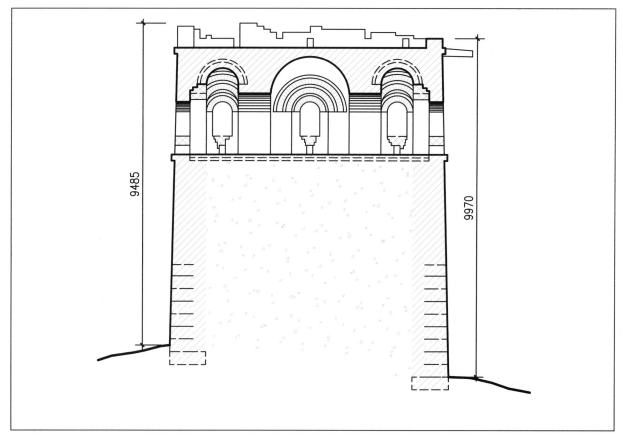

吴王口 1 号敌台 1-1 剖面图

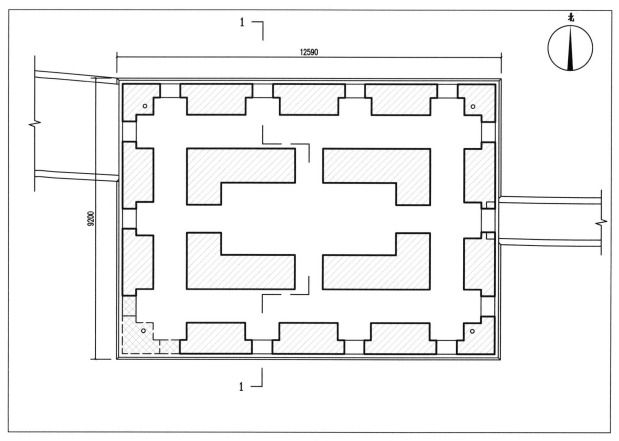

吴王口 2 号敌台平面图

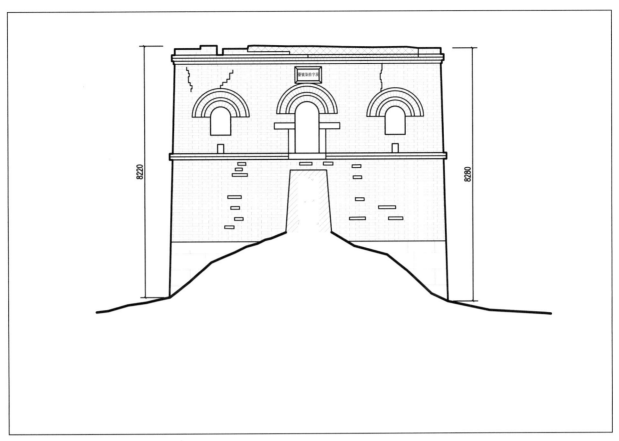

吴王口 2 号敌台东立面图

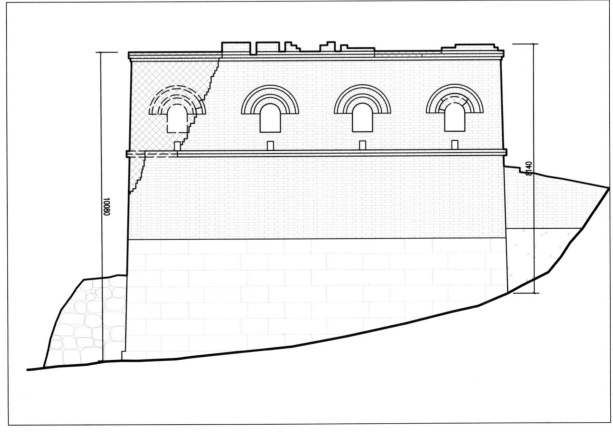

吴王口 2 号敌台南立面图

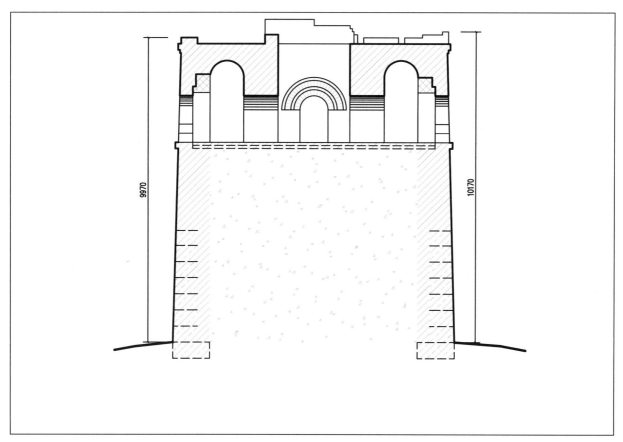

吴王口 2 号敌台 1-1 剖面图

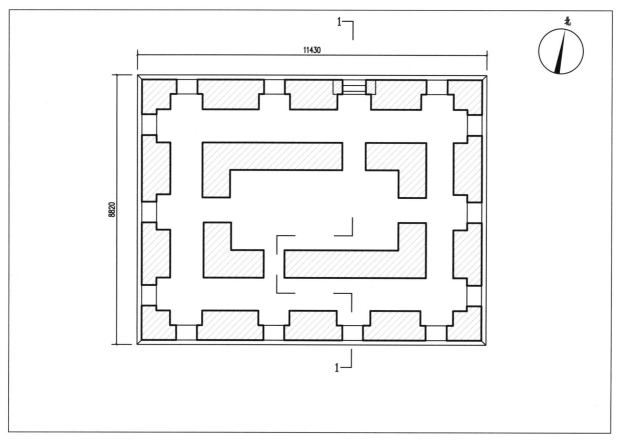

大地沟 1 号敌台平面图

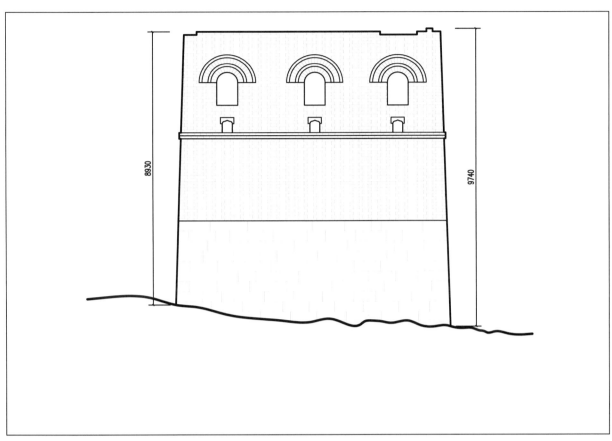

大地沟 1 号敌台东立面图

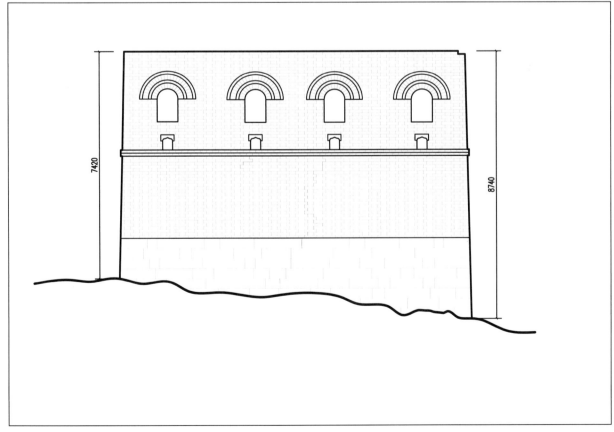

大地沟 1 号敌台南立面图

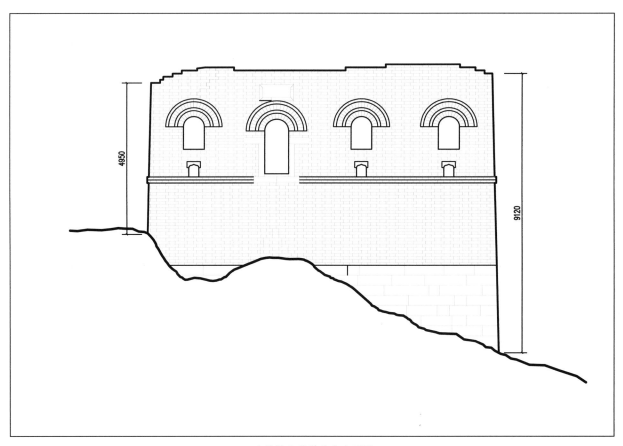

大地沟 1 号敌台北立面图

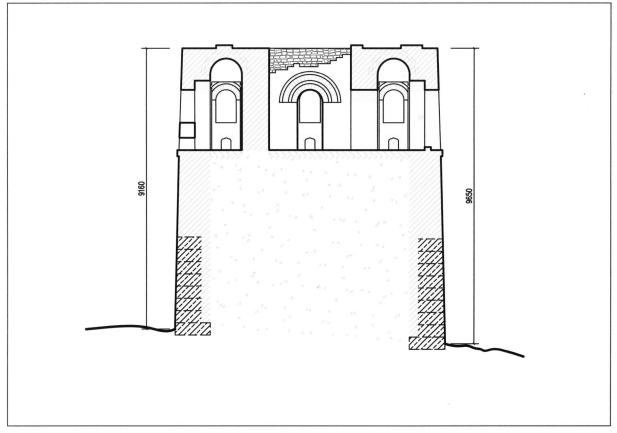

大地沟 1 号敌台 1-1 剖面图

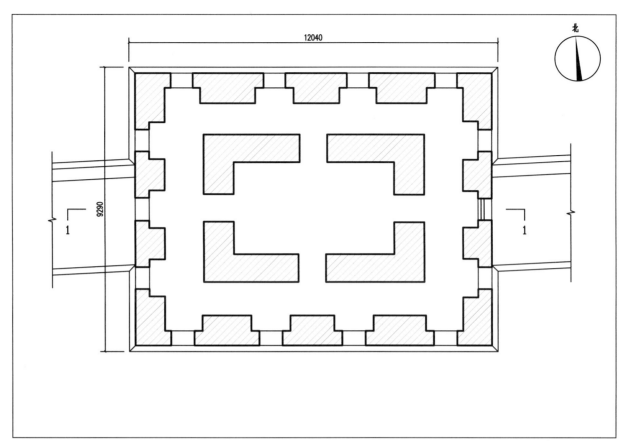

大地沟 2 号敌台平面图

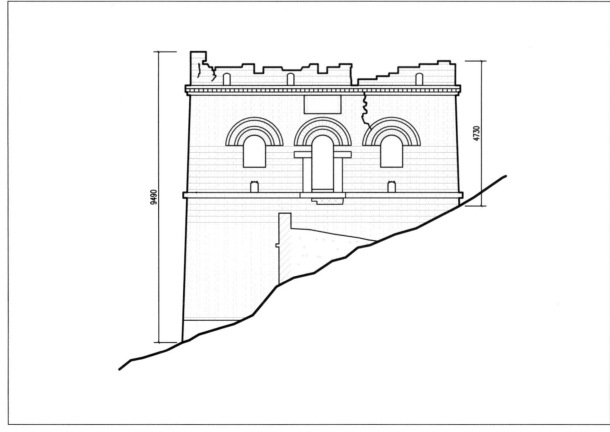

大地沟 2 号敌台东立面图

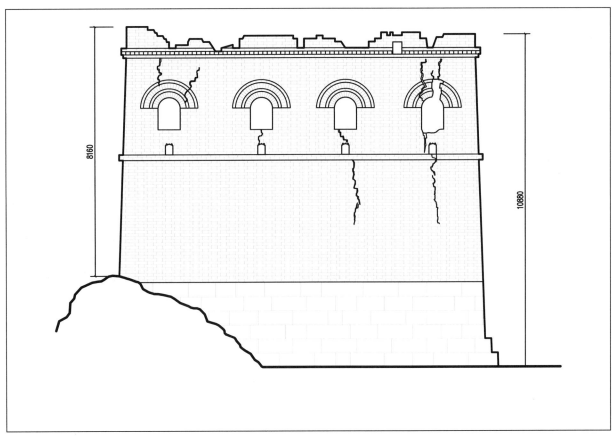

大地沟 2 号敌台北立面图

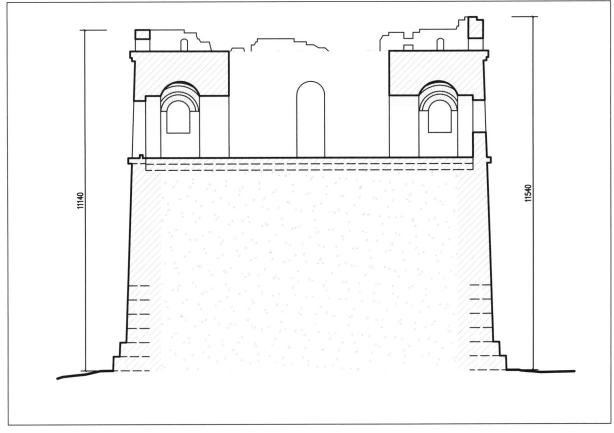

大地沟 2 号敌台 1-1 剖面图

北

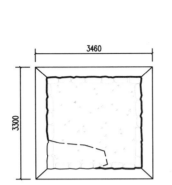

高家沟 1 号敌台平面图

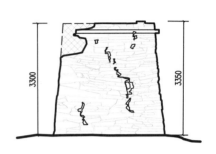

高家沟 1 号敌台东立面图

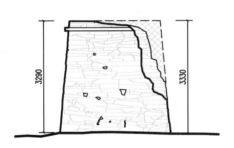

高家沟 1 号敌台西立面图

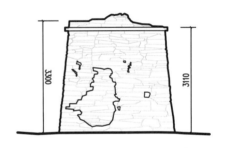

高家沟 1 号北台东立面图

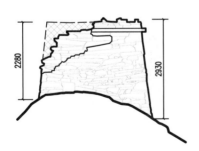

高家沟 1 号敌台南立面图

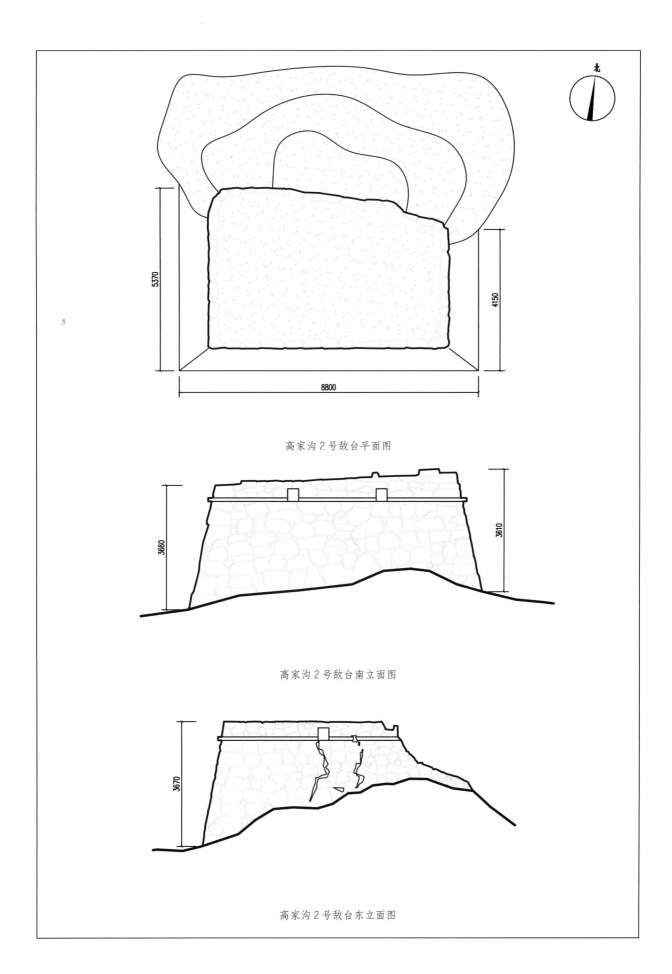

高家沟 2 号敌台平面图

高家沟 2 号敌台南立面图

高家沟 2 号敌台东立面图

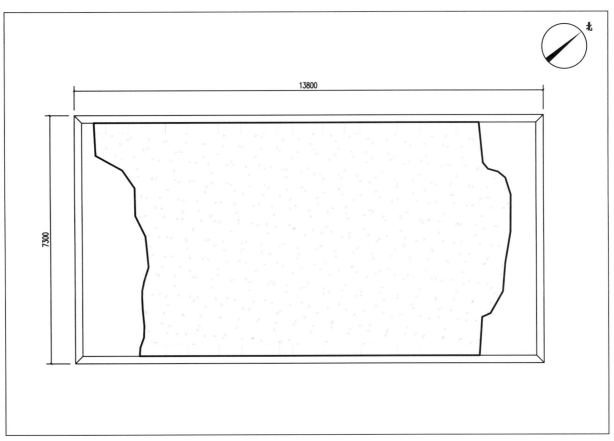

黄崖敌台平面图

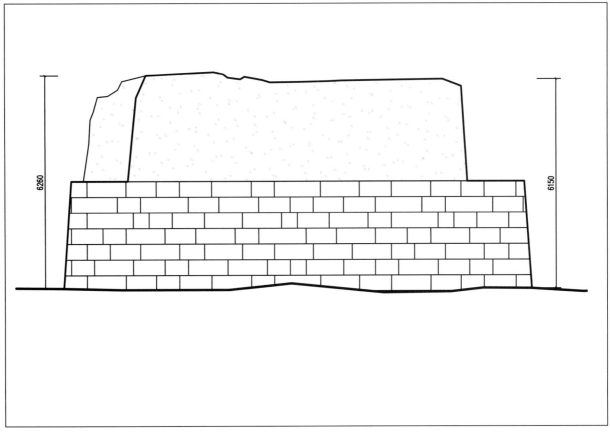

黄崖敌台东立面图

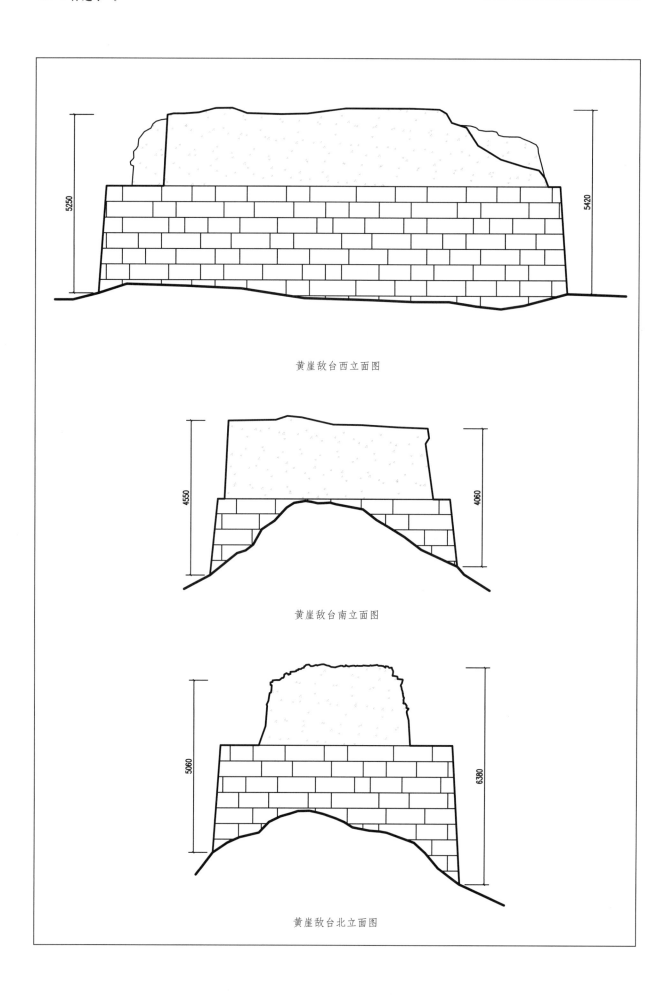

黄崖敌台西立面图

黄崖敌台南立面图

黄崖敌台北立面图

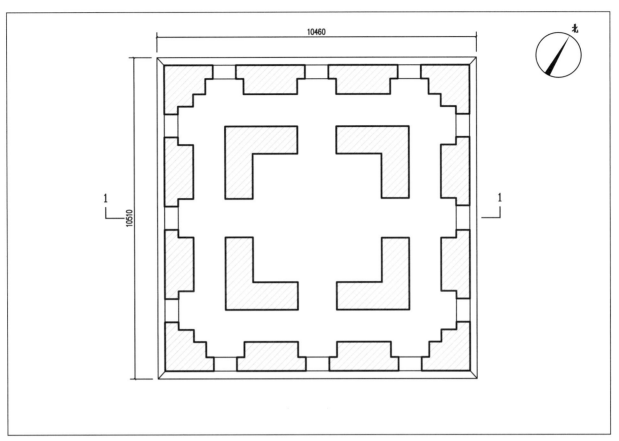

铜绿崖 1 号敌台平面图

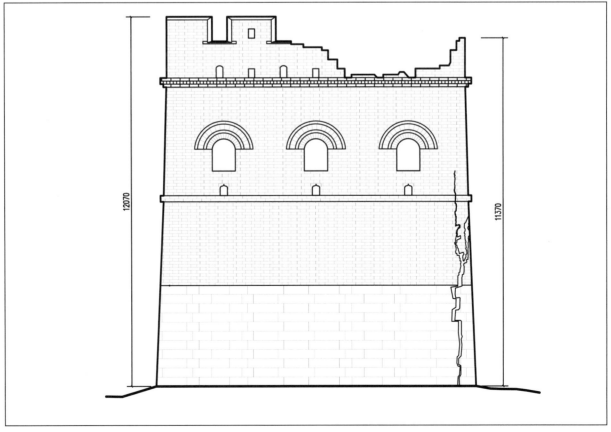

铜绿崖 1 号敌台东立面图

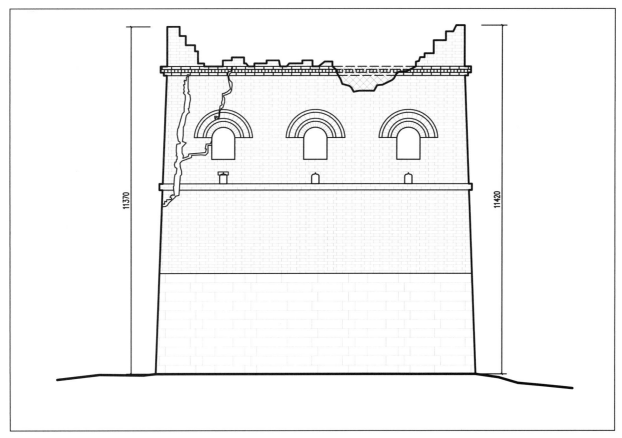

铜绿崖 1 号敌台西立面图

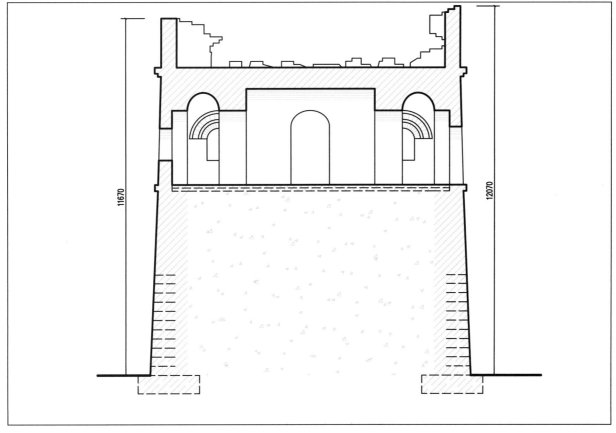

铜绿崖 1 号敌台 1-1 剖面图

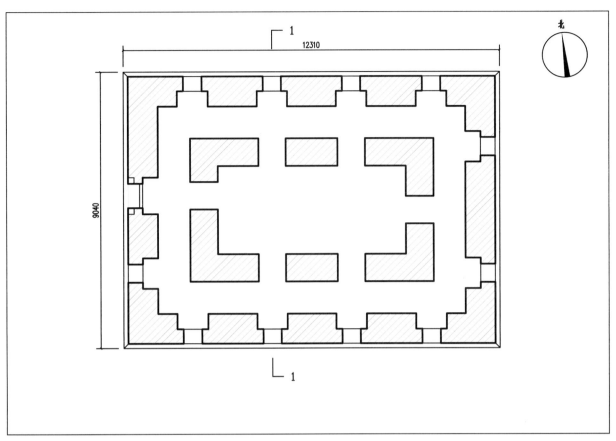

铜绿崖 02 号敌台平面图

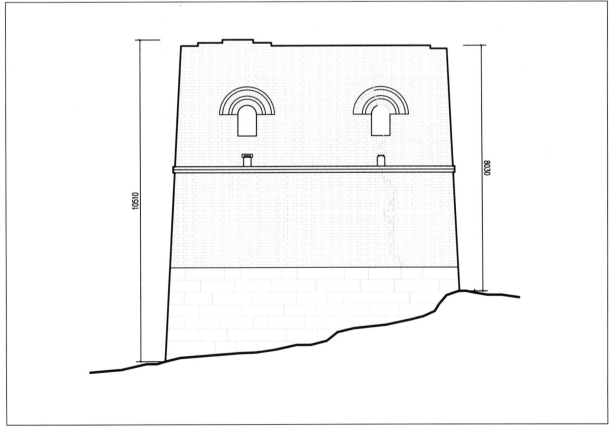

铜绿崖 02 号敌台东立面图

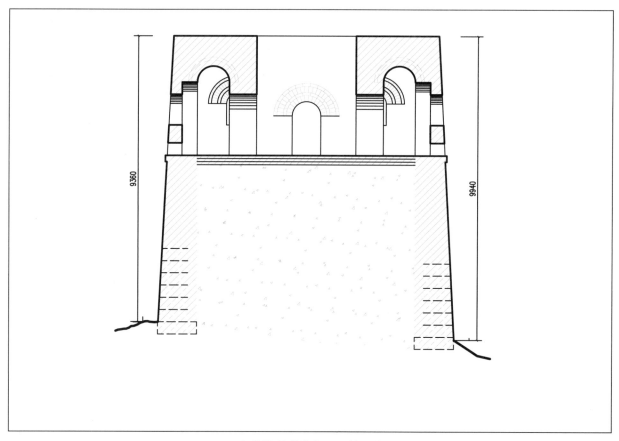

铜绿崖 02 号敌台 1-1 剖面图

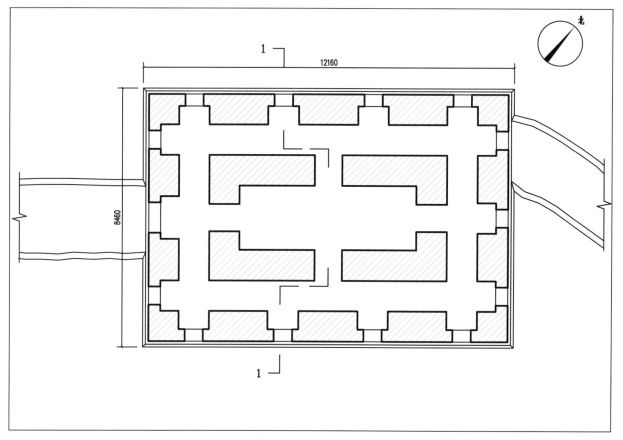

七里沟敌台一层平面图

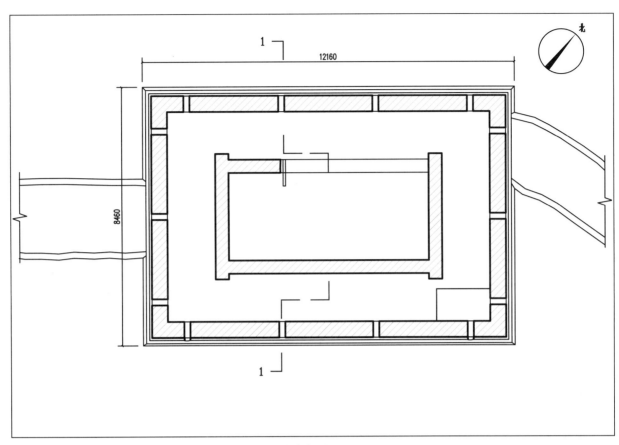

七里沟敌台二层平面图

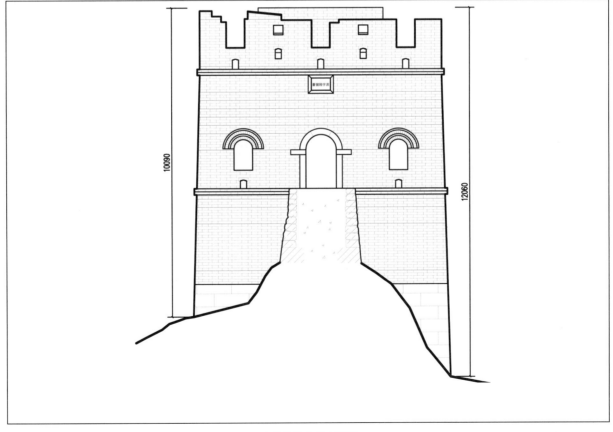

七里沟敌台西立面图

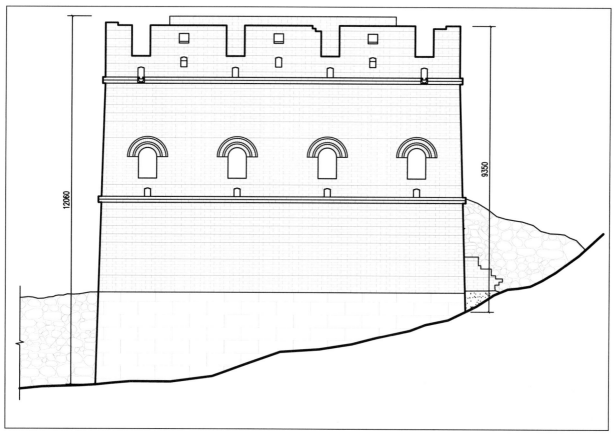

七里沟敌台北立面图

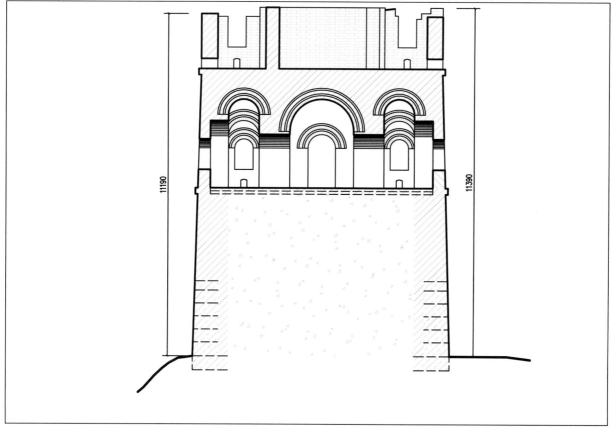

七里沟敌台 1-1 剖面图

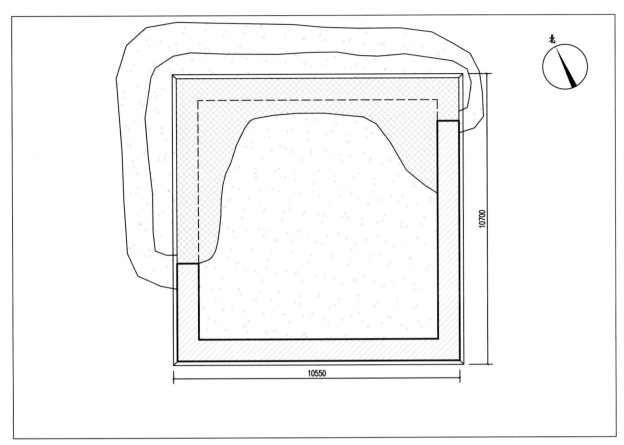

黑崖沟村 3 号烽火台平面图

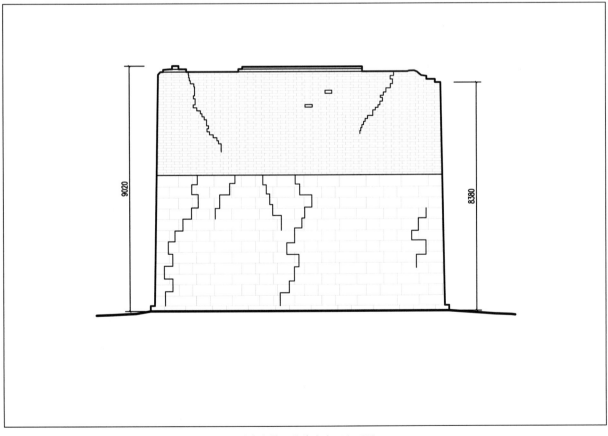

黑崖沟村 3 号烽火台西立面图

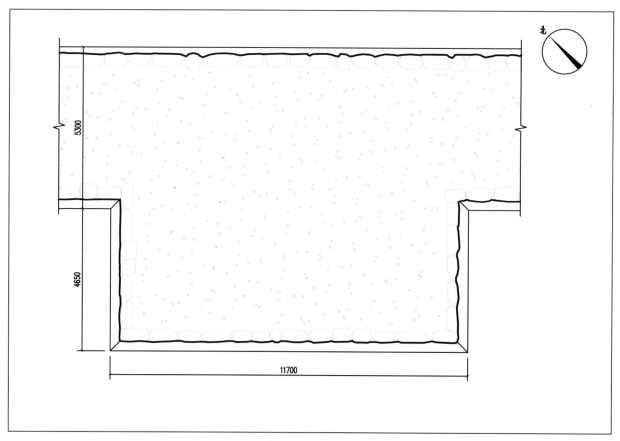

长城岭 2 号马面平面图

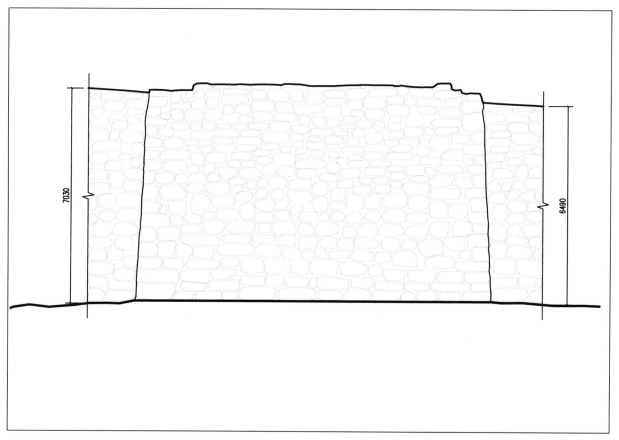

长城岭 2 号马面西立面图

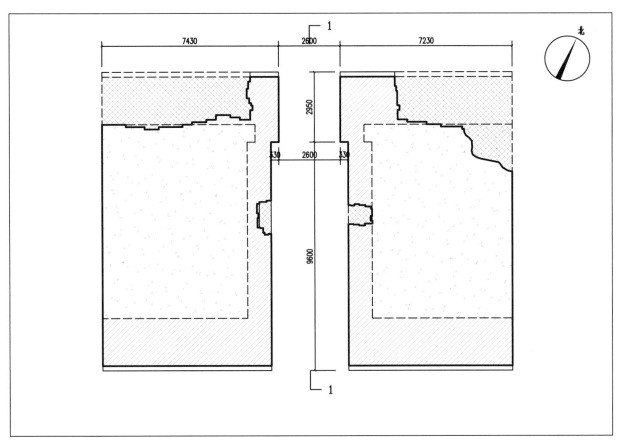

龙泉关北城门平面图

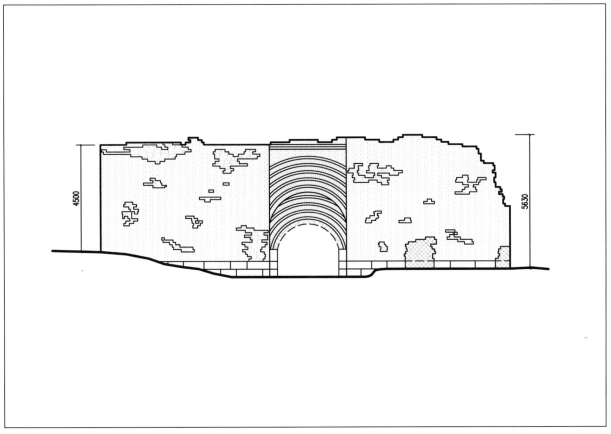

龙泉关北城门南立面图

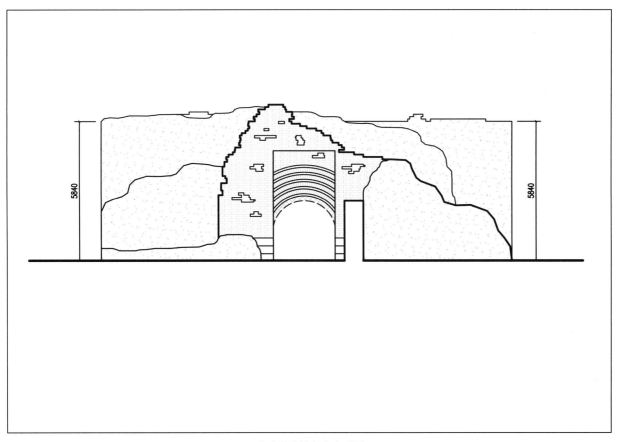

龙泉关北城门北立面图

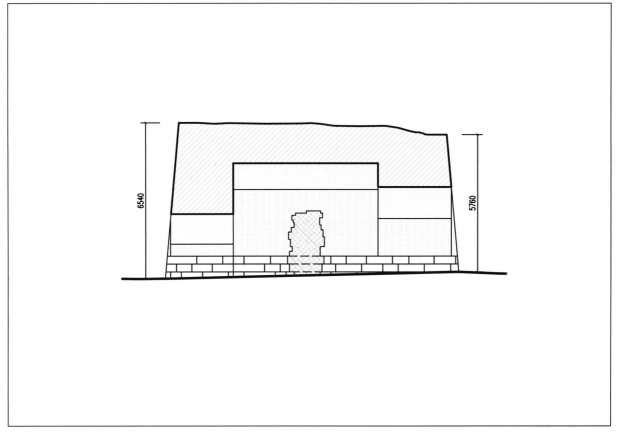

龙泉关北城门 1-1 剖面图

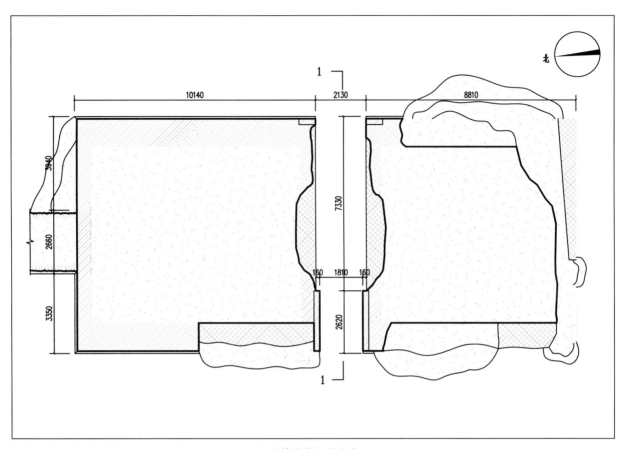

长城岭关门平面图

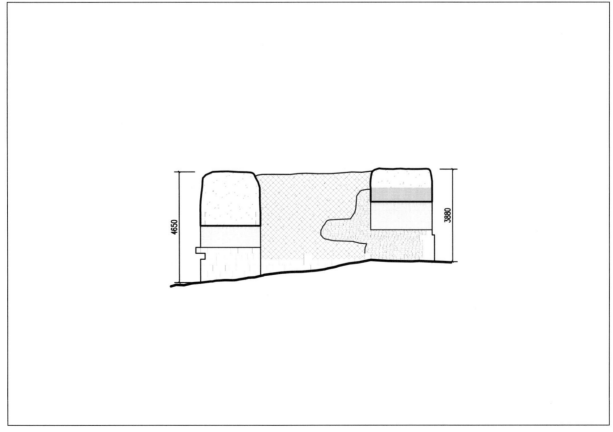

长城岭关门 1-1 剖面图

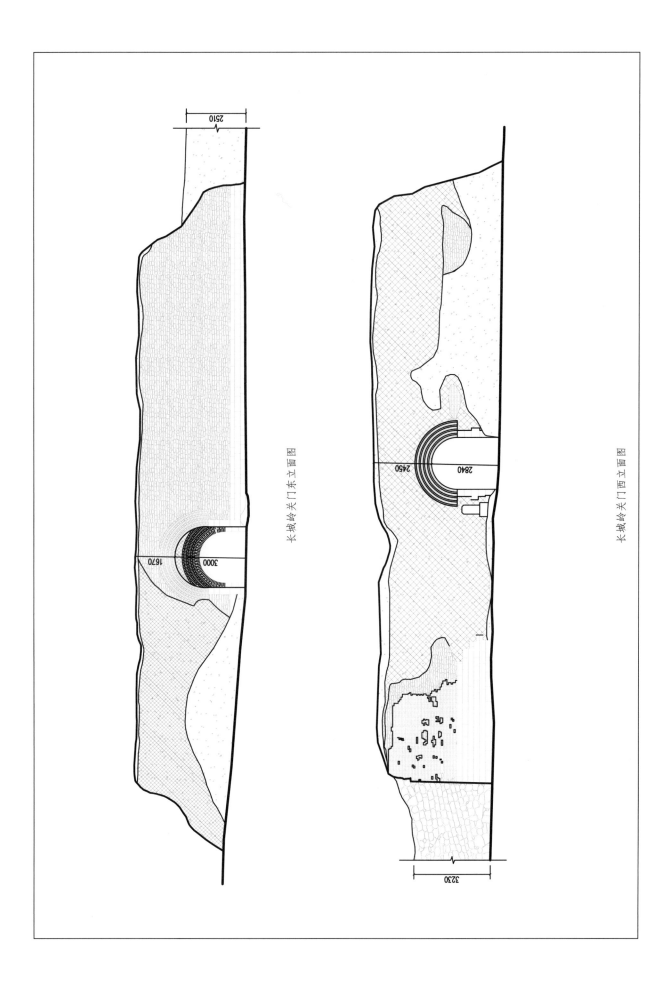

长城岭关门东立面图

长城岭关门西立面图

倒马关长城

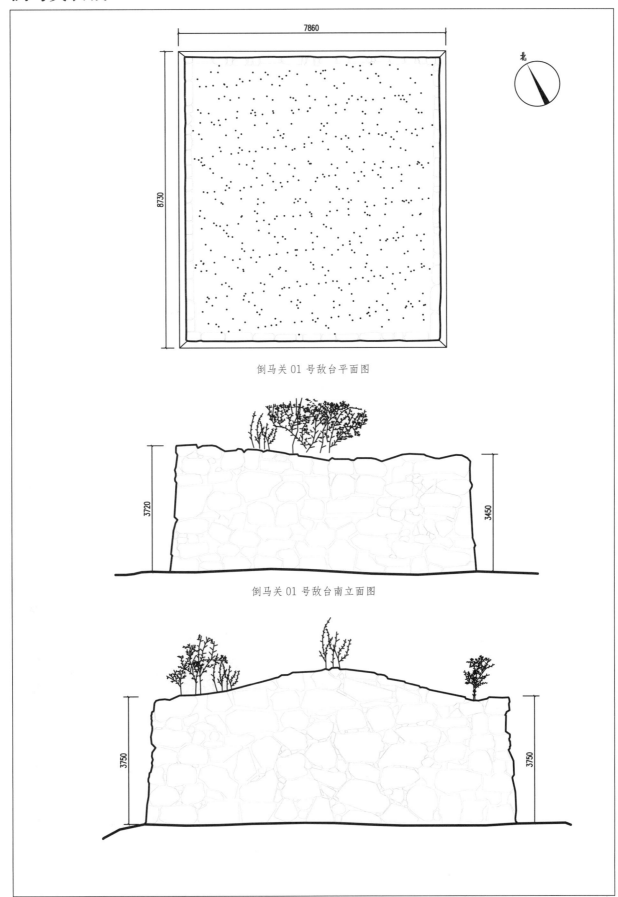

倒马关 01 号敌台平面图

倒马关 01 号敌台南立面图

北

倒马关关城总平面图

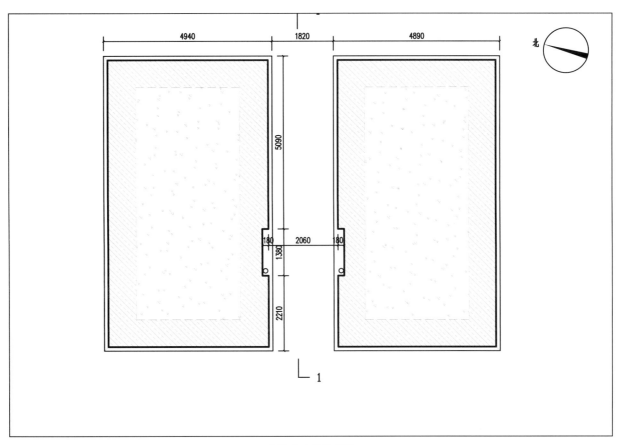

倒马关水门平面图

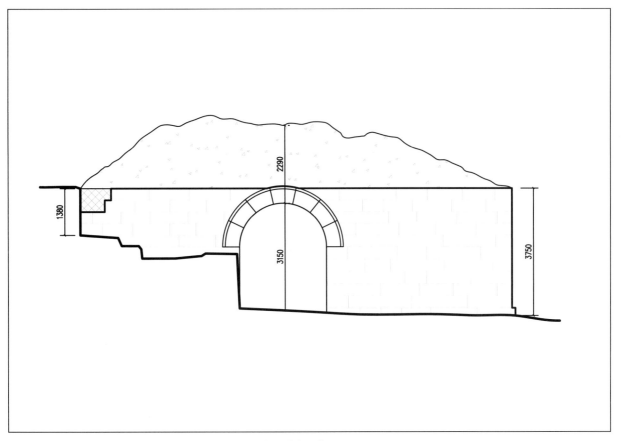

倒马关水门东立面图

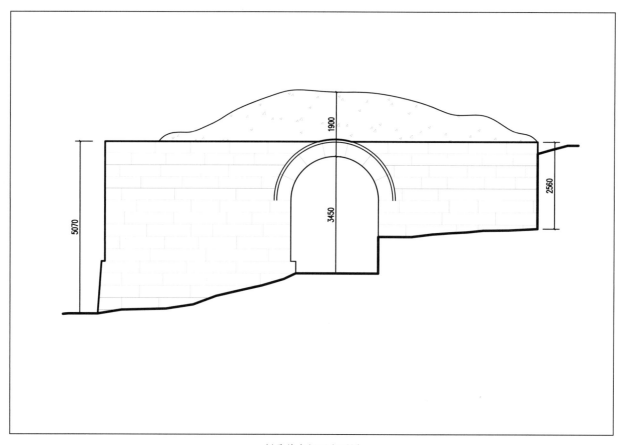

倒马关水门西立面图

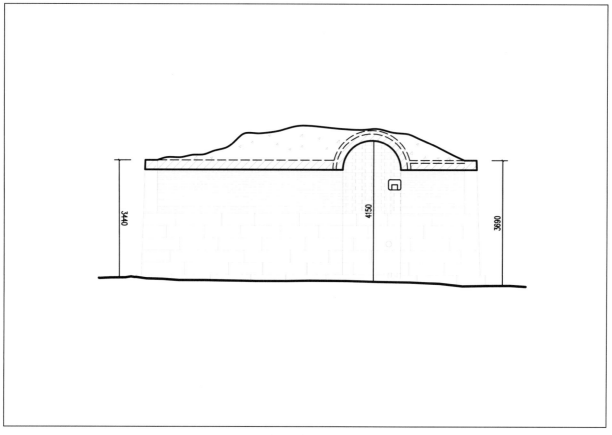

倒马关水门东 1-1 剖面图

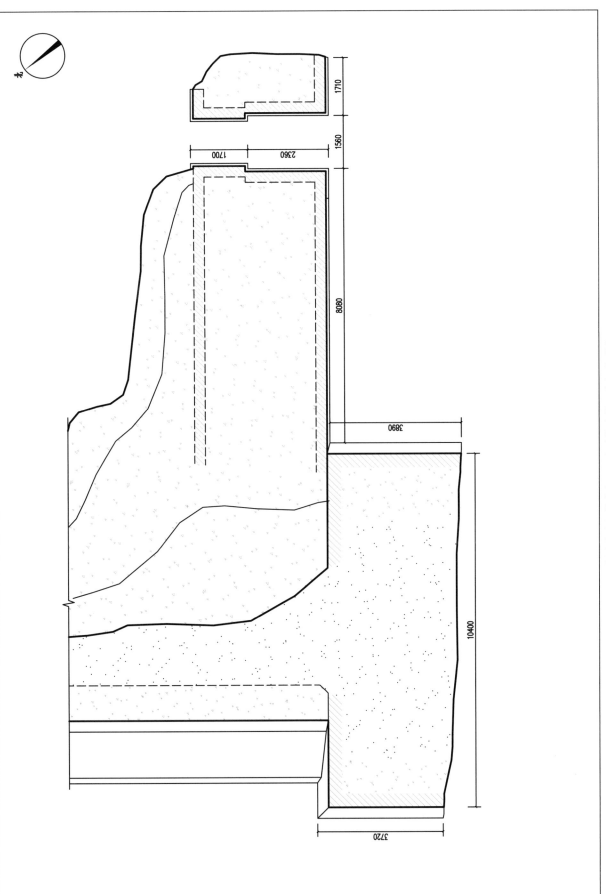

北

倒马关朱门城台断面、东瓮城北墙、北门平面图

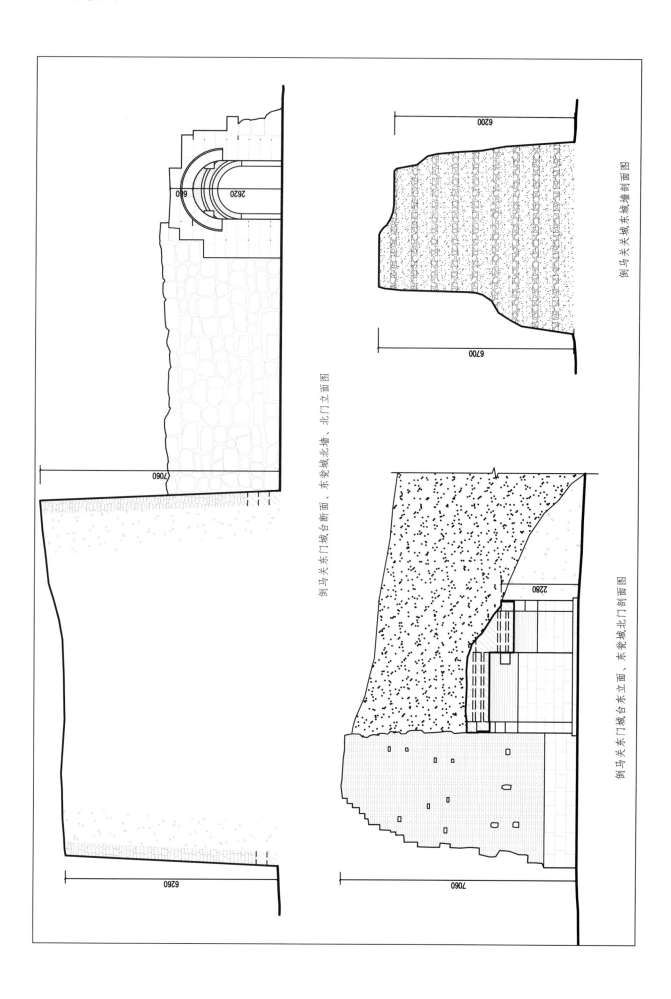

倒马关东门坡台断面、东瓮城北墙、北门立面图

倒马关关城东城墙剖面图

倒马关东门坡台东立面、东瓮城北门剖面图

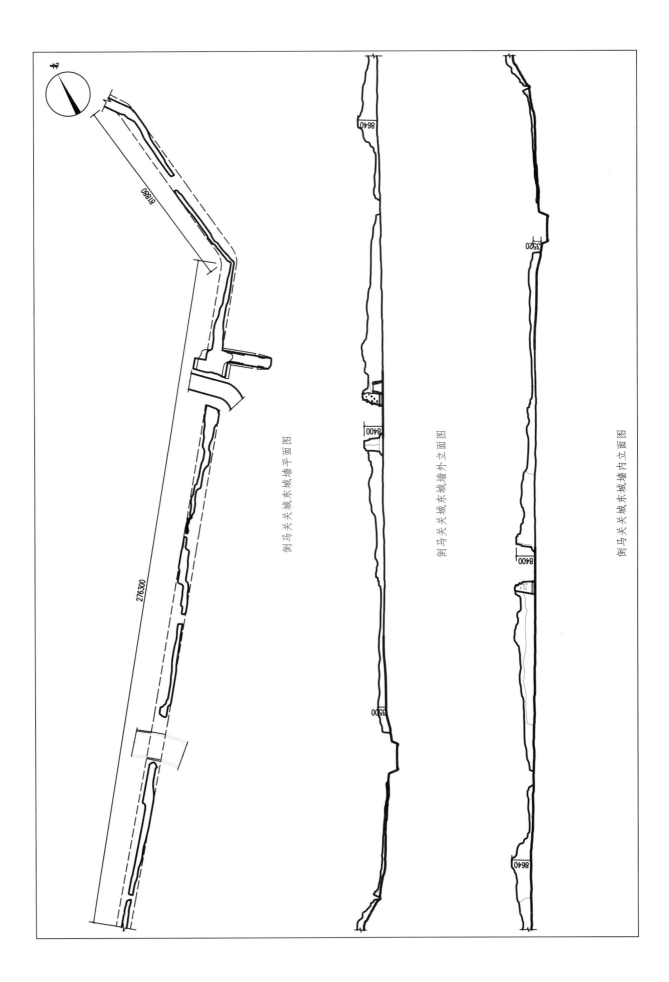

北

81800

276300

倒马关关城东城墙平面图

8640

8400

8500

倒马关关城东城墙外立面图

3520

8400

8640

倒马关关城东城墙内立面图

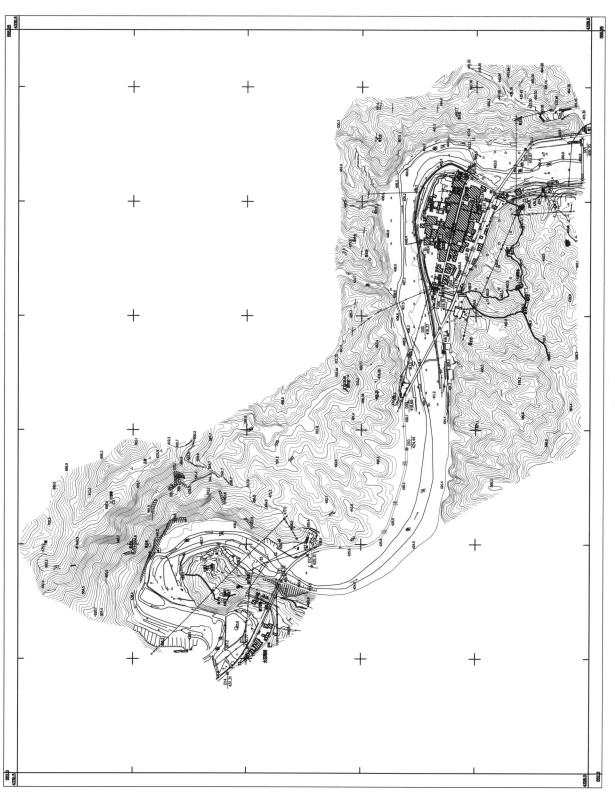

倒马关地形图

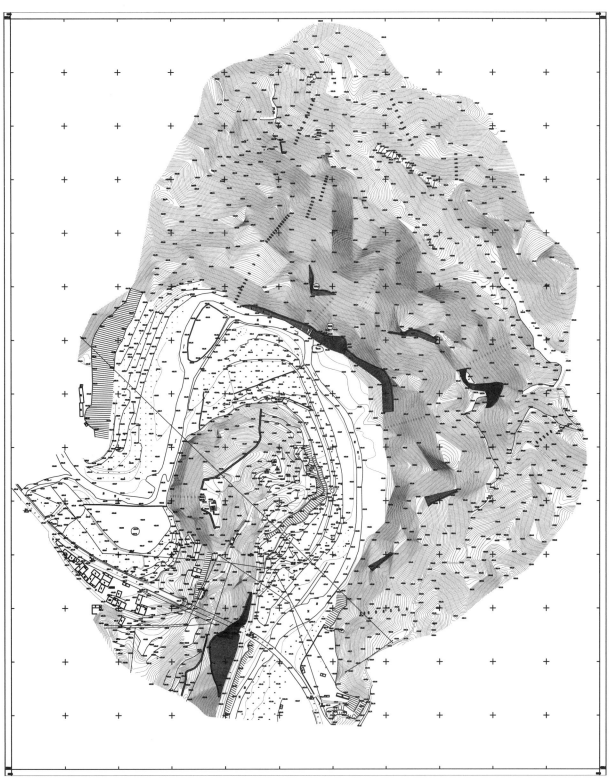

倒马关上关地形图

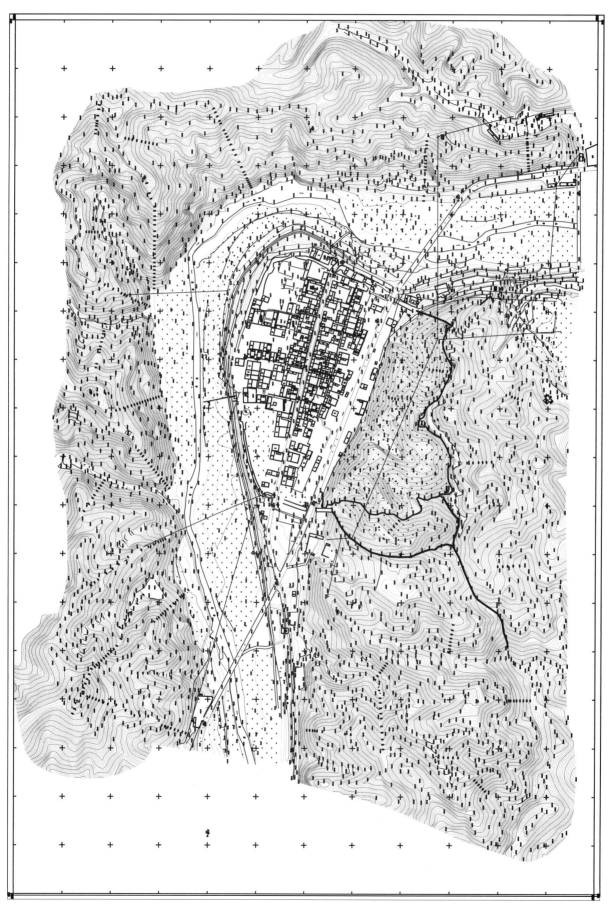

倒马关下关地形图

石家庄市

石家庄市位于河北省中南部，地理坐标北纬 37° 27′～ 38° 47′、东经 113° 30′～ 115° 20′，市域南北长 148.02 千米，东西宽 175.38 千米，总面积 14530 平方千米。东与衡水市接壤，南与邢台市毗连，西与山西省晋中市、阳泉市、忻州市为邻，北与保定市交界，距北京市 283 千米，距天津市 262 千米。

一、地形地貌

石家庄市域跨太行山地和华北平原两大地貌单元。西部地处太行山中段，面积约占石家庄市总面积的 50%。东部为滹沱河冲积平原，辖区内大地构造，属山西地台和渤海凹陷之间的接壤地带，地势东南低西北高，差距大，地貌复杂。西部太行山地，海拔在 1000 米左右，地势高耸，京广铁路以东为华北平原的一部分。东部平原，按其成因属太行山山前冲洪积平原，海拔一般在 30～ 100 米，其中辛集市北庞村海拔 28 米，是辖区内的最低点。

二、气候

石家庄市地处中低纬度亚欧大陆东缘，临近太平洋所属渤海海域，属于温带季风气候。太阳辐射的季节性变化显著，地面的高低气压活动频繁，四季分明，寒暑分明，雨量集中于夏秋季节。干湿期明显，夏冬季长，春秋季短。石家庄年总降水量为 401.1～ 752.0 毫米。其中西部山区雨量为 628.4～ 752.0 毫米；其他地区为 401.1～ 595.9 毫米。冬季常降鹅毛大雪，总雪量为 19.2～ 26.8 毫米。春季降水偏少，总雨量为 11～ 41.7 毫米。夏季雨量大，十分集中，降雨量为 500 多毫米以上。年总日照时数为 1916.4～ 2571.2 小时，其中春夏日照充足，秋冬日照偏少。

三、水文

石家庄市辖区内河流分属海河流域大清河水系和子牙河水系。主要行洪河道6条，其中北部的沙河、磁河木刀沟属大清河系，中南部的滹沱河、洨河、金河、槐河、泜河属子牙河系。总流域面积3.35万平方千米。

四、自然资源

（一）水资源

石家庄市地表水资源量为7.81亿立方米，地下水资源量为17.18亿立方米，扣除地表水和地下水资源的重复计算量，全市水资源总量为21.51亿立方米，比2011年增加1.91亿立方米，比多年均值21.16亿立方米增加0.35亿立方米。供水量全市供水量31.89亿立方米，其中地表水供水量5.95亿立方米，占18.7%；地下水供水量25.94亿立方米，占81.3%。

（二）矿产资源

石家庄市的矿产资源发现矿种有59种（包含亚种为61种），矿产地423处，其中大型矿产地28处，中型矿产地62处，小型189处。已经开发利用矿产资源28种，主要有煤、铁、金、云母、建筑石料用灰岩、建筑用砂等。金属矿产可分为黑色金属、有色金属、贵金属、放射性、稀有稀土金属等几大类。煤炭资源主要集中在井陉县，其次是赞皇、元氏两县。煤种有肥煤、焦煤、无烟煤、气煤等。石油、天然气资源主要分布在辛集市、晋州市凹陷中。已探明油田或构造有：河庄油田、河庄西油田、台家庄油气田、南小陈油田、晋40断块、赵兰庄构造。煤炭保有储量为9107.8万吨，主要分布在元氏县和井陉矿区。石油和天然气资源主要分布在辛集市、晋州市，油气田地质储量5.1亿吨，含油面积3.04万平方米，天然气储量19.2亿立方米。

（三）生物资源

石家庄市的植物资源2500余种，其中药用植物资源230余种。拥有耕地59万公顷，林地面积506万亩，其中生态防护林237万亩，果品经济林249万亩，速生丰产用材林20万亩，森林覆盖率达到21.8%。

五、明长城资源

此次调查明长城资源涉及灵寿县、平山县、鹿泉市、井陉县、赞皇县共5个县。南邻邢台市内丘县鹤度岭关，西邻山西省晋中市昔阳县黄安南侧长城、阳泉市平定县娘子关堡、阳泉市盂县教场南侧烽火台、孤山西侧长城、忻州市五台县陡咀西北侧烽火台，北邻保定市阜平县三官02号烽火台。

长城起点：灵寿县南营乡抓麻村，东经114° 54′ 26.30″，北纬38° 40′ 34.50″，高程674米。

长城止点：赞皇县石咀乡上段村西南1.6千米，坐标：东经114° 06′ 38.70″，北纬37° 37′ 12.70″，高程889米。

石家庄市明长城资源调查墙体 41 段，总长 10150 米；单体建筑 49 座，其中：敌台 12 座、马面 10 座、烽火台 27 座；关堡 4 座。

石家庄市明长城资源调查统计表

地域	墙体		单体建筑			关堡
	段数	长度	敌台	马面	烽火台	
灵寿县	2	552	1		3	
平山县	25	4029	6	2	14	2
鹿泉市						1
井陉县	14	5569	5	8	9	
赞皇县					1	1
总计	41	10150	12	10	27	4
			49			

灵寿县

灵寿县位于石家庄市西北部，地理坐标：东经 114° 28′～113° 45′，北纬 38° 16′～38° 48′，县域长 100 千米，宽 20 千米，总面积 1069 平方千米。东与行唐县、正定县毗连，南与鹿泉市相望，西邻平山县，北与保定市阜平县交界。距北京市 269 千米，距石家庄市 32 千米，距天津市 289 千米。

灵寿县明长城分布在南营乡，南邻鹿泉市土门关，西邻平山县寺坪堡，北邻保定市阜平县三官 02 号烽火台。

长城起点：抓麻村东南 321 米，坐标：东经 114° 54′ 26.30″，北纬 38° 40′ 34.50″，高程 674 米。

长城止点：城墙村烽西 1.2 千米，坐标：东经 113° 53′ 25.70″，北纬 38° 36′ 45.40″，高程 1282 米。

灵寿县调查长城墙体 2 段，长 552 米；单体建筑 4 座，其中：敌台 1 座、烽火台 3 座。

（一）长城墙体

灵寿县明长城墙体一览表（单位：米）

编号	认定名称	认定编码	类型	长度	保存程度				
					较好	一般	较差	差	消失
	抓麻长城	1301263821 02170001	石墙	428				318	110
	城墙庄长城	1301263821 02170002	石墙	124				124	
合计		共2段：石墙2段		552				442	110
百分比（%）		100						80	20

类型：砖墙、石墙、土墙、山险墙、山险
保存程度：较好、一般、较差、差、消失

1. 抓麻长城 130126382102170001

位于南营乡抓麻村东南 322 米，起点坐标：东经 114° 54′ 26.30″，北纬 38° 40′ 34.50″，高程 674 米，止点坐标：东经 113° 54′ 15.90″，北纬 38° 40′ 32.20″，高程 661 米。

墙体长 428 米，毛石垒砌，大部分坍塌严重，存豁口 1 处，长 110 米，河流、道路穿段，墙体两侧植被覆盖较好，多为低矮灌木和杂草。

2. 城墙庄长城 130126382102170002

位于南营乡车谷陀行政村城墙庄自然村西北 862 米，起点坐标：东经 113° 53′ 27.80″，北纬 38° 36′ 48.80″，高程 1354 米，止点坐标：东经 113° 53′ 25.70″，北纬 38° 36′ 45.40″，高程 1282 米。

墙体长 124 米，毛石垒砌，2003 年金芙蓉景区管理处斥资对此段长城墙体进行了部分修缮，现重新修砌墙体为毛石干垒，墙体两侧植被覆盖较好，多为低矮灌木和杂草。

（二）单体建筑

灵寿县明长城单体建筑一览表（单位：座）

编号	认定名称	认定编码	材质	保存程度				
				较好	一般	较差	差	消失
1	城墙庄烽火台	130126353201170001	石				√	
2	抓麻烽火台	130126353201170002	石				√	
3	庙台烽火台	130126353201170003	石				√	
4	城墙村敌台	130126352101190004	石				√	
合计		共 4 座：石 4 座					4	
百分比（%）		100					100	

类型：单体建筑包括敌台、烽火台、马面等
保存程度：较好、一般、较差、差、消失

1. 城墙庄烽火台 130126353201170001

位于南营乡车谷陀行政村城墙庄自然村东 322 米山体凸出的山顶上，坐标：东经 113° 54′ 14.00″，北纬 38° 36′ 37.60″，高程 1029 米。

现被灵寿县金芙蓉景区用毛石垒砌成现代建筑。

2. 抓麻烽火台 130126353201170002

位于南营乡抓麻村东南 253 米山顶处，坐标：东经 113° 54′ 25.60″，北纬 38° 40′ 38.40″，高程 723 米。

台体平面呈矩形，立面及剖面呈梯形，毛石垒砌，东西宽 4.5 米，南北长 5.6 米，高 2.2 米，东、北侧残存垒砌痕迹，西、南侧坍塌严重，成堆状。

3. 庙台烽火台 130126353201170003

位于南营乡庙台村西南 432 米山顶处，坐标：东经 113° 55′ 21.60″，北纬 38° 40′ 58.70″，高程 797 米。

台体南面残存垒砌痕迹，坍塌严重，成堆状。

4. 城墙村敌台 130126352101190004

位于南营乡车谷陀行政村城墙庄自然村西北 885 米，坐标：东经 113° 53′ 27.80″，北纬 38° 36′ 48.00″，高程 1341 米。

台体南北接墙，平面呈矩形，立面及剖面呈梯形，毛石垒砌，2005 年，灵寿县金芙蓉景区管理处斥资加固修缮，并辟为旅游景点，台体西侧后期垒砌磴道），边长 5 米。

平山县

平山县位于石家庄市西北部，太行山东麓、滹沱河上游，地理坐标：东经 113° 31′ ～ 114° 15′，北纬 38° 09′ ～ 38° 45′，县域南北长 43 千米，东西宽 62 千米，边界周长 194 千米，总面积 2684 平方千米。东南接鹿泉市，南邻井陉县，北邻灵寿县、保定市阜平县，西与山西省阳泉市盂县、忻州市五台县接壤。距北京市 300 千米，距石家庄市 54 千米，距天津市 295 千米。

平山县明长城分布在下口镇、孟家庄镇、娇潭庄镇、下口镇、秋卜洞乡、上观音堂乡、合河口乡、营里乡、杨家桥乡、北冶乡共 10 个乡镇。东南邻鹿泉市土门关，南邻井陉县白土岭长城，西邻山西省阳泉市盂县孤山西侧长城、忻州市五台县陡咀西北侧烽火台，北邻保定市阜平县三官 02 号烽火台。

长城起点：北冶乡清风口村东南 1.8 千米，坐标：东经 113° 46′ 31.30″，北纬 38° 09′ 43.10″，高程 650 米。

长城止点：上观音堂乡秋卜洞村西南 2.9 千米，坐标：东经 113° 48′ 47.20″，北纬 38° 36′ 12.30″，高程 1150 米。

平山县调查长城墙体 25 段，长 4029 米；单体建筑 22 座，其中：敌台 6 座、马面 2 座、烽火台 14 座；关堡 2 座。

（一）长城墙体

平山县明长城墙体一览表（单位：米）

编号	认定名称	认定编码	类型	长度	保存程度				
					较好	一般	较差	差	消失
1	清风口长城	1301313821102170001	石墙	105				105	
2	恶石长城	1301313821102170002	石墙	22				22	
3	黄安长城	1301313821102170003	石墙	26				26	
4	井子峪长城	1301313821102170004	石墙	10				10	
5	六岭关长城1段	1301313821102170005	石墙	183				183	
6	六岭关长城2段	1301313821102170006	石墙	695				644	51
7	蹅马长城1段	1301313821102170007	石墙	20				20	

（续）

编号	认定名称	认定编码	类型	长度	保存程度				
					较好	一般	较差	差	消失
8	踏马长城2段	1301313382102170008	石墙	73				73	
9	王家峪长城	1301313382102170009	石墙	44				26	18
10	水关长城1段	1301313382102170010	石墙	206				206	
11	水关长城2段	1301313382102170011	山险	85	85				
12	水关长城3段	1301313382102170012	石墙	68				68	
13	杨家桥长城	1301313382102170013	石墙	167			167		
14	南关长城	1301313382102170014	石墙	2				2	
15	白羊关长城	1301313382102170015	石墙	19				19	
16	神堂关长城	1301313382102170016	石墙	63				46	17
17	桑元口长城	1301313382102170017	石墙	150				146	4
18	合河口长城	1301313382102170018	石墙	64				64	
19	秋卜洞长城1段	1301313382102170019	石墙	103				103	
20	秋卜洞长城2段	1301313382102170020	石墙	77				77	
21	古榆树长城	1301313382102170021	石墙	111				111	
22	岳子崖长城	1301313382102170022	石墙	174				136	38
23	上瓦岔长城1段	1301313382102170023	石墙	573			562		11
24	上瓦岔长城2段	1301313382102170024	山险	48	48				
25	上瓦岔长城3段	1301313382102170025	石墙	941			867		74
	合计	共25段：石墙23段，山险2段		4029	133		1569	2087	213
	百分比（%）	100					3.3	39.6	51.9	5.2

类型：砖墙、石墙、土墙、山险墙、山险

保存程度：较好、一般、较差、差、消失

1. 清风口长城 1301313382102170001

位于北冶乡清风口村东南 1.8 千米，起点坐标：东经 113° 47′ 11.90″，北纬 38° 09′ 31.40″，高程 575 米，止点坐标：东经 113° 47′ 08.20″，北纬 38° 09′ 33.10″，高程 561 米。

墙体长 105 米，毛石垒砌，地处山西省与河北省交界处，山势陡峭，一路由东南向西北走向，西端为悬崖，崖底为通往山西的公路，东端为陡峭的山体，局部墙体建在山体的巨石上。墙体两侧植被覆盖较好，多为低矮灌木和杂草。

2. 恶石长城 1301313382102170002

位于北冶乡恶石村东南 936 米，起点坐标：东经 113° 46′ 31.80″，北纬 38° 09′ 42.50″，高程 645 米，止点坐标：东经 113° 46′ 31.30″，北纬 38° 09′ 43.10″，高程 650 米。

墙体长 22 米，毛石垒砌，地处山西省与河北省交界处，两山之间，坍塌严重，中部存豁口，现为宽 2 米通道，墙体两侧植被覆盖较好，多为荆棘灌木和杂草。

3. 黄安长城 1301313382102170003

位于北冶乡黄安村西 423 米，起点坐标：东经 113° 43′ 41.70″，北纬 38° 13′ 07.90″，高程 575 米，止

点坐标：东经 113° 43′ 41.30″，北纬 38° 13′ 08.70″，高程 574 米。

墙体长 26 米，地处两山之间，南端外包条石，条石长 0.8 米，北端为外包石块内填碎土石，垒砌较整齐，墙体南侧已被水冲垮，现为河道，墙体西侧突出部分，为一铺房，长 7.4 米，宽 4.46 米，高 1.1 米，墙体两侧植被覆盖较好，多为荆棘灌木和杂草，西侧为耕地，墙体中间底部立有一保护标志。

4. 井子峪长城 130131382102170004

位于北冶乡井子峪村西南 1.5 千米，起点坐标：东经 113° 40′ 14.00″，北纬 38° 13′ 06.70″，高程 566 米，止点坐标：东经 113° 40′ 13.60″，北纬 38° 13′ 06.50″，高程 597 米。

墙体长 10 米，毛石垒砌，地处两山之间的沟底，西侧山势陡峭，坍塌严重，碎石散落满地，存豁口一处，中间为马路，墙体旁立有一电线杆，南、北、西三侧种有少量的核桃树，墙体两侧植被覆盖较好，多为荆棘灌木和杂草。

5. 六岭关长城 1 段 130131382102170005

位于六岭关村西南 986 米，起点坐标：东经 113° 33′ 49.30″，北纬 38° 14′ 26.00″，高程 858 米，止点坐标：东经 113° 33′ 43.00″，北纬 38° 14′ 23.50″，高程 856 米。

墙体长 183 米，毛石垒砌，白灰勾缝，为双层墙，底层垒有宽墙，上宽 4 米，外高（东侧）2.82 米，可见 22 层毛石，上层垒有窄墙，上宽 1 米，内外已坍塌，东端墙体坍塌，碎石散落满地，地处两山之间的沟底，西侧与山体相接，山势陡峭，一路由东北向西南走向，墙体两侧植被覆盖较好，多为荆棘灌木和杂草，东端为河道，再往东为小路和山体。

6. 六岭关长城 2 段 130131382102170006

位于下口镇六岭关村西南 459 米，起点坐标：东经 113° 33′ 58.40″，北纬 38° 14′ 41.90″，高程 928 米，止点坐标：东经 113° 33′ 45.50″，北纬 38° 14′ 58.50″，高程 858 米。

墙体长 695 米，设敌台 2 座，为六岭关 1、2 号敌台，毛石垒砌，宽 0.56～0.89 米，高 0.1～0.35 米，坍塌严重，大部仅存痕迹，有一公路从豁口穿过，豁口宽 24 米，所处山势平缓，东西两侧为山沟，墙体两侧植被覆盖较好，多为荆棘灌木和杂草。

7. 蹋马长城 1 段 130131382102170007

位于杨家桥乡蹋马村东南 622 米，起点坐标：东经 113° 33′ 17.00″，北纬 38° 19′ 29.00″，高程 697 米，止点坐标：东经 113° 33′ 17.00″，北纬 38° 19′ 29.60″，高程 707 米。

墙体长 20 米，毛石垒砌，坍塌严重，仅存痕迹，墙体顺山势一路由南向北走向，山势较陡，西侧为沟，墙体南侧据当地人讲原有墙体通往山地，已被矿厂破坏，为单皮墙，墙体两侧植被覆盖较好，多为荆棘灌木和杂草。

8. 蹋马长城 2 段 130131382102170008

位于杨家桥乡蹋马村东北 997 米，起点坐标：东经 113° 33′ 26.50″，北纬 38° 19′ 49.50″，高程 685 米。止点杨家桥乡蹋马村东北 1.1 千米，止点坐标：东经 113° 33′ 26.20″，北纬 38° 19′ 51.80″，高程 683 米。

墙体长 73 米，毛石垒砌，坍塌严重，仅存痕迹，墙体中部设蹬道，位于墙体东侧，高 1～1.8 米，可见三级，宽 2.5～3 米，花岗岩料石干垒，附近发现一块建筑构件，墙体顺山势一路由南向北走向，山势较陡，东西侧为沟，东山坡下为村村通公路，有上山的小路，墙体两侧植被覆盖较好，多为荆棘灌木和杂草。

9. 王家峪长城 130131382102170009

位于杨家桥乡王家峪村西北 2.1 千米，起点坐标：东经 113° 35′ 35.00″，北纬 38° 22′ 27.50″，高程 719 米，止点坐标：东经 113° 35′ 33.80″，北纬 38° 22′ 28.30″，高程 735 米。

墙体长 44 米，毛石垒砌，宽 2.36 米，南侧高 2.1 米，北侧高 0.86 米，坍塌严重，碎石散落，内填碎土石墙芯裸露，南段存豁口宽 17 米，河道穿过，现仅存北段，墙体处于两山之间，南北两侧山势较陡，东西两侧为沟，墙体两侧植被覆盖较好，多为荆棘灌木和杂草。

10. 水关长城 1 段 130131382102170010

位于杨家桥乡水关村西南 1.3 千米，起点坐标：东经 113° 36′ 40.80″，北纬 38° 23′ 54.60″，高 610 米，止点坐标：东经 113° 36′ 41.80″，北纬 38° 24′ 01.00″，高程 587 米。

墙体长 204 米，设敌台 1 座，为水关敌台，毛石垒砌，坍塌严重，外包块石散落两侧，东西为山谷，墙体两侧植被覆盖较好，多为荆棘灌木和杂草。

11. 水关长城 2 段 130131382102170011

位于杨家桥乡水关村西南 1.1 千米，起点坐标：东经 113° 36′ 41.80″，北纬 38° 24′ 01.00″，高程 587 米，止点坐标：东经 113° 36′ 39.20″、北纬 38° 24′ 02.80″，高程 593 米。

墙体为自然山险，长 85 米，南侧及西北侧与墙体相连，顶部植被覆盖较好，多为荆棘灌木和杂草。

12. 水关长城 3 段 130131382102170012

位于杨家桥乡水关村西南 1.1 千米，起点坐标：东经 113° 36′ 39.20″，北纬 38° 24′ 02.80″，高程 593 米，止点坐标：东经 113° 36′ 36.90″，北纬 38° 24′ 04.10″，高程 587 米。

墙体长 68 米，毛石垒砌，坍塌严重，外包块石散落两侧，东西为山谷，墙体两侧植被覆盖较好，多为荆棘灌木和杂草。

13. 杨家桥长城 130131382102170013

位于杨家桥乡杨家桥村东北 481 米，起点坐标：东经 113° 37′ 06.40″，北纬 38° 24′ 44.30″，高程 414 米，止点坐标：东经 113° 37′ 04.10″，北纬 38° 24′ 48.80″，高程 452 米。

墙体长 167 米，花岗岩石块、片石垒砌，灰泥勾缝，残存大部分，坍塌严重，墙体外包块石散落两侧，墙体一路由南向北走向，墙体两侧植被覆盖较好，多为荆棘灌木和杂草。

14. 南关长城 130131382102170014

位于营里乡南关村西南 0.495 千米，起点坐标：东经 113° 34′ 48.40″，北纬 38° 28′ 39.00″，高程 672 米，止点坐标：东经 113° 34′ 48.40″，北纬 38° 28′ 39.00″，高程 672 米。

墙体长 2 米，毛石垒砌，坍塌严重，墙体外包块石散落，东西两面为高山，南面有针叶松、速生杨。

15. 白羊关长城 130131382102170015

位于营里乡白羊关西北 6.8 千米，起点坐标：东经 113° 34′ 03.50″，北纬 38° 30′ 16.60″，高程 900 米，止点坐标：东经 113° 34′ 04.00″，北纬 38° 30′ 17.10″，高程 897 米。

墙体长 19 米，毛石垒砌，白灰勾缝，北段现为公路、河道，坍塌严重，墙体外包块石散落两侧，四周长有山核桃、速生杨、酸枣、荆棘等。

16. 神堂关长城 130131382102170016

位于营里乡神堂关村东北 1 千米，起点坐标：东经 113° 39′ 10.90″，北纬 38° 35′ 28.80″，高程 838 米，止点坐标：东经 113° 39′ 08.80″，北纬 38° 35′ 30.10″，高程 848 米。

墙体长 64 米，毛石垒砌，北段垛口墙保存较好，长 8 米，宽 0.5 米，垛口宽 0.26 米 × 0.26 米，垛口间距 1.1 米，马道宽 0.9 米，墙上存建筑基址，东西长 6.4 米，墙基宽 1.2 米，高 0.2 ~ 0.4 米，北侧高 7 米，墙体豁口 1 处，宽 17 米，南端顶部，存一旗杆石，墙体两侧植被覆盖较好，多为荆棘灌木和杂草。

17. 桑元口长城 130131382102170017

位于蛟潭庄镇桑元口村西北 1.3 千米，起点坐标：东经 113° 43′ 54.40″，北纬 38° 35′ 30.30″，高程 749 米，止点坐标：东经 113° 43′ 48.90″，北纬 38° 35′ 31.70″，高程 792 米。

墙体长 150 米，设敌台 1 座，为桑元口敌台，毛石垒砌，墙体下宽 6.94 米，上宽 5 米，高 5.2 米，存豁口 1 处，宽 4 米，南端西侧为一小庙，墙体两侧植被覆盖较好，多为荆棘灌木和杂草。

18. 合河口长城 130131382102170018

位于合河口乡合河口村西北 393 米，起点坐标：东经 113° 47′ 02.80″，北纬 38° 37′ 07.30″，高程 790 米，止点坐标：东经 113° 47′ 03.90″，北纬 38° 37′ 09.00″，高程 787 米。

墙体长 64 米，毛石垒砌，坍塌严重，石块裸露，碎石散落满地，顶部有保护标志碑和柿子树 1 棵，底部被耕地破坏，南侧为羊圈，北侧为河道、道路、山体。

19. 秋卜洞长城 1 段 130131382102170019

位于上观音堂乡秋卜洞村西南 2.9 千米，起点坐标：东经 113° 48′ 47.20″，北纬 38° 36′ 12.30″，高程 1150 米，止点坐标：东经 113° 48′ 45.40″，北纬 38° 36′ 15.10″，高程 1161 米。

墙体长 103 米，设马面 2 座，为秋卜洞 1、2 号马面，毛石垒砌，北段墙体宽 2.8 米，东侧高 8.6 米，西侧高 1 米，南段墙体宽 0.1 米，东侧高 2 米，西侧高 0.3 ~ 0.4 米，周围长有机播马尾松、山杏树、山桃树，杂草丛生，多为低矮草种。

20. 秋卜洞长城 2 段 130131382102170020

位于上观音堂乡秋卜洞村西北 277 米，起点坐标：东经 113° 50′ 42.70″，北纬 38° 36′ 46.10″，高程 866 米，止点坐标：东经 113° 50′ 42.20″，北纬 38° 36′ 48.20″，高程 865 米。

墙体长 77 米，毛石垒砌，残存痕迹，地上散落少量毛石块，存一小段后期修砌痕迹，墙体附近植被为低矮灌木，西侧为沟，沟底为村村通公路。

21. 古榆树长城 130131382102170021

位于秋卜洞乡古榆树村东北 474 米，起点坐标：东经 113° 50′ 14.10″，北纬 38° 34′ 20.10″，高程 707 米，止点坐标：东经 113° 50′ 18.20″，北纬 38° 34′ 19.50″，高程 741 米。

墙体长 111 米，设敌台 1 座，为古榆树敌台，东西与墙体相连，墙体毛石垒砌，白灰勾缝，坍塌严重，墙体四周为低矮草种和灌木。

22. 岳子崖长城 130131382102170022

位于孟家庄镇岳子崖村西 494 米，起点坐标：东经 113° 53′ 17.00″，北纬 38° 33′ 33.80″，高程 1037 米，止点坐标：东经 113° 53′ 18.60″，北纬 38° 33′ 38.90″，高程 1038 米。

墙体长 174 米，设敌台 1 座，为鹞子崖敌台，墙体毛石垒砌，坍塌严重，散落少量块石，存豁口 1 处，宽 38 米，为道路穿段，墙体四周为低矮草种和灌木。

23. 上瓦岔长城 1 段 130131382102170023

位于下口镇上瓦岔村西南 1.5 千米，起点坐标：经 113° 32′ 17.20″，北纬 38° 15′ 38.30″，高程 1438 米，止点坐标：东经 113° 32′ 05.20″，北纬 38° 15′ 53.00″，高程 1502 米。

墙体长 574 米，毛石垒砌，存豁口 1 处，宽 11 米，为道路穿段，四周植被茂盛。

24. 上瓦岔长城 2 段 130131382102170024

位于下口镇上瓦岔村西 1.7 千米，起点坐标：东经 113° 32′ 05.20″，北纬 38° 15′ 53.30″，高程 1502 米，止点坐标：东经 113° 32′ 05.90″，北纬 38° 15′ 54.80″，高程 1499 米。

墙体为自然山险，长 48 米，东侧及北侧与墙体相连，顶部植被覆盖较好，多为荆棘灌木和杂草。

25. 上瓦岔长城 3 段 130131382102170025

位于下口镇上瓦岔村西 1.6 千米，起点坐标：东经 113° 32′ 05.90″，北纬 38° 15′ 54.80″，高程 1499 米，止点坐标：东经 113° 32′ 12.80″，北纬 38° 16′ 21.30″，高程 1545 米。

墙体长 941 米，毛石垒砌，坍塌严重，四周植被茂盛，多为松树、荆棘等沙柳。

（二）单体建筑

平山县明长城单体建筑一览表（单位：座）

编号	认定名称	认定编码	材质	保存程度				
				较好	一般	较差	差	消失
1	六岭关 1 号敌台	130131352101170001	石				√	
2	六岭关 2 号敌台	130131352101170002	石				√	
3	水关敌台	130131352101170003	石				√	
4	桑元口敌台	130131352101170004	石				√	
5	古榆树敌台	130131352101170005	石		√			
6	岳子崖敌台	130131352101170006	石				√	
7	秋卜洞 1 号马面	130131352102170007	石				√	
8	秋卜洞 2 号马面	130131352102170008	石				√	
9	黄安烽火台	130131353201170009	石				√	
10	六岭关 1 号烽火台	130131353201170010	石				√	
11	六岭关 2 号烽火台	130131353201170011	石				√	
12	蹚马 1 号烽火台	130131353201170012	石				√	
13	蹚马 2 号烽火台	130131353201170013	石				√	

（续）

编号	认定名称	认定编码	材质	保存程度				
				较好	一般	较差	差	消失
14	水关1号烽火台	130131353201170014	石				√	
15	水关2号烽火台	130131353201170015	石				√	
16	杨家桥烽火台	130131353201170016	石				√	
17	黑山关1号烽火台	130131353201170017	石				√	
18	黑山关2号烽火台	130131353201170018	石				√	
19	黑山关3号烽火台	130131353201170019	石				√	
20	桑元口烽火台	130131353201170020	石				√	
21	合河口烽火台	130131353201170021	石				√	
22	古榆树烽火台	130131353201170022	石				√	
合计		共22座：石22座		1			21	
百分比（%）		100		4.5			95.5	0

备注：类型：单体建筑包括敌台、烽火台、马面等

保存程度：较好、一般、较差、差、消失

1. 六岭关1号敌台 130131352101170001

位于下口镇六岭关村西南416米，坐标：东经113°33′58.90″，北纬38°14′48.30″，高程920米。

台体南北接墙，毛石垒砌，平面呈矩形，剖面及立面呈梯形，东西宽3.5米，残高1.6米，坍塌严重，成堆状，杂草覆盖。

2. 六岭关2号敌台 130131352101170002

位于下口镇六岭关村西南429米的山脊上，西侧为山西省盂县，坐标：东经113°33′55.40″，北纬38°14′47.20″，高程912米。

台体南北接墙，毛石垒砌，平面呈矩形，剖面及立面呈梯形，东西长4.5米 南北长4米，北高2.66米，南高2.19米，西高3.09米，东高3.5米，坍塌严重，成堆状，仅存土石台芯，东、西侧为沟，西侧坡度较陡，东侧坡度平缓，植被覆盖多为低矮灌木和杂草。

3. 水关敌台 130131352101170003

位于杨家桥乡水关村西南1.3千米山坳处，坐标：东经113°36′41.60″，北纬38°23′56.50″，高程590米。

台体南北接墙，毛石垒砌，平面呈矩形，剖面及立面呈梯形，东西宽3.93米，南北长6.1米，东南高0.7米，东北高1.1米，西南高1.2米，西北高1.6米，台体较小，坍塌严重，成堆状，植被覆盖多为低矮灌木和杂草。

4. 桑元口敌台 130131352101170004

位于姣潭庄镇桑元口村东南2.3千米，坐标：东经113°43′53.40″，北纬38°35′30.90″，高程754米。

台体南北接墙，毛石垒砌，平面呈矩形，剖面及立面呈梯形，台体较小，坍塌严重，成堆状，四周散落碎石块，北侧借助巨石为基，西侧为一小庙。

5. 古榆树敌台 130131352101170005

位于上观音堂乡古榆树村东北 1 千米，坐标：东经 113° 50′ 15.40″，北纬 38° 34′ 20.50″，高程 722 米。

台体东西接墙，条石垒砌，平面呈矩形，剖面及立面呈梯形，空芯敌台，东西宽 3.93 米，南北长 4 米，高 5.12 米，南北侧辟贯穿通道，通道宽 0.87 米，高 1.85 米，通道中间门已缺失，左侧门框下部刻有 "乾隆叁年六月"，南侧通道口上有匾额写有 "大明嘉靖贰拾壹年岁次壬寅夏四月之吉重修古榆树隘口城垣" 字样，另有 14 行分别书刻姓名、官职，北侧通道口上匾额写有 "威远"，东侧辟门，设通道进入台顶，顶部设施缺失，设石拔檐 1 层，南北侧设出水孔，垛口墙残高 1.3 米，南北侧为沟，西侧为河道，坡度较陡，东南侧为山脊线，植被为低矮灌木和杂草，东北为松树林。

6. 岳子崖敌台 130131352101170006

位于孟家庄镇岳子崖村西 534 米，坐标：东经 113° 53′ 16.80″，北纬 38° 33′ 34.10″，高程 1042 米。

台体南北接墙，毛石垒砌，平面呈圆形，剖面及立面呈梯形，坍塌严重，成堆状，顶部仅存少量土石。

7. 秋卜洞 1 号马面 130131352102170007

位于上观音堂乡秋卜洞村西南 2.9 千米山坳处，坐标：东经 113° 48′ 46.50″，北纬 38° 36′ 12.60″，高程 1154 米。

台体南北接墙，毛石垒砌，平面呈矩形，剖面及立面呈梯形，东西长 1.5 米，南北长 2.3 ~ 2.8 米，高 0.7 ~ 1 米，向西凸出，台体较小，坍塌严重，四周散落碎石块。

8. 秋卜洞 2 号马面 130131352102170008

位于上观音堂乡秋卜洞村西南 2.9 千米山坳处，坐标：东经 113° 48′ 45.70″，北纬 38° 36′ 14.00″，高程 1145 米。

台体南北接墙，毛石垒砌，平面呈矩形，剖面及立面呈梯形，东西长 1.5 米，南北长 2.6 ~ 2.9 米，高 0.7 ~ 1.5 米，向西凸出，台体较小，坍塌严重，四周散落碎石块。

9. 黄安烽火台 130131353201170009

位于北冶乡黄安村西南 6170 米的山上，坐标：东经 113° 43′ 35.00″，北纬 38° 13′ 03.50″，高程 674 米。

台体毛石垒砌，平面呈矩形，剖面及立面呈梯形，东西长 6.86 米，南北宽 6.38 米，东南角高 3.8 米，西北角高 3.04 米，西南角高 2.7 米，东北角高 3.3 米，东立面坍塌严重，其他三面保存较好，北侧为山谷，地势陡峭，西、南侧与山体相接，坡度较缓，四周植被为低矮灌木和杂草、松树。

10. 六岭关 1 号烽火台 130131353201170010

位于下口镇六岭关村西南，坐标：东经 113° 33′ 57.30″，北纬 38° 14′ 44.70″，高程 913 米。

台体毛石垒砌，平面呈矩形，剖面及立面呈梯形，东西宽 3.5 米，东侧高 2.5 米，南、北侧高 4.9 米，西侧高 3 米，位于墙体东侧 1.5 米处，四周长满杂草。

11. 六岭关 2 号烽火台 130131353201170011

位于下口镇六岭关村西北 662 米的山脊上，西侧为山西省盂县，坐标：东经 113° 33′ 45.50″，北纬

38° 14′ 58.50″，高程 958 米。

台体毛石垒砌，平面呈矩形，剖面及立面呈梯形，东西宽 3.2 米，南北长 5.1 米，东侧高 1.5 米，南侧高 2.7 米，西高 2.8 米，北高 1.2 米，坍塌严重，成堆状，东侧为沟，坡度较缓，西侧为谷，坡度较陡，植被覆盖较差，多为低矮草种和灌木。

12. 蹿马 1 号烽火台 130131353201170012

位于杨家桥乡蹿马村村西北 629 米的山脊上，坐标：东经 113° 33′ 17.00″，北纬 38° 19′ 29.60″，高程 707 米。

台体毛石垒砌，平面呈矩形，剖面及立面呈梯形，东西宽 4.5 米，南北长 5 米，东侧高 4.1 米，南侧高 2.1 米，西侧高 5 米，北侧高 3.2 米，坍塌严重，成堆状，东、南、西侧为沟，南西侧坡度较陡，植被覆盖差，多为低矮灌木和杂草。

13. 蹿马 2 号烽火台 130131353201170013

位于杨家桥乡蹿马村东南 943 米山顶处，坐标：东经 113° 33′ 26.80″，北纬 38° 19′ 48.30″，高程 692 米。

台体毛石垒砌，平面呈矩形，剖面及立面呈梯形，东西长 2.3 米，南北宽 1.5 米，高 0.2 米，坍塌严重，东西两侧为陡峭的山谷，南北两侧呈 "人" 字形，较为平缓，北侧与城墙相距 41 米，四面植被覆盖较差，多为低矮草种，树木丛生有酸枣、荆条、松柏，山体东侧山脚下有通往蹿马村的乡间公路和一条小河。

14. 水关 1 号烽火台 130131353201170014

位于杨家桥乡水关村西南 1.4 千米山顶处，坐标：东经 113° 36′ 41.10″，北纬 38° 23′ 53.30″，高程 640 米。

台体毛石垒砌，平面呈矩形，剖面及立面呈梯形，东西长 7.8 米，南北宽 6.3 米，东南高 1.4 米，西南高 1.88 米，东北高 3.1 米，西北高 1.55 米，坍塌严重，成堆状，四周散落碎石块。

15. 水关 2 号烽火台 130131353201170015

位于杨家桥乡水关村西南 438 米，坐标：东经 113° 36′ 52.20″，北纬 38° 24′ 24.30″，高程 408 米。

台体毛石垒砌，平面呈圆形，剖面及立面呈梯形，东西长 6.4 米，南北宽 6.34 米，高 2.34 米，四周散落碎石和少量的城砖、瓦件，板瓦宽 0.17 米，方砖规格 0.4 米 × 0.4 米 × 0.08 米。

16. 杨家桥烽火台 130131353201170016

位于杨家桥乡杨家桥村东 589 米山顶处，坐标：东经 113° 37′ 12.00″，北纬 38° 24′ 39.10″，高程 383 米。

台体毛石垒砌，平面呈矩形，剖面及立面呈梯形，东西长 3.57 米，坍塌严重，成堆状，东、南、西三侧为陡峭的山谷，北侧与山脊线相交，向西平缓上升，有三条黑电线杆通讯线路，北侧与城墙相距 41 米，四面植被覆盖较差，多为低矮草种，树木丛生有酸枣、荆条、松柏、山槐，山体西、南两侧山脚下有过往杨家桥村的公路（通往山西）和滹沱河。

17. 黑山关 1 号烽火台 130131353201170017

位于营里乡黑山关村西北 987 米，坐标：东经 113° 36′ 25.70″，北纬 38° 32′ 58.10″，高程 854 米。

墙体无存，仅存城门3座，为东土门村西城门、西土门村西城门、西土门村东城门。

东土门村西城门：块石垒砌，东西宽6.39米，南北长9.04米，地面至拔檐高4.49米，券门高3.38米，宽3.12米，距地面1.7米处起券，西侧门深2米，东侧门深2.47米，中券长1.92米，宽3.66米，高4.04米。南北两侧为民居，水泥路东西贯通城门，内外券门上部设匾额，东立面匾额为双线阴刻"三省通衢"四字，西立面匾额双线阴刻"雍正八年五月立镇威述（？）阁"，设石头拔檐一层，顶部建有门楼，北侧置登台楼梯，为防止车辆撞击台体，近年在券门每个角部立水泥柱各一个。

西土门村东城门：块石垒砌，东西宽6.38米，南北长8.2米，地面至拔檐高4.61米，西立面券门高4.06米，宽2.88米，距地面3.26米处起券，东立面券门高3.26米，宽2.45米，距地面1.9米处起券，西侧门深3.61米，东侧门深3.22米。北侧紧临水泥路，东侧20米外为河道，西侧为空地，南侧紧贴台体建有一座砖券小屋，屋内北墙上嵌有两块石碑，东侧10米处建有一个小影壁，放脚石一层，宽0.2米，高0.35米，东立面券门上部设匾额，阳刻"山辉川媚"四字，石拔檐一层，顶部建有城门楼，门道地面为毛石铺砌，存车辙印两道，门洞墙面近年水泥抹缝。

西土门村西城门：块石垒砌，东西宽6.06米，南北长7.73米，地面至拔檐高4.43米，西立面券门高2.83米，宽2.2米，距地面1.63米处起券，东立面券门高3.21米，宽2.79米，距地面1.7米处起券，西侧门深2.9米，东侧门深3.16米。北侧为民居，南侧为土台，土路东西贯通通城门，西立面券门上部和两肩均置匾额，券门上部正中所嵌匾额阴刻"山陕通衢"四字，两肩所嵌匾额均为捐款人名，设石拔檐一层，顶部建有城门楼。

井陉县

井陉县位于石家庄西部，太行山东麓，地理坐标：东经113°48′17.70″～114°04′39.80″，北纬37°49′02.30″～38°09′23.60″，县域南北长25千米，东西宽10千米，总面积1381平方千米。北邻平山县，东、东南与鹿泉市、元氏县毗连，南与赞皇县交界，西、西南同山西省晋中市昔阳县、阳泉市平定县、阳泉市盂县接壤。距北京市306千米，距石家庄市33千米，距天津市290千米。

井陉县明长城分布在辛庄乡、苍岩山镇、南峪镇共3个乡镇。东邻鹿泉土门关、南邻赞皇县段岭关、山西省晋中市昔阳县黄安南侧长城、阳泉市平定县娘子关堡、阳泉市盂县教场南侧烽火台。

长城起点：辛庄乡白土岭村西北894米，坐标：东经113°49′21.90″，北纬38°09′23.60″，高程952米。

长城止点：苍岩山镇杨庄村东南1.3千米，坐标：东经114°04′16.10″，北纬37°49′00.10″，高程539米。

井陉县调查长城墙体14段，长5569米，单体建筑22座，其中：敌台5座、马面8座、烽火台9座。

（一）墙体

井陉县明长城墙体一览表（单位：米）

编号	认定名称	认定编码	类型	长度	保存程度				
					较好	一般	较差	差	消失
1	白土岭长城1段	130121382102170001	石墙	135	31	104			
2	白土岭长城2段	130121382102170002	山险	405	405				
3	白土岭长城3段	130121382102170003	石墙	254		203		51	
4	白土岭长城4段	130121382102170004	山险	108	108				
5	白土岭长城5段	130121382102170005	石墙	24		24			
6	寺掌峪长城1段	130121382102170006	石墙	1302	139		369	709	85
7	小寺长城1段	130121382102170007	石墙	106				106	
8	凉沟桥长城1段	130121382102170008	石墙	309	216		93		
9	松树岭长城1段	130121382102170009	石墙	1079			192	809	78
10	岸底长城1段	130121382102170010	石墙	18	18				
11	地都长城1段	130121382102170011	石墙	500				500	
12	杨庄长城1段	130121382102170012	石墙	806				776	12
13	杨庄长城2段	130121382102170013	山险	254	254				
14	杨庄长城3段	130121382102170014	石墙	269				269	
合计		共14段：石墙11段，山险3段		5569	1171	331	654	3220	175
百分比（%）		100			21.1	6	11.8	57.9	3.2

类型：砖墙、石墙、土墙、山险墙、山险

保存程度：较好、一般、较差、差、消失

1. 白土岭长城1段 130121382102170001

位于辛庄乡白土岭村西北894米，起点坐标：东经113°49′21.90″，北纬38°09′23.60″，高程952米，止点坐标：东经113°49′19.40″，北纬38°09′19.80″，高程966米。

墙体长135米，毛石垒砌，墙体宽1.27～2.86米，残高0.3～2.98米，建于两山间的低凹处，南北两端接山险，在接近山险时变窄，墙面用较大的块石垒砌，白灰勾缝，内部填碎石和土，顶部外侧有垛口墙痕迹，宽0.63米，在墙体变宽点与窄墙相交处设登城步道。

2. 白土岭长城2段 130121382102170002

位于辛庄乡白土岭村西948米，起点坐标：东经113°49′19.40″，北纬38°09′19.80″，高程966米，止点坐标：东经113°49′30.70″，北纬38°09′10.20″，高程934米。

利用山体的陡峭岩石做山险，长405米。

3. 白土岭村长城3段 130121382102170003

位于辛庄乡白土岭村西南742米，起点坐标：东经113°49′30.70″，北纬38°09′10.20″，高程934米，止点坐标：东经113°49′35.40″，北纬38°09′03.20″，高程937米。

墙体长254米，毛石垒砌，墙体底宽1.27～2.86米，残高0.3～2.98米，墙面用较大块石垒砌，白灰勾缝，内部填碎石和土，原关口建筑已拆毁，近年新修一拱形门，通往山西的简易公路穿越，墙体建于两山间的低凹处，南北两端接山险，在接近山险段墙体变窄，关门南侧为高压输电线路，东西向通过，墙体西侧 5 米处建有输电铁塔 1 座。

4. 白土岭村长城 4 段 130121382102170004

位于辛庄乡白土岭村西南 769 米，起点坐标：东经 113° 49′ 35.40″，北纬 38° 09′ 03.20″，高程 937 米，止点坐标：东经 113° 49′ 39.40″，北纬 38° 09′ 01.80″，高程 963 米。

利用山体的陡峭岩石做山险，长 108 米。

5. 白土岭村长城 5 段 130121382102170005

位于辛庄乡白土岭村西南 736 米，起点坐标：东经 113° 49′ 39.40″，北纬 38° 09′ 01.80″，高程 963 米，止点坐标：东经 113° 49′ 40.40″，北纬 38° 09′ 01.80″，高程 962 米。

墙体长 24 米，毛石垒砌，墙面用较大的块石垒砌，内部填碎石和土，损毁严重，坍塌成垄状，墙体建于两山间的低凹处，南北两端接山险。

6. 寺掌峪长城 1 段 130121382102170006

位于辛庄乡寺掌峪村东北 724 米，起点坐标：东经 113° 50′ 45.30″，北纬 38° 06′ 53.10″，高程 839 米，止点坐标：东经 113° 50′ 33.80″，北纬 38° 06′ 08.90″，高程 831 米。

墙体设战台 1 座，为寺掌峪 1 号战台，墙体长 1302 米，毛石垒砌，较窄段顶宽 0.95～1.05 米，残高 0.2～0.76 米，较宽段底部宽 1.77 米，东侧高 2.3 米，西侧高 2.2 米，墙面用较大的块石垒砌，白灰勾缝，内部填碎石和土，原"武功口"关口在修建公路时被拆毁。

7. 小寺长城 1 段 130121382102170007

位于辛庄乡小寺村西南 2.4 千米，起点坐标：东经 113° 48′ 17.70″，北纬 38° 06′ 33.90″，高程 1198 米，止点坐标：东经 113° 48′ 20.20″，北纬 38° 06′ 31.30″，高程 1187 米。

墙体长 106 米，毛石垒砌，残宽 0.6 米，残高 0.35 米，墙体损毁严重，坍塌成垄状，地表痕迹不明显。

8. 凉沟桥长城 1 段 130121382102170008

位于辛庄乡凉沟桥村南 497 米，起点坐标：东经 113° 51′ 03.30″，北纬 38° 04′ 25.80″，高程 743 米，止点坐标：东经 113° 51′ 07.90″，北纬 38° 04′ 17.50″，高程 796 米。

墙体设马面 1 座，战台 1 座，为凉沟桥 1 号马面、凉沟桥 1 号战台，墙体长 309 米，毛石垒砌，宽 1.82～1.96 米，东侧高 1.53～1.94 米，西侧高 1.62～2.3 米，内部填碎石，存多处人行小道豁口。

9. 松树岭长城 1 段 130121382102170009

位于辛庄乡松树岭村西北 400 米，起点坐标：东经 113° 52′ 26.50″，北纬 38° 03′ 21.70″，高程 1021 米，止点坐标：东经 113° 52′ 31.17″，北纬 38° 02′ 55.50″，高程 1007 米。

墙体长 1079 米，毛石垒砌，宽 1.32～1.64 米，高 0.45～1.57 米，内部填碎石，墙体损毁严重，存豁口 3 处，损毁严重，呈石垄状。

10. 岸底长城 1 段 130121382102170010

位于南峪镇岸底村东南 1.3 千米，起点坐标：东经 113° 53′ 27.00″，北纬 37° 59′ 43.80″，高程 432 米，止点坐标：东经 113° 53′ 27.80″，北纬 37° 59′ 43.80″，高程 431 米。

墙体长 18 米，条石垒砌，白灰勾缝，墙面平整光滑，墙体高 6.74 米，条石基础找平，靠近南侧山体处辟券门，宽 3.2 米，门洞深 5.91 米，外券高 3.56 米，直高 1.95 米，内券高 5.21 米，直高 3.6 米，门闩孔直径 0.17～0.19 米，西侧券门顶部置石匾额，无字迹，长 1.3 米，高 0.76 米，大块石板墁地。

11. 地都长城 1 段 130121382102170011

位于南峪镇地都村西南 922 米，起点坐标：东经 113° 54′ 01.50″，北纬 37° 58′ 00.60″，高程 483 米，止点坐标：东经 113° 54′ 15.80″，北纬 37° 57′ 50.30″，高程 482 米。

墙体长 500 米，毛石垒砌，顶宽 1.2～1.6 米，外侧高 1.1～1.95 米，内侧高 0.3～1.6 米，墙体损毁严重，大面积坍塌，呈石垄状。

12. 杨庄长城 1 段 130121382102170012

位于苍岩山镇杨庄村东南 822 米，起点坐标：东经 114° 04′ 37.50″，北纬 37° 49′ 30.00″，高程 385 米，止点坐标：东经 114° 04′ 31.60″，北纬 37° 49′ 08.70″，高程 540 米。

墙体设敌台 2 座，战台 2 座，为杨庄 2、3 号敌台、杨庄 1、2 号战台，墙体长 806 米，毛石垒砌，宽 3.8 米，东侧高 3.41 米，西侧高 1.12 米，墙体损毁严重，大面积坍塌，呈石垄状。

13. 杨庄村长城 2 段 130121382102170013

位于苍岩山镇杨庄村东南 1.2 千米，起点坐标：东经 114° 04′ 31.60″，北纬 37° 49′ 08.70″，高程 540 米，止点坐标：东经 114° 04′ 22.80″，北纬 37° 49′ 05.20″，高程 556 米。

墙体设敌台 1 座，为杨庄 4 号敌台，利用山体的陡峭岩石做山险，长 254 米。

14. 杨庄村长城 3 段 130121382102170014

位于苍岩山镇杨庄村东南 1.3 千米，起点坐标：东经 114° 04′ 22.80″，北纬 37° 49′ 05.20″，高程 556 米，止点坐标：东经 114° 04′ 16.10″，北纬 37° 49′ 00.10″，高程 539 米。

墙体设敌台 1 座，为杨庄 5 号敌台，墙体长 269 米，毛石垒砌，宽 0.57～1.68 米，高 0.66～1.43 米，存豁口 1 处，现为小路，墙体损毁严重，大面积坍塌，呈石垄状。

（二）单体建筑

井陉县明长城单体建筑一览表（单位：座）

编号	认定名称	认定编码	材质	保存程度				
				较好	一般	较差	差	消失
1	杨庄 1 号敌台	1301213521011170001	石				√	
2	杨庄 2 号敌台	1301213521011170002	石				√	
3	杨庄 3 号敌台	1301213532011170003	石				√	
4	杨庄 4 号敌台	1301213521011170004	石				√	
5	杨庄 5 号敌台	1301213521011170005	石				√	
6	白土岭 1 号马面	1301213521011170006	石				√	
7	凉沟桥 1 号马面	1301213521011170007	石				√	

（续）

编号	认定名称	认定编码	材质	保存程度				
				较好	一般	较差	差	消失
8	白土岭1号战台	1301213521 01170008	石				√	
9	寺掌峪1号战台	1301213521 01170009	石				√	
10	凉沟桥1号战台	1301213521 01170010	石			√		
11	松树岭1号战台	1301213521 01170011	石				√	
12	杨庄1号战台	1301213521 01170012	石				√	
13	杨庄2号战台	1301213521 01170013	石				√	
14	白土岭1号烽火台	1301213532 01170014	石		√			
15	寺掌峪1号烽火台	1301213532 01170015	石				√	
16	小寺1号烽火台	1301213532 01170016	石				√	
17	凉沟桥1号烽火台	1301213532 01170017	石	√				
18	凉沟桥2号烽火台	1301213532 01170018	石			√		
19	贵泉四队1号烽火台	1301213532 01170019	石				√	
20	岸底1号烽火台	1301213532 01170020	石			√		
21	岸底2号烽火台	1301213532 01170021	石			√		
22	杨庄1号烽火台	1301213532 01170022	石				√	
合计		共22座：石22座		1	1	4	16	
百分比（％）		100		4.5	4.5	18.3	72.7	

备注：类型：单体建筑包括敌台、烽火台、马面等

保存程度：较好、一般、较差、差、消失

1. 杨庄1号敌台 130121352101170001

位于苍岩山镇杨庄村东南760米，坐标：东经114°04′39.30″，北纬37°49′37.10″，高程410米。

台体平面呈矩形，剖面及立面呈梯形，东西长10.21米，南北宽8.16米，高6.25米，东立面存5层条石痕迹，上部包砖缺失，顶部长满杂草，设置散落着大量碎砖瓦，北面为山坡、悬崖，东、西、南三面处在一块独立的巨石之上，南侧沟底为盘山公路、河道。

2. 杨庄2号敌台 130121352101170002

位于苍岩山镇杨庄村东南760米，坐标：东经114°04′39.10″，北纬37°49′29.00″，高程401米。

台体南北接墙，平面呈矩形，剖面及立面呈梯形，东西长12.22米，南北宽12.19米，东侧高4.67米，西侧高4.47米，顶部长满杂草，四周散落大量碎砖瓦，立面包砖缺失。

3. 杨庄3号敌台 130121353201170003

位于苍岩山镇杨庄村东南872米，坐标：东经114°04′38.70″，北纬37°49′19.50″，高程445米。

台体平面呈矩形，剖面及立面呈梯形，东西长9米，南北宽7.98米，高3.51米，顶部长满杂草，四周散落大量碎砖瓦，立面包砖缺失。

4. 杨庄4号敌台 130121352101170004

位于苍岩山镇杨庄村东南1.3千米，坐标：东经114°04′26.60″，北纬37°49′08.10″，高程606米。

台体南北接墙，平面呈矩形，剖面及立面呈梯形，底部条石基础东西宽 12.05 米，南北长 12.83 米，台体东西宽 9.44 米，南北长 9.91 米，高 6.04 米，东侧条石基础缺失，外包砖缺失，仅存块石掺灰泥砌筑台芯，南侧残存台芯宽 2.4 米，北侧残存台芯宽 2.45 米，南墙内侧 1.66 米存起券痕迹。

5. 杨庄 5 号敌台 130121352101170005

位于苍岩山镇杨庄村东南 1.3 千米，坐标：东经 114° 04′ 17.30″、、北纬 37° 49′ 02.30″，高程 537 米。

台体南北接墙，平面呈矩形，剖面及立面呈梯形，东西长 7.55 米，高 0.8 米，西北角存少量条石基础，顶部灌木覆盖，散落着少量碎砖瓦。

6. 白土岭 1 号马面 130121352101170006

位于辛庄镇白土岭村 760 米，坐标：东经 113° 49′ 33.50″，北纬 38° 09′ 05.70″，高程 915 米。

台体东西接墙，毛石垒砌，平面呈矩形，剖面及立面呈梯形，东西宽 3.64 米，南北长 4.07 米，西南角高 0.53 米，西北角高 0.76 米，连接墙体内侧高 0.9 米，宽 2 米，西立面墙体坍塌，南北两面仅残留墙基，四周长满杂草及低矮灌木。

7. 凉沟桥 1 号马面 130121352101170007

位于辛庄镇凉沟桥村 678 米，坐标：东经 113° 51′ 08.00″，北纬 38° 04′ 20.50″，高程 767 米。

台体东西接墙，毛石垒砌，平面呈矩形，剖面及立面呈梯形，东西宽 3.22 米，南北长 3.98 米，西南角高 0.11 米，西北角高 0.58 米，连接墙体内侧高 0.7 米，宽 2.1 米，东面墙体坍塌，四周长满杂草及低矮灌木，东、西山坡有较大面积的松树。

8. 白土岭 1 号战台 130121352101170008

位于辛庄镇白土岭村 888 米，坐标：东经 113° 49′ 21.90″，北纬 38° 09′ 23.60″，高程 952 米。

台体东西接墙，毛石垒砌，平面呈矩形，剖面及立面呈梯形，东西长 5.2 米、南北宽 4.84 米，高 1.6 米，坍塌严重，东侧存二次包砌痕迹。

9. 寺掌峪 1 号战台 130121352101170009

位于辛庄镇寺掌峪村东北 435 米，坐标：东经 113° 50′ 51.70″，北纬 38° 06′ 38.60″，高程 842 米。

台体南北接墙，毛石垒砌，平面呈矩形，剖面及立面呈梯形，东西长 2.9 米，南北宽 2.6 米、高 0.65 米，台体顶部坍塌严重，四周长满杂草及低矮灌木，北面为山险。

10. 凉沟桥 1 号战台 130121352101170010

位于辛庄镇凉沟桥村南 495 米，坐标：东经 113° 51′ 03.30″，北纬 38° 04′ 25.80″，高程 743 米。

台体南北接墙，毛石垒砌，平面呈矩形，剖面及立面呈梯形，东西长 4.92 米、南北宽 4.87 米，高 2.02 米，连接墙体宽 3.07 米，西南、西北角坍塌，四周长满杂草及低矮灌木，两面山体上均有梯田，北面山坡下有废弃矿场、南面山体北坡有采石场。

11. 松树岭 1 号战台 130121352101170011

位于辛庄镇松树岭村 495 米东经 113° 52′ 24.80″、、北纬 38° 02′ 59.60″，高程 958 米。

台体南北接墙，毛石垒砌，平面呈矩形，剖面及立面呈梯形，东西宽 7.76 米、南北长 7.79 米，西南角高 2.03 米，东北角高 1.8 米，顶部坍塌严重，四周长满杂草及低矮灌木。

12. 杨庄 1 号战台 130121352101170012

位于苍岩山杨庄村南 1.2 千米东经 114° 04′ 34.60″，北纬 37° 49′ 10.60″，高程 533 米。

台体南北接墙，毛石垒砌，平面呈矩形，剖面及立面呈梯形，东西宽 4.35 米，南北长 4.4 米，高 0.5 米，南、北侧残存基础，四周长满杂草及低矮灌木，南北为山脊，东西为沟，东侧 200 米处的小山脊上有输电线路。

13. 杨庄 2 号战台 130121352101170013

位于苍岩山杨庄村东南 1.2 千米，坐标：东经 114° 04′ 34.30″，北纬 37° 49′ 09.50″，高程 539 米。

台体南北接墙，毛石垒砌，平面呈矩形，剖面及立面呈梯形，东西长 4.3 米、南北宽 3.6 米，高 0.45 米，四周散落大块毛石，长满杂草及低矮灌木，西侧 70 米处为高耸的山体，南侧山脚下为公路。

14. 白土岭 1 号烽火台 130121353201170014

位于辛庄乡白土岭村西南 695 米处的山峰上，坐标：东经 113° 49′ 42.60″，北纬 38° 09′ 01.60″，高程 1000 米。

台体平面呈矩形，剖面及立面呈梯形，毛石垒砌，底边东西长 7.95 米，南北宽 7.58 米，顶部东西宽 7.02 米，南北长 7.33 米，东侧高 2.81 米，南侧高 2.2 米，西北角坍塌，四周杂草、灌木生长茂盛，南侧为山脊，其余三面临沟。

15. 寺掌峪 1 号烽火台 130121353201170015

位于辛庄乡寺掌峪村东 407 米半山腰山崖上，坐标：东经 113° 50′ 52.60″，北纬 38° 06′ 25.50″，高程 705 米。

台体平面呈矩形，剖面及立面呈梯形，毛石垒砌，东西长 4.1 米，南北宽 3.8 米，高 1.3 米，坍塌严重，成堆状，四周杂草、灌木生长茂盛，北侧为山崖，其余三面为沟。

16. 小寺 1 号烽火台 130121353201170016

位于辛庄乡小寺村西北 1800 米处的山峰上，与山西省交界，井陉县仙台山景区内，坐标：东经 113° 50′ 52.60″，北纬 38° 07′ 32.70″，高程 1103 米。

台体平面呈矩形，剖面及立面呈梯形，毛石垒砌，东西宽 5.38 米，南北长 6.91 米，高 4.31 米，坍塌严重，四周植被茂盛，南侧有一座近现代建筑，西侧、南侧为山脊，东侧、北侧为沟。

17. 凉沟桥 1 号烽火台 130121353201170017

位于辛庄乡凉沟桥村东北 75 米的山梁上，坐标：东经 113° 51′ 03.70″，北纬 38° 04′ 43.90″，高程 649 米。

台体平面呈矩形，剖面及立面呈梯形，毛石垒砌，底边东西宽 3.8 米，南北长 3.9 米，顶部东西长 3.52 米，南北宽 3.49 米，通高 5.2 米，垛口墙厚 0.5 米，高 1.02 米，垛口宽 0.46 米，高 0.24 米，地面为不规则片石铺墁，四面均设出水口两个，东墙上下通裂缝 1 条，缝宽 0.01 ～ 0.05 米，西墙顶部垛口墙中间部位坍塌，墙体上下通裂缝 1 条，底部存一人为破坏所致的小洞，南墙、北墙保存较好，顶面长有灌木 1 棵，周边植被多为灌木、杂草，东侧为山体岩石，南侧为凉沟桥村，西侧为梯田和山脊，北侧为水泥路。

18. 凉沟桥 2 号烽火台 130121353201170018

位于辛庄乡凉沟桥村西 70 米处半山腰的悬崖上，坐标：东经 113° 50′ 59.00″，北纬 38° 04′ 42.30″，高程 636 米。

台体平面呈矩形，剖面及立面呈梯形，毛石垒砌，东西宽 2.7 米，南北长 2.97 米，高 3.58 米，村民通往耕地的小路从台顶穿过，周边植被多为灌木、杂草，东侧为凉沟桥村，南侧为悬崖，悬崖下为村内水泥路，西侧为梯田，北侧为山体岩石。

19. 贵泉四队 1 号烽火台 130121353201170019

位于辛庄乡贵泉村四队西北 658 米处的山梁上，坐标：东经 113° 53′ 30.10″，北纬 38° 02′ 37.40″，高程 642 米。

台体平面呈矩形，剖面及立面呈梯形，毛石垒砌，东西长 4.25 米，南北宽 3.9 米，高 3.8 米，东墙上下通裂缝 1 条，南墙、北墙大部分坍塌，西墙全部坍塌，周边灌木、杂草生长茂盛，东、西、北侧为沟，南侧为山脊。

20. 岸底 1 号烽火台 130121353201170020

位于南峪镇岸底村东南 1300 米处的山峰上，坐标：东经 113° 53′ 31.40″，北纬 37° 59′ 50.80″，高程 547 米。

台体平面呈矩形，剖面及立面呈梯形，毛石垒砌，东西宽 3.95 米，南北长 4.2 米，东北角高 2.3 米，东南角高 1.85 米，西南角高 1.3 米，西北角高 1.4 米，南、北墙部分坍塌，东、西墙保存较好，存二次加宽痕迹，二次加宽 0.6 米，周边灌木、杂草生长茂盛，东、西侧为沟，南、北侧为山脊。

21. 岸底 2 号烽火台 130121353201170021

位于南峪镇岸底村东南 1600 米处的山峰上，坐标：东经 113° 53′ 10.80″，北纬 37° 59′ 18.30″，高程 730 米。

台体平面呈矩形，剖面及立面呈梯形，毛石垒砌，底部东西宽 5.11 米，南北长 5.22 米，顶部东西长 4.53 米，南北宽 4.16 米，东南角高 4.41 米，东北角、西南角部分坍塌，台体存二次加宽痕迹，二次加宽 0.87 米，顶部黄土覆盖，零星散落残瓦、铁钉，南墙存蹬道 4 层，周边灌木、杂草生长茂盛，东、南、北侧为沟，西侧为山脊，台体所处山峰为附近最高峰。

22. 杨庄 1 号烽火台 130121353201170022

位于苍岩山镇杨庄村东 735 米处的山峰上，坐标：东经 114° 04′ 39.80″，北纬 37° 49′ 42.70″，高程 604 米。

台体平面呈矩形，剖面及立面呈梯形，毛石垒砌，底部东西宽 6.24 米，南北长 6.27 米，高 3.27 米，毛石放脚 1 层，体西面条石基础 5 层，北面残存条石基础 1 层，四周散落大量残砖，周围杂草、灌木生长茂盛，东、南侧为悬崖，悬崖下为 202 省道和甘陶河，西、北侧为山脊。

赞皇县

赞皇县位于石家庄市西南部，太行山中段东麓，地理坐标：东经114°26′，北纬37°38′，县域东西长44.8千米，南北宽37千米，总面积184.95平方千米。东南与赵县、高邑县，南与邢台市临城县、内丘县毗邻，西邻山西省晋中市昔阳县，北邻井陉县、元氏县。

赞皇县明长城分布在石咀乡，南邻内丘县鹤度岭关堡，西邻山西省晋中市昔阳县黄安南侧长城，北邻井陉县杨庄长城1段。

赞皇县调查长城单体建筑烽火台1座，关堡1座。

（一）单体建筑

赞皇县明长城单体建筑一览表（单位：座）

编号	认定名称	认定编码	材质	保存程度				
				较好	一般	较差	差	消失
1	上段烽火台	1301293532011700001	石				√	
合计		共1座：石1座					1	
百分比（%）		100					100	

类型：单体建筑包括敌台、烽火台、马面等
保存程度：较好、一般、较差、差、消失

上段烽火台 1301293532011700001

位于石咀乡上段村西南1.6千米棋盘山景区内，坐标：东经114°06′37.80″，北纬37°37′13.80″，高程909米。

台体平面呈矩形，剖面及立面呈梯形，毛石垒砌，东西长4.25米，南北宽2.65米，西高3.65米，南高1.85米，北高1.24米，东高3.11米，台体较小，坍塌严重，成堆状，西、南两侧为陡峭的山谷，北侧与城墙相连向北延伸51米。

（二）关堡

赞皇县明长城关堡一览表（单位：座）

编号	认定名称	认定编码	类型	周长(米)	保存程度				
					较好	一般	较差	差	消失
1	段岭关	1301293531011700001	石墙					√	
合计		共1座：石墙1座						1	
百分比（%）		100						100	

保存程度：较好、一般、较差、差、消失

段岭关 130129353101170001

位于石咀乡上段村西南 1.6 千米，坐标：东经 114° 06′ 38.70″，北纬 37° 37′ 12.70″，高程 889 米。

现关城内仅存北墙小段落，且坍塌严重，长约 51 米，中间存豁口 1 处，长 5.2 米，豁口西段墙体北高 0.5 米，南高 0.3 米，宽 2.22 米，豁口东段墙体宽 2.45 米，北侧高 1.68 米，南侧高 1.57 米，城墙北侧坍塌较严重，块石裸露，长满杂草，关口为后期景区垒砌。

邢台市

邢台市位于河北省南部，古称邢州、顺德府，太行山脉南段东麓，华北平原西部边缘，地理坐标：东经 113° 52′～ 115° 49′，北纬 36° 50′～ 37° 47′，市域东西长 185 千米，南北宽 80 千米，总面积 12400 平方千米。东以卫运河为界与山东省聊城市、德州市相望，西依太行山和山西省晋中市毗邻，南与邯郸市相连，北与衡水市接壤，距北京市 396 千米，距石家庄市 106 千米，距天津市 325 千米。

一、地形地貌

邢台市地处太行山脉南段东麓和华北平原交汇处，境内地势高差悬殊，西高东低，自西而东山地、丘陵、平原阶梯排列，以平原为主。京广铁路南北贯穿于丘陵和平原的交界处，西部为山地和丘陵区，东部为平原区。山地位于邢台地区西部，面积为 1767.31 平方千米，占全市总面积的 14.21%。山脉多呈北北东走向，海拔高度 500 米以上。平原位于京广铁路以东，总面积为 8765.75 平方千米，占全市总面积的 70.50%。

二、气候

邢台市属于暖温带亚湿润季风气候，四季分明，年内温差大，降水集中。年平均气温在 12℃～ 14℃，其中 1 月为最冷，平均气温在～ 2℃左右，极端最低气温可达～ 20℃；7 月最热，平均气温为 27℃，极端最高气温可达 41℃。这里春季多扬尘风沙，气候干燥；夏季炎热多雨，气候潮湿；秋季天气稳定、气候凉爽；冬季雨雪偏少、干燥寒冷。

三、水文

子牙河流域共有 15 条行洪河道，分别是：洨河、北沙河、午河、泜河、李阳河、小马河、牛尾河、白马河、七里~顺水河、南澧河、沙洺河、留垒河、北澧河、滏阳河、滏阳新河，这些河道除留垒河外，均发源于西部太行山区，上游源头繁多，流域形状呈倒扫帚型。河道上宽下窄，源短流急，平时基流很少，甚至干涸。汛期易暴发洪水，洪水形成后，来势迅猛，山区、丘陵、平原连续受灾，致灾性非常强。留垒河、沙洺河、七里~顺水河、牛尾河、南澧河、白马河、小马河、李阳河等 8 条河道汇流大陆泽，进而汇入北澧河。北澧河、泜河、午河、北沙河、洨河等流入宁晋泊，至艾新庄汇入滏阳新河，流入衡水市。

三、自然灾害

邢台常见自然灾害有：水灾、旱灾、蝗虫、大风、冰雹和地震等，旱灾之后常有虫灾，水灾之后常有疫病。

邢台市发生水灾的易涉区多分布于市境内东部的牛尾河、七里河沿岸的楼下道、柴家庄诸村，以及邢台县的王快、东汪、祝村、南大树、晏家屯乡南部等村。

邢台市地处新华夏系构造和太行山山前大断裂地震带上，地震多有发生震灾亦不罕见。1966 年 3 月 8 日，隆尧县发生 6.8 级强烈地震，波及邢台市，烈度为 4～5 度。1966 年 3 月 22 日，宁晋东南发生 7.2 级强烈地震，波及邢台市，烈度为 6 度。

四、自然资源

（一）水资源

邢台市共有河流 21 条，除东部界河~卫运河外，均属于海河流域子牙河和黑龙港两大水系，河道总长度 1052 千米，堤防 1121 千米。行洪河道 16 条，排沥河道 5 条。滏阳河由南向北流经全市，分为滏西和黑龙港两部分，卫运河只是掠东部边境而过，没有支流汇入。

（二）植物资源

邢台市属太行山植物区系~半旱生森林丛草植被区系。由于长期垦殖，加上历代战乱破坏，境内原始植被破坏殆尽，现有的植被均属次生和人工植被。邢台市主要植物有 126 科、600 多属、1230 多种。主要有油松、鹅尔枥、辽东栎、六道木、毛榛等。此外，白桦、黑桦、坚桦等也有分布。

（三）矿产资源

邢台矿产资源丰富，区域特色明显，煤矿主要分布在沙河市、信都区、襄都区、内丘县、临城县等地；铁矿主要分布在沙河市；岩盐集中分布在宁晋县；建材类矿产主要分布在西部太行山区；地热资源广泛分布在东部平原区。全市已发现的矿产有46种，煤炭保有资源储量40.53亿吨，铁矿保有资源储量3.48亿吨，盐矿保有资源储量矿石量253.85亿吨，水泥用石灰岩保有资源储量10.04亿吨，蓝晶石保有资源储量233.63万吨。

五、明长城资源

此次明长城资源调查涉及内丘县、邢台县、沙河市共3个县（市）。西邻山西省晋中市昔阳县洪甘南侧长城2段、和顺县小南坪西北侧长城1段，南邻邯郸市沙河市黄背岩长城、武安市后柏山01敌台。

长城起点：内丘县候家庄乡小岭地西北1.6千米处的鹤度岭上，坐标：东经113°58′08.30″，北纬37°24′31.00″，高程1339米。

长城止点：沙河市禅房乡329省道西北约0.5千米处，坐标：东经113°53′12.40″，北纬37°00′02.10″，高程1028米。

邢台市明长城资源调查墙体8段，总长2395米；单体建筑15座，其中：敌台6座、马面1座、烽火台8座；关堡9座。

邢台市明长城资源调查统计表

地域	墙体		单体建筑			关堡
	段数	长度	敌台	马面	烽火台	
内丘县						1
邢台县	6	995			3	5
沙河市	2	1400	6	1	5	3
总计	8	2395	6	1	8	9
			15			

内丘县

内丘县位于邢台市西北部，地理坐标：东经113°56′43″～114°38′16″，北纬37°9′11″～37°26′39″，县域东西长61千米，南北宽31.2千米，总面积787平方千米。东与隆尧县、任县相连，南与桥东区、邢台县接壤，西与山西省晋中市昔阳县交界，北与临城县毗邻。距北京市349千米，距石家庄市84千米，距邢台市64千米。

内丘县明长城分布在候家庄乡，西邻山西省晋中市昔阳县杜庄烽火台，南邻邢台县马岭关。

内丘县调查长城关堡1座。

内丘县明长城关堡一览表（单位：座）

编号	认定名称	认定编码	类型	周长(米)	保存程度				
					较好	一般	较差	差	消失
1	鹤度岭关	130523353101170001	石墙		√				
合计		共1座：石墙1座			1				
百分比（%）		100			100				

保存程度：较好、一般、较差、差、消失

鹤度岭关 130523353101170001

位于候家庄乡小岭地西北1.6千米处的鹤度岭上，坐标：东经113°58′08.30″，北纬37°24′31.00″，高程1339米。

平面形状呈矩形，现存南、西、北三面墙体，长度依次为51米、55米、35米，墙体底宽约4.1米，顶宽3～3.2米，内外包石墙厚0.7米，中心为碎石夯土，现存内高5米，外高5.3～6米，垛墙宽0.7米，残高0.2～0.4米，西墙至西北角墙顶部间存踏跺痕迹，共七级，西北角墙高5.8米，东北角高5.1米，东南端墙体坍塌，残余部分基础宽4.1米，关门东西长4.8米，门宽2.42米，内侧（东侧）凸出墙体1.7米，西侧至门2.62米，门南内侧设登顶梯道，宽1.7米，踏跺15级，南北长2.8米，高5米，踏跺东侧设"O"型柱眼，径0.12米，深0.1米。关门位于西墙正中，为小门楼式关隘，门楼已无，券门已毁，后人堵塞，原有"鹤度仙踪"门匾，现已无存。门洞已坍塌，后为乱石封堵。自小岭底向西北方向沿峡谷北岸盘山毛石铺砌石道即可登顶，路程约5千米，西侧由皋落镇向东至东沟村～寨背村转向南6千米至长沟村，有山路可通至鹤度岭关下西150米山路，东上200米可达。鹤度岭之山势东侧壁立险峻，西侧坡势较缓，该段长城在西坡交界的山脊西侧，凭山险筑就，呈南北走向，东侧临陡坡，未筑墙。

鹤度岭关始建于明嘉靖二十年（1541）秋，完成于嘉靖二十一年（1542）五月，系内丘县知县杜世爵为防"虏贼"侵扰而建。

邢台县

邢台县位于邢台市区西北部，地理坐标：东经114°30′，北纬37°08′，县域东西长75千米、南北宽34千米，总面积1847平方千米。西与山西省晋中市左权、和顺、昔阳三县隔山相望，东与任县、南和县接壤，南与邯郸市沙河市、武安市毗邻，北与内丘县相连。距北京市371千米，距石家庄市110千米。

邢台县明长城分布在冀家村乡、白岸乡、宋家庄乡、路罗镇共4个乡镇，西邻山西省晋中市和顺县杏树湾关关门，北邻内丘县鹤度岭关，南邻沙河市郭公关、邯郸市武安市荒庄墙体。

起点坐标：位于宋家庄镇明水村西北约 700 米处，东经 113° 56′ 27.50″，北纬 37° 20′ 09.00″，高程 1230 米。

止点坐标：位于冀家村乡营里村东北约 700 米处，东经 113° 54′ 08.10″，北纬 37° 16′ 06.40″，高程 707 米。

邢台县调查长城墙体 6 段，总长 995 米；单体建筑烽火台 3 座；关堡 5 座。

（一）墙体

邢台县明长城墙体一览表（单位：米）

编号	认定名称	认定编码	类型	长度	保存程度				
					较好	一般	较差	差	消失
1	马岭关长城	1305213821021700001	石墙	185			120	65	
2	王三铺长城	1305213821021700002	石墙	80			55		25
3	紫金山长城	1305213821021700003	石墙	100		55			45
4	大西庄黑虎关长城	1305213821021700004	石墙	330			305		25
5	夫子岩长城	1305213821021700005	石墙	140			40		100
6	营里关长城	1305213821021700006	石墙	160	90	20			50
合计		共 6 段：石墙 6 段		995	90	75	520	65	245
百分比（%）		100			9	7.6	52.3	6.5	24.6

类型：砖墙、石墙、土墙、山险墙、山险

保存程度：较好、一般、较差、差、消失

1. 马岭关长城 130521382102170001

位于宋家庄镇明水村西北约 700 米处，起点坐标：东经 113° 56′ 27.50″，北纬 37° 20′ 09.00″，高程 1230 米，止点坐标：东经 113° 56′ 27.10″，北纬 37° 20′ 03.40″，高程 1277 米。

墙体长 185 米，毛石垒砌，地处山西省与河北省交界处，墙宽 0.7 ～ 1.2 米，高 0.3 ～ 0.6 米，坍塌严重，成石垄状。

2. 王三铺长城 130521382102170002

位于路罗镇王三铺村西侧约 1.6 千米处，起点坐标：东经 113° 46′ 02.00″，北纬 37° 07′ 42.70″，高程 1368 米，止点坐标：东经 113° 46′ 03.40″，北纬 37° 07′ 40.90″，高程 1394 米。

墙体长 80 米，毛石垒砌，地处山西省与河北省交界处，底宽 1 米，顶宽 0.7 米，东侧高 1.6 米，北端高 1.5 ～ 2 米，西高 0.3 ～ 0.5 米，中间部分坍塌长 5 米，该墙有盘山道上下环绕，古道上原始铺石板尚存，古道宽 2 ～ 2.3 米，存分水石厚 0.15 米，古道保存较好。

3. 紫金山长城 130521382102170003

位于白岸乡紫金山顶西侧约 200 米处，起点坐标：东经 113° 46′ 49.80″，北纬 37° 02′ 23.00″，高程 1342 米，止点坐标：东经 113° 46′ 48.10″，北纬 37° 02′ 20.70″，高程 1340 米。

墙体长 100 米，毛石垒砌，地处山西省与河北省交界处，顶宽 2.25 米，南侧高 1.3 米，北侧高 3.3

米，存豁口 1 处，长 45 米，公路穿断。

4. 大西庄黑虎关长城 130521382102170004

位于白岸乡大西庄村西南约 1.1 千米处，起点坐标：东经 113° 46′ 18.70″，北纬 37° 03′ 57.70″，高程 966 米，止点坐标：东经 113° 46′ 28.80″，北纬 37° 03′ 52.70″，高程 1009 米。

墙体长 330 米，毛石垒砌，地处山西省与河北省交界处，墙体宽 1.6 米，东侧高 0.8 米，西侧高 0.9 米，存豁口 1 处，长 25 米，被河水冲断。

5. 夫子岩长城 130521382102170005

位于白岸乡大西庄村西北约 2.6 千米处，起点坐标：东经 113° 45′ 31.30″，北纬 37° 05′ 05.80″，高程 1252 米，止点坐标：东经 113° 45′ 27.60″，北纬 37° 05′ 04.20″，高程 1277 米。

墙体长 140 米，毛石垒砌，地处山西省与河北省交界处，宽 1.2 米，东侧高 0.9 米，西侧高 0.4 米，存豁口 1 处，长 100 米。

6. 营里关长城 130521382102170006

位于冀家村乡营里村东北约 700 米处，起点坐标：东经 113° 54′ 02.70″，北纬 37° 16′ 07.80″，高程 708 米，止点坐标：东经 113° 54′ 08.10″，北纬 37° 16′ 06.40″，高程 707 米。

墙体长 160 米，毛石垒砌，墙宽 2.4 米，墙高 1.3 米，墙顶西侧垛墙尚存，垛墙高 1.8 米，垛口宽 0.3 米，高 1.1 米，垛墙底宽 0.6 米，上宽 0.4 米，垛墙体呈狼牙式阶梯状，直至南侧山险下，外侧部分墙体坍塌，内侧毛石墙保存较好，存豁口 1 处，长 50 米，被河水冲断。

（二）单体建筑

邢台县明长城单体建筑一览表（单位：座）

编号	认定名称	认定编码	材质	保存程度				
				较好	一般	较差	差	消失
1	大西庄黑虎关 01 号烽火台	130521353201170001	石		√			
2	马岭关 01 号烽火台	130521353201170002	石		√			
3	夫子岩关 01 号烽火台	130521353201170003	石				√	
	合计	共 3 座：石 3 座			2		1	
	百分比（%）	100			66.7		33.3	

备注：类型：单体建筑包括敌台、烽火台、马面等

保存程度：较好、一般、较差、差、消失

1. 大西庄黑虎关 01 号烽火台 130521353201170001

位于白岸乡大西庄村西南约 1.2 千米，坐标：东经 113° 46′ 30.40″，北纬 37° 03′ 47.20″，高程 1124 米。

台体毛石垒砌，平面呈矩形，剖面及立面呈梯形，边长 2.8 米，东侧高 1.4 米，西侧高 0.8 米，南侧现存毛石基础与山体平齐，烽火台下为一巨大岩石，南侧为高山顶，北侧为营房沟，西侧为高山，半山中为盘山道。

2. 马岭关 01 号烽火台 130521353201170002

位于宋家庄镇明水村西北，马岭关关门南约 400 米，坐标：东经 113° 56′ 27.10″，北纬 37° 20′ 03.40″，高程 1277 米。

台体毛石垒砌，平面呈矩形，剖面及立面呈梯形，底座东西长 5 米，南北宽 4.9 米，高 1.8 米，台体东西宽 3.2 米，南北长 3.7 米，高 0.7 米，墙厚 0.5 米，东临悬崖，西为缓坡，南北连山。

3. 夫子岩关 01 号烽火台 130521353201170003

位于白岸乡大西庄村西北，夫子岩关南约 150 米，东经 113° 45′ 26.90″，北纬 37° 05′ 01.00″，高程 1311 米。

台体毛石垒砌，平面呈矩形，剖面及立面呈梯形，东西宽 5.2 米，南北长 5.6 米，高 1.6 米，表面覆盖松枝厚 0.06 米，东侧为悬崖，西侧为油松林。

（三）关堡

邢台县明长城关堡一览表（单位：座）

编号	认定名称	认定编码	类型	周长（米）	保存程度				
					较好	一般	较差	差	消失
1	大西庄黑虎关	130521353101170001	石墙				√		
2	贼道岩关	130521353101170002	石墙				√		
3	峻极关	130521353101170003	石墙				√		
4	营里水关	130521353101170004	石墙				√		
5	王山铺口	130521353101170005	石墙					√	
合计		共 5 座：石墙 5 座					4	1	
百分比（%）		100					80	20	

保存程度：较好、一般、较差、差、消失

1. 大西庄黑虎关

位于路罗镇大西庄村西南约 1.8 千米处，坐标：东经 113° 46′ 23.90″，北纬 37° 03′ 55.70″，高程 927 米。

平面形状呈 "一" 字形，关门已毁，两侧墙体部分坍塌，关口处有山泉（河）水流过，河口宽约 15 米，河口南侧墙体残存，墙宽 1.8 米，东侧高 1.1 ～ 2.1 米，西侧坍塌，残高 0.9 ～ 1.2 米，河道北侧墙体向北侧山坡延长约 30 米，墙体坍塌成石垄状，关门东侧角台：墙体至此处加宽，形成毛石台体，向东加宽 1.7 米，高 1.2 米，墙宽 2.5 米，东侧高 2.1 米，西侧高 1.9 米。石台至门口南侧毛石高 0.9 米，门深 5.2 米，门口宽 1.8 米，北墙高 0.7 米，顶部现存填充土心高 0.8 米。关门西侧角台：台基东西长 5 米，东侧台基至台顶高 2.8 米，西侧台基至台顶高 3.5 米，北侧台高 1.4 米，向东突出墙体 3.6 米，南北长 3.1 米。北侧有毛石墙体残存，墙宽 1.5 米，东侧高 1.2 米，西侧高 2.3 米，向北延长 2.6 米。南、北、西均为高山，与山西省左权县交界。

2. 贼道岩关 130521353101170002

位于路罗镇大西庄村西南约 8.8 千米处，坐标：东经 113° 51′ 28.10″，北纬 37° 01′ 07.90″，高程

1060 米。

平面形状呈矩形，现仅存北侧毛石垒砌的墙体，墙体西侧残长 5 米，东侧 10 米，大部分坍塌，残高 4.5 米，顶部现存掩体小坑一个，小坑直径 1 米，深 0.6 米，周围群山环绕，杂草丛生，关南侧有现代人修建的小山神庙一座，整体为毛石垒砌，坐东朝西，面阔 2 米，进深 2.5 米，在该关口山下是近年开凿的穿山隧道，现仍为两县之间的交通要道。

3. 峻极关 130521353101170003

位于白岸乡前坪村岩子南自然村南约 2.4 千米处，坐标：东经 113° 47′ 40.30″，北纬 36° 59′ 50.30″，高程 1563 米。

平面形状呈矩形，毛石垒砌，中为石拱券门，门高 3.55 米，宽 2.5 米，深 2.9 米，门券脚高 1.85 米，门券脸宽 0.44 米，厚 0.2 米。门东侧有段短墙，墙底厚 1.3 米，顶厚 1.05 米，墙长 8 米，高 4.8 米，底部残存老墙，老墙基现长 3.9 米，残高 1.7 米，白灰勾缝。关门南北两侧墙体坍塌成石垄，南侧存长约 0.07 千米，北侧存长约 0.17 千米，高 0.2 ～ 0.5 米，宽 1 米，关门东侧为邯郸武安市。房基址：位于关门西南侧存有一处房基址，毛石垒砌，东山墙存长 6.45 米，高 4.5 米，墙厚 0.5 米，西墙残高 0.6 ～ 1.2 米，东侧墙体无存，南侧设门，门宽 1.15 米，残高 0.7 米，关门顶部现存石匾一块，匾宽 0.6 米，长 1.23 米，厚 0.13 米，正文刻写"峻極關"三字，下款刻写"高尚、秀丰、郭龙兴刻、一九九四年重建"。关门北侧约 12 米处的取土坑中发现有明显的文化层，夹杂有骨殖、绳纹、网格纹大瓦、素面陶片等遗物，据查遗物分布面积较为广泛，峻极关所处位置是一处文化内涵较丰富的古遗址，其时代为战、汉时期。东侧门外现存登山古道，铺道石尚存。

4. 营里水关 130521353101170004

位于冀家村乡营里村东北约 700 米处，坐标：东经 113° 54′ 03.70″，北纬 37° 16′ 07.90″，高程 705 米。

平面形状呈矩形，毛石墙体由关口向两侧延伸，营里村原为明代边关驻军之地，营里水关是黄榆关的组成部分，是由河北进入山西的重要通道之一，水关位于河谷之中，周围山势险峻，据村民介绍，过去河谷深达数十丈，1996 年大洪水，使谷底自然填高达 6 ～ 7 米。原关门已毁，现由黄榆关旅游开发区向北易址重建，原关门位于泉水河中，现正在修建三孔石桥，桥南端山崖下残存一段毛石墙体，墙宽 2.4 米，墙高 1.3 米，墙顶西侧垛墙尚存，垛墙高 1.8 米，垛口宽 0.3 米，高 1.1 米，垛墙底宽 0.6 米，上宽 0.4 米，垛墙体呈狼牙式阶梯状直至南侧山险下，全长约 80 米，泉水河北侧（新建石桥北端），顺河岸东西走向，残存一段毛石墙体，墙宽 3 米，内侧高 2.3 米，外侧高 0.7 米，全长约 25 米。

5. 王山铺口 130521353101170005

位于王山铺村西南约 1.4 千米处，坐标：东经 113° 46′ 02.30″，北纬 37° 07′ 41.80″，高程 1367 米。

平面形状呈矩形，毛石墙体由关口向两侧延伸，仅存一段东南—西北走向的毛石墙体，口门位置有盘山路通过，东侧路面为石板平铺，道宽 2 ～ 2.3 米，分水石厚 0.15 米，南北两侧延伸毛石墙体，南侧存长约 42 米，墙体宽 0.8 米，墙基宽 1 米，高 1.6 米，中心较好部分长 4.8 米，北侧已坍塌，存长 17 米，墙体底宽 1.6 米，顶宽 0.8 米，东侧高 2.6 米。

沙河市

沙河市位于邢台市西南部，地理坐标：东经114° 50′，北纬36° 85′，市域东西长87.5千米，南北宽21.5千米，总面积858平方千米。西北部与邢台县、桥东区为邻，东部与南和区相邻，南与邯郸市永年区、武安市毗连。距北京市391千米，距石家庄市132千米，距邢台市25千米。

沙河市明长城分布在禅房乡，南邻邯郸市武安市后柏山01烽火台，西邻邢台县贼道岩关。

起点坐标：位于禅房乡寨后村西北约1千米处，东经113° 53′ 31.40″，北纬37° 02′ 47.30″，高程1013米。

止点坐标：位于禅房乡329省道西北约500米处，东经113° 53′ 12.40″，北纬37° 00′ 02.10″，高程1028米。

沙河市调查长城墙体2段，总长1400米；单体建筑12座，其中：敌台6座、马面1座、烽火台5座；关堡3座。

（一）墙体

沙河市明长城墙体一览表（单位：米）

编号	认定名称	认定编码	类型	长度	保存程度				
					较好	一般	较差	差	消失
1	大岭口长城	1305823821102170001	石墙	270		180	40	50	
2	黄背岩长城	1305823821102170002	石墙	1130	190	80	760	40	60
合计		共2段：石墙2段		1400	190	260	800	90	60
百分比（%）		100			13.5	18.6	57.1	6.5	4.3

类型：砖墙、石墙、土墙、山险墙、山险
保存程度：较好、一般、较差、差、消失

1. 大岭口长城 1305823821102170001

位于禅房乡寨后村西北约1千米处，起点坐标：东经113° 53′ 31.40″，北纬37° 02′ 47.30″，高程1013米，止点坐标：东经113° 53′ 39.60″，北纬37° 02′ 52.20″，高程995米。

墙体设敌台1座，烽火台1座，为大岭口01号烽火台、大岭口01号敌台，墙体长270米，与山西省交界，毛石垒砌，保存差段墙宽0.7米，内高0.4～0.7米，外高0.5～1米，保存一般段南侧高1.7～4.5米，宽3.4米，北侧大部坍塌，现存残高2.5米，北侧墙面可见架孔，并分上、中、下三层，墙体南侧存树根滋长形成的孔洞1处，洞宽1.7米，高1.5米，深0.5米。

2. 黄背岩长城 1305823821102170002

位于禅房乡329省道西北约500米处，起点坐标：东经113° 52′ 52.40″，北纬37° 00′ 18.60″，高程1080米，止点坐标：东经113° 53′ 12.40″，北纬37° 00′ 02.10″，高程1028米。

墙体设敌台5座，马面1座，为黄背岩01～05号敌台、黄背岩01号马面，墙体长1130米，与山西省交界，毛石垒砌，保存较差段墙体宽 1.8～2.7 米，内侧高 0.2～0.4 米，外侧高 0.4～0.6 米，保存较好段毛石墙宽 1.1～1.3 米，高 1.4～4.1 米，存豁口 1 处，长约 60 米，宜～沙公路穿断，2002 年新修墙体长 25 米，墙体端点断头宽 1.3 米，高 1.4 米，垛墙高 0.6～0.8 米，厚 0.45 米，垛口间距 1.5 米，墙厚 0.65 米，垛口宽 0.53 米，高 0.2～0.3 米，现可见 3 个垛口，垛墙均为毛石白灰垒砌，南侧现存架孔上下两排，下排距地表 1.25～1.3 米，上下间距 0.8 米，架孔水平间距 1.9～2.1 米，北侧为松柏林，南侧为栗树林。

（二）单体建筑

沙河市明长城单体建筑一览表（单位：座）

编号	认定名称	认定编码	材质	保存程度				
				较好	一般	较差	差	消失
1	黄背岩 01 号烽火台	130582353201170001	石		√			
2	黄背岩 02 号烽火台	130582353201170002	石		√			
3	黄背岩 03 号烽火台	130582353201170003	石		√			
4	黄背岩 01 号马面	130582352102170004	石		√			
5	黄背岩 01 号敌台	130582352101170005	石		√			
6	黄背岩 02 号敌台	130582352101170006	石		√			
7	黄背岩 03 号敌台	130582352101170007	石				√	
8	黄背岩 04 号敌台	130582352101170008	石			√		
9	黄背岩 05 号敌台	130582352101170009	石	√				
10	大岭口 01 号烽火台	130582352101170010	石			√		
11	大岭口 02 号烽火台	130582352101170011	石			√		
12	大岭口 01 号敌台	130582352101170012	石		√			
合计		共 12 座：石 12 座		1	7	3	1	
百分比（%）		100		8.3	58.4	25	8.3	

类型：单体建筑包括敌台、烽火台、马面等

保存程度：较好、一般、较差、差、消失

1. 黄背岩 01 号烽火台 130582353201170001

位于禅房乡 329 省道东侧约 200 米处，坐标：东经 113° 53′ 12.40″，北纬 37° 00′ 02.10″，高程 1028 米。

台体毛石垒砌，平面呈矩形，剖面及立面呈梯形，东西长 5.63 米，南北宽 5.6 米，高 1.8 米，北侧中部设蹬道，宽 1.03 米，长 1.1 米，露明踏跺 7 级，踏步宽 0.12～0.15 米，高 0.15～0.2 米，周围边缘均为后期修缮，中心部位为原始台基，东西宽 2.9 米，南北长 5 米。

2. 黄背岩 02 号烽火台 130582353201170002

位于禅房乡 329 省道东南侧约 1.7 千米茶壶山上，坐标：东经 113° 53′ 38.80″，北纬 36° 59′ 19.80″，高程 1297 米。

台体毛石垒砌，平面呈矩形，剖面及立面呈梯形，东西长6米，南北宽5.9米，高2.5米，台基高1.2米，北侧中部残高1米，长1.8米，东侧残长1.7米，顶部存后期垒砌毛石柱，柱高1.5米，直径0.7米。

3. 黄背岩03号烽火台 130582353201170003

位于禅房乡329省道西北约1千米处，坐标：东经113°52′48.30″，北纬37°00′33.30″，高程1145米。

台体毛石垒砌，平面呈圆形，剖面及立面呈梯形，顶部直径7.8米，高3.3米，北侧毛石高2.8米，西南侧设踏跺，露明8级，宽1米，深1.5米，杂草荆条丛生。

4. 黄背岩01号马面 130582352102170004

位于禅房乡329省道西约100米处，坐标：东经113°52′57.50″，北纬37°00′05.70″，高程987米。

台体毛石垒砌，平面呈矩形，剖面及立面呈梯形，东西长4.9米，南北凸出墙体4.1米，高0.2～0.8米，残存部分基石。

5. 黄背岩01号敌台 130582352101170005

位于禅房乡329省道西北约500米处，坐标：东经113°52′52.40″，北纬37°00′18.60″，高程1080米。

台体毛石垒砌，平面呈矩形，剖面及立面呈梯形，东西宽5.7米，南北长6米，南侧高1.7米，东侧高1.46米，北侧高1.6米，西侧高1.2米，东侧中部辟门，门宽0.83米，深1.3米，露明石踏跺7级，大部分为近代维修，台芯为原始状态，周围长满胡树林、荆条丛生。

6. 黄背岩02号敌台 130582352101170006

位于禅房乡329省道西北约500米处，坐标：东经113°52′54.70″，北纬37°00′17.40″，高程1063米。

台体毛石垒砌，平面呈矩形，剖面及立面呈梯形，底部东西宽6.1米，南北长6.25米，高3.5米，北侧台基高1.1米，台基向外凸出0.15米，台顶东西宽4.8米，南北长5米，西侧辟开门，宽0.92米，深2.08米，露明石踏跺6级，门口顶部为后期垒砌，南侧残存垛墙痕迹，宽0.6米，高0.27米，向内收0.1米。

7. 黄背岩03号敌台 130582352101170007

位于禅房乡329省道西北约500米处，坐标：东经113°52′56.30″，北纬37°00′16.20″，高程1061米。

台体毛石垒砌，平面呈矩形，剖面及立面呈梯形，南侧设门，门宽0.9米，深0.95米，高0.9米，门东侧长1.87米，门西侧长1.8米，南北长5米，东侧高0.5～0.7米，西侧高1～1.3米，顶部长有胡树，树径0.1米，东侧墙外长有橡树，树径0.2米，内部堆积碎石，长满杂草，长城墙体由西侧向上延伸。

8. 黄背岩04号敌台 130582352101170008

位于禅房乡329省道西北约200米处，坐标：东经113°52′53.10″，北纬37°00′04.80″，高程989米。

台体毛石垒砌，平面呈矩形，剖面及立面呈梯形，底部东西长5.8米，南北宽5.5米，大部分为后期修砌，台芯为原始状态，东西长 4.5 米，南北宽 4.3 米，东侧高 1.09 米，北侧高 1.1 米，南侧高 0.86 米，西侧高 0.8 米，台芯北侧设蹬道，露明石踏跺 4 级，宽 0.97 米，长 0.6 米，长城墙体由东北角顺山而下。

9. 黄背岩 05 号敌台 130582352101170009

位于禅房乡 329 省道西约 100 米处，坐标：东经 113° 52′ 58.30″，北纬 37° 00′ 05.00″，高程 997 米。

台体毛石垒砌，平面呈矩形，剖面及立面呈梯形，东西长 3.8 米，南北长 4.2 米，高 2.2 米，西侧设踏跺，露明石踏跺 15 级，宽 0.9 米，长 1.9 米。

10. 大岭口 01 号烽火台 130582352101170010

位于禅房乡寨后村西北约 1 千米处，坐标：东经 113° 53′ 31.40″，北纬 37° 02′ 47.30″，高程 1013 米。

台体毛石垒砌，平面呈矩形，剖面及立面呈梯形，东西长 7.4 米，高 3.5 米，顶部露明土石台芯高 0.8 米，东侧坍塌，西北角残存，北侧现存残长 4.3 米，南侧坍塌，西侧辟门，现仅存北侧毛石门垛，存踏跺长 2.5 米，宽 1.3 米，残高 1.9 米。

11. 大岭口 02 号烽火台 130582352101170011

位于禅房乡寨后村西北约 1 千米处，坐标：东经 113° 53′ 39.60″，北纬 37° 02′ 52.20″，高程 995 米。

台体毛石垒砌，平面呈矩形，剖面及立面呈梯形，东西长 5.6 米，南北宽 5.4 米，西北角残高 0.8 米，北侧高 2.1 米，西南角高 2.8 米，东南角部分坍塌，残高 2.7 米，南侧残存垛墙，高 0.6 米，垛墙底部辟方孔 2 个，孔高 0.2 米，宽 0.18 米，间距 1.7 米，台芯土石混筑，墙面有白灰勾缝，东侧墙体缺失，西侧露明石踏跺 3 级，长 0.8 米，宽 0.14 ～ 0.16 米，高 0.06 ～ 0.12 米，周围山体长满荆条、枣丛。

12. 大岭口 01 号敌台 130582352101170012

位于禅房乡寨后村西北约 1 千米处，坐标：东经 113° 53′ 32.70″，北纬 37° 02′ 47.80″，高程 1007 米。

台体毛石垒砌，平面呈矩形，剖面及立面呈梯形，西侧台基残存长 1.3 米，东西宽 5 米，南北长 6.7 米，西侧设石踏跺，长 3.3 米，残高 0.1 ～ 0.2 米，北侧与墙体平行，东侧坍塌。

（三）关堡

沙河市明长城关堡一览表（单位：座）

编号	认定名称	认定编码	类型	周长（米）	保存程度				
					较好	一般	较差	差	消失
1	郭公关	1305823531011170001	石墙				√		
2	大岭口关	1305823531011170002	石墙				√		
3	大欠岩关	1305823531011170003	石墙				√		
合计		共 3 座：石墙 3 座					3		
百分比（%）		100					100		

保存程度：较好、一般、较差、差、消失

1. 郭公关 130582353101170001

位于禅房乡黄背岩长城上，坐标：东经 113° 52′ 52.40″，北纬 37° 00′ 06.90″，高程 964 米。

平面形状呈矩形，毛石墙体东西两侧贯通于山沟之中，关门已毁，关口两侧大部墙体为近年维修，仅中间小部分为原始墙体，宽 2.6 米，高 1.21 米，进深 9.2 米，中部变窄，窄点宽 2 米，关口南 8.7 米处加宽与墙体相接，墙体向东北方向顺山体而上，墙芯土石混筑，顶部长满杂草，周围散落少量碎砖，砖宽 0.175 米，厚 0.07 米，残损石出水嘴一块，残长 0.47 米，宽 0.3 米，厚 0.25 米，水槽宽 0.115 米，深 0.04 米，两侧山坡长满栗树林，植被繁茂。

原有郭公关碑立于关门西北角，碑石现藏于南沟村刘海明家，碑宽 0.535 米，高 0.96 米，上部抹角宽 0.25 米。碑文上款书写："直隶顺德府督工同知关西郭口口口丛路城垣"，正文："郭公关"。字体为楷书，字体长 0.3 米×0.2 米。下款：嘉靖二十一年壬寅岁仲夏吉旦，典史高文口。

2. 大岭口关 130582353101170002

位于禅房乡寨后村西北约 1 千米处，坐标：东经 113°53′35.80″，北纬 37°02′51.00″，高程 983 米。

平面形状呈矩形，毛石墙体由关口向两侧延伸，关门原为青砖券门，现状为墙体豁口，门洞进深 4.8 米，宽 1.95 米，券脸厚 0.88 米，券门顶部坍塌，南侧墙面保存较好，存高 3.5 米，券脸厚 0.88 米，墙体外面可见架孔，西侧约 3 米处设角台 1 座，呈方形，外侧为毛石垒砌，南北长 11.3 米，西北角残存，北侧残长 2.6 米，西侧残长 1.4 米，高 3.7 米，东北角坍塌，东西长 17.5 米，高 5.5 米，向东南突出墙体 3.9 米，高 4.4 米，角台顶部有大量填土，散落大量青砖、板瓦、筒瓦、滴水等建筑构件，东南角为一土地庙，土地庙距墙体 1 米，东西宽 2 米，南北长 2.25 米。

3. 大欠岩关 130582353101170003

位于邯郸市武安县活水乡大屯村西北约 900 米，坐标：东经 113°56′02.30″，北纬 36°58′32.00″，高程 833 米。

平面格局呈"一"字形，毛石墙体由关口向两侧延伸，券门东西贯通，宽 2.15 米，深 2.2 米，券脚高 1.95 米，通高 3 米，墙体残长 1.75 米，北侧墙残存 1.5 米，门南侧 1.7 米外为影壁墙，呈半圆形，墙长 3.5 米，向南延伸长 3 米，墙厚 0.83 米，高 0.9～1.83 米，西南角处为出口门，门宽 0.9 米，与东侧墙体相接，墙宽 0.5 米，高 0.9 米，残长 2.1 米。影壁墙外侧设二层台，台基高 0.7 米，墙体高 1 米，墙厚 0.85 米，台基厚 1 米。关口向西约 25 米处，有一块巨大岩石，石长 2.1 米，宽 1.8 米，厚 1.4 米，巨石上部有两个方形人工凿槽。东侧长方槽，上下长 0.25 米，宽 0.15 米，深 0.15 米。其右侧为小方槽，长 0.15 米，宽 0.1 米，深 0.1 米，两槽间距为 0.25 米。周围为山体环绕，处于较窄的山沟中心，东侧为松林，西侧为橡树林，山下为龙神洞（1996 年 6 月建），北侧上部有现代修建的毛石山神庙小屋，西北角有一土地庙，土地庙紧邻墙体，南北 2.84 米，东西 2.9 米，内部佛台高 0.5 米。

邯郸市

邯郸市位于河北省南部，与晋、鲁、豫三省接壤，地理坐标：东经 114° 03′ ～ 114° 40′，北纬 36° 20′ ～ 36° 44′，市域东西长 178 千米，南北宽 102 千米，总面积 12066 平方千米。西依太行山脉，东接华北平原，东邻山东省聊城市，南邻河南省濮阳市、安阳市，西邻山西省长治市、晋中市，北接邢台市。距北京市 404 千米，距石家庄市 169 千米，距天津市 448 千米。

一、地形地貌

邯郸市地势自西向东呈阶梯状下降，高差悬殊，地貌类型复杂多样。以京广铁路为界，西部为中、低山丘陵地貌，东部为华北平原。海拔最高 1898.7 米，最低 32.7 米，相对高差 1866 米，总坡降为 11.8‰。全市自西向东大致可分为五级阶梯：西北部中山区、西部低山区、中部低山丘陵区、中部盆地区、东部洪积冲积平原。高差较大，最高处和最低处相差 1800 余米。山地丘陵区约占全市面积的 46%，平原区占 54%。

二、气候

邯郸市属暖温带大陆性季风气候，四季分明。春季风多干旱，夏季炎热多雨，秋季温和凉爽，冬季寒冷干燥，年平均气温 13.5℃，最冷月份（一月）平均气温～2.3℃，极端最低气温～19℃，最热月份（七月）平均气温 26.9℃，极端最高气温 42.5℃，全年无霜期 200 天，年日照 2557 小时。

三、水文

邯郸市境内的河流属海河水系，境内有较大河流及支流 20 多条，主要有漳河、卫河、卫运河、滏阳河、沁河、渚河、输元河、洺河等河流。

四、自然资源

（一）水资源

邯郸市水资源总量约为 16.7 亿立方米，人均占有量 191 立方米，占全国人均水平的 9%，全省人均水平的 62%。

（二）矿产资源

邯郸市蕴藏有种类繁多的矿产资源，是全国著名的煤和高品位的铁矿石产区，拥有丰富的煤、铁资源，煤炭和铁矿石储量分别达到 40 亿吨和 4.8 亿吨。此外还有较为丰富的非金属矿资源如铝矾土、耐火土、硫铁矿、含钾砂页岩、碳石等四十种以上矿藏。各种矿产地 200 处。

（三）植物资源

邯郸境内自然植被类型可分为针叶林、阔叶林、灌丛和灌草丛、草甸、沼泽植被、水生植被 6 种类型。邯郸市的森林植被主要分布在西部山区；草丛植被主要分布在山地丘陵区的沟谷和荒坡，草甸植被则遍布全境；沼泽植被和水生植被主要分布在东部滞水洼地。亚热带树种漆树在西部山区有着广泛分布。领春木和太行花为邯郸市特有的植物物种。据不完全统计，全市植物分 121 科 1146 种，其中栽培植物达 150 种。

五、明长城资源

此次明长城资源调查涉及武安市、涉县共 2 个县（市）。北邻邢台市邢台县贼道岩关、沙河市大欠岩关；西邻山西省晋中市左权县黄泽关、长治市黎城县东阳关关门北侧墙体。

长城起点：位于武安市管陶乡盘根村东南 245 米山坡上，东经 113° 47′ 53.00″北纬 36° 51′ 40.60″高程 810 米。

长城止点：位于涉县偏城镇窑门口村白坛峧自然村西南 0.4 千米处，东经 113° 40′ 45.00″北纬 36° 51′ 25.70″高程 1288 米。

邯郸市明长城资源调查墙体 13 段，总长 4664 米；单体建筑 21 座，其中：敌台 5 座、烽火台 16 座；关堡 1 座。

邯郸市明长城资源调查统计表

地域	墙体		单体建筑		关堡
	段数	长度	敌台	烽火台	
武安市	6	2257	4	9	
涉县	7	2407	1	7	1
总计	13	4664	5	16	1
			21		

武安市

武安市位于邯郸市西部，太行山东麓，地理坐标：东经113° 45′～114° 22′，北纬36° 28′～37° 01′，市域东西长55.5千米，南北宽60.5千米，总面积1806平方千米。东邻邯郸市复兴区、永年区，南接磁县、峰峰矿区，西倚涉县、山西省左权县，北连邢台市沙河市、邢台县，距北京市419千米，距石家庄市152千米，距邯郸市30千米。

武安市明长城分布在管陶乡、活水乡共2个乡。北邻邢台市邢台县贼道岩关、沙河市大欠岩关；西邻山西省晋中市左权县黄泽关。

起点坐标：位于管陶乡盘根村东北4.2千米，东经113° 47′ 48.50″，北纬36° 52′ 20.00″，高程1128米。

止点坐标：位于活水乡荒庄村东3.3千米两山之间，东经113° 48′ 50.10″，北纬36° 58′ 38.90″，高程1270米。

武安市调查长城墙体6段，总长2257米；单体建筑13座，其中：敌台4座、烽火台9座。

（一）长城墙体

武安市明长城墙体一览表（单位：米）

编号	认定名称	认定编码	类型	长度	保存程度				
					较好	一般	较差	差	消失
1	盘根塞山口长城1段	130481382102170001	石墙	85		85			
2	盘根塞山口长城2段	130481382102170002	石墙	580			395		185
3	盘根塞山口长城3段	130481382102170003	石墙	311				10	301
4	盘根塞山口4段	130481382102170004	石墙	580			395		185
5	天阳鄄长城1段	130481382102170005	石墙	121		20	55	28	18
6	荒庄长城1段	130481382102170006	石墙	580			395		185
合计		共6段：石墙6段		2257		105	1240	38	874
百分比（%）		100				4.6	54.9	1.7	38.8

类型：砖墙、石墙、土墙、山险墙、山险

保存程度：较好、一般、较差、差、消失

1. 盘根塞山口长城1段 130481382102170001

位于管陶乡盘根村东北4.2千米，起点坐标：东经113° 47′ 48.50″，北纬36° 52′ 20.00″，高程1128米，止点坐标：东经113° 47′ 50.80″，北纬36° 52′ 18.30″，高程1121米。

墙体长85米，毛石垒砌，墙底宽2.8～3.8米，墙高1.1～2.2米，南、北两侧与山险相连，两侧平坦，墙体四周植被以荆、葛及杂草为主，东北距羊圈村1.8千米，位于羊圈西北侧山顶。

2. 盘根塞山口长城2段 130481382102170002

位于管陶乡盘根村东北1.2千米，起点坐标：东经113° 47′ 50.80″，北纬36° 51′ 51.00″，高程876米，止点坐标：东经113° 47′ 57.40″，北纬36° 51′ 38.60″，高程814米。

墙体长 580 米，毛石垒砌，墙体底宽 2.8～3.8 米，墙高 1.2～1.8 米，处于两山险之间，东侧为公路，墙体四周植被以荆、葛及杂草为主。

3. 盘根塞山口长城 3 段 130481382102170003

位于管陶乡盘根村东南 2.2 千米，起点坐标：东经 113° 47′ 57.40″，北纬 36° 51′ 38.60″，高程 814 米，止点坐标：东经 113° 48′ 04.40″，北纬 36° 51′ 31.40″，高程 805 米。

墙体长 311 米，毛石垒砌，墙体底宽 2.8～3.2 米，残高 0.6～1 米，东侧为公路，墙体四周植被以荆、葛及杂草为主。

4. 盘根塞山口 4 段 130481382102170004

位于管陶乡盘根村东南，起点坐标：东经 113° 48′ 04.40″，北纬 36° 51′ 31.40″，高程 805 米，止点坐标：东经 113° 47′ 57.30″，北纬 36° 51′ 28.90″，高程 806 米。

墙体设敌台 1 座，为盘根 01 敌台，墙体长 580 米，毛石垒砌，墙体底宽 2.8～3.8 米，墙高 1.2～1.8 米，东侧为公路，墙体四周植被以荆、葛及杂草为主。

5. 天阳郫长城 1 段 130481382102170005

位于管陶乡盘根村东 2.2 千米，起点坐标：东经 113° 58′ 31.60″，北纬 36° 55′ 59.10″，高程 1110 米，止点坐标：东经 113° 58′ 31.80″，北纬 36° 55′ 55.90″，高程 1107 米。

墙体设敌台 1 座，为天阳郫 01 敌台，墙体长 121 米，毛石垒砌，墙底宽 2.8～3.2 米，墙高 0.6～1 米，东侧为公路，墙体四周植被以荆、葛及杂草为主。

6. 荒庄长城 1 段 130481382102170006

位于活水乡荒庄村东 3.3 千米两山之间，起点坐标：东经 113° 48′ 51.60″，北纬 36° 58′ 42.40″，高程 1257 米，止点坐标：东经 113° 48′ 50.10″，北纬 36° 58′ 38.90″，高程 1270 米。

墙体长 580 米，毛石垒砌，墙底宽 2.8～3.6 米，墙高 0.6～1.4 米处于两山险之间，西侧为公路，墙体四周植被以荆、葛及杂草为主。

（二）单体建筑

武安市明长城单体建筑一览表（单位：座）

编号	认定名称	认定编码	材质	保存程度				
				较好	一般	较差	差	消失
1	盘根 01 烽火台	130481353201170001	石			√		
2	盘根 01 敌台	130481352101170002	石			√		
3	盘根 02 烽火台	130481353201170003	石				√	
4	脑沟 01 烽火台	130481353201170004	石			√		
5	脑沟 02 烽火台	130481353201170005	石			√		
6	脑沟 03 烽火台	130481353201170006	石			√		
7	拐峧 01 烽火台	130481353201170007	石		√			
8	列江 01 烽火台	130481353201170008	石			√		

（续）

编号	认定名称	认定编码	材质	保存程度				
				较好	一般	较差	差	消失
9	坟峤 01 烽火台	1304813532 01170009	石			√		
10	天阳鄄 01 敌台	1304813521 01170010	石				√	
11	后柏山 01 敌台	1304813521 01170011	石			√		
12	后柏山 02 敌台	1304813521 01170012	石			√		
13	阳坡 01 烽火台	1304813532 01170013	石				√	
合计		共 13 座：石 13 座		1	9	3		
百分比（%）		100		7.7	69.2	23.1		

类型：单体建筑包括敌台、烽火台、马面等
保存程度：较好、一般、较差、差、消失

1. 盘根 01 烽火台 130481353201170001

位于管陶乡盘根村东南 245 米山坡上，坐标：东经 113° 47′ 53.00″，北纬 36° 51′ 40.60″，高程 810 米。

毛石垒砌，平面呈矩形，剖面及立面呈梯形，东西宽 7.3 米，南北长 12.1 米，墙顶宽 1.3 ～ 1.6 米，墙高 1.3 米，东侧存高 8.5 米，西侧墙体砌于山顶石崖之上，两侧均为高山草甸和人工林地，向南约 120 米，为山险，山崖壁立。

2. 盘根 01 敌台 130481352101170002

位于管陶乡盘根村南约 550 米的山坡上，坐标：东经 113° 47′ 57.70″，北纬 36° 51′ 28.90″，高程 804 米。

毛石垒砌，平面呈矩形，剖面及立面呈梯形，东西宽 5.78 米，南北长 5.9 米，东侧残高 3.1 米，北侧残高 2.97 米，西侧向北出墙体 2.16 米，向南出墙体 2.4 米，台体西北角、西南角部分坍塌，顶部杂草、灌木丛生，碎石杂乱堆积。

3. 盘根 02 烽火台 130481353201170003

位于管陶乡盘根村东 290 米的山坡上，坐标：东经 113° 47′ 50.80″，北纬 36° 51′ 51.00″，高程 876 米。

毛石垒砌，平面呈圆形，剖面及立面呈梯形，底边周长约 56 米，高 5.8 米，仅西北角存部分垒砌痕迹，坍塌严重，四周杂草、灌木丛生，碎石杂乱堆积。

4. 脑沟 01 烽火台 130481353201170004

位于管陶乡脑沟村东南 1200 米左右山顶上，坐标：东经 113° 48′ 55.30″，北纬 36° 56′ 54.50″，高程 1128 米。

毛石垒砌，平面呈矩形，剖面及立面呈梯形，东侧长 6.8 米，残高 0.8 ～ 2.2 米，中部向东至岩石设 13 级登台梯道，宽 1.6 米，高 1.6 ～ 2.2 米，长 2.3 米，西、南、北均大部分向西坍塌，四周杂草灌木丛生。

5. 脑沟 02 烽火台 130481353201170005

位于管陶乡脑沟村东南 1200 米左右山顶上，坐标：东经 113° 48′ 14.70″，北纬 36° 56′ 54.00″，高程 1124 米。

毛石垒砌，平面呈矩形，剖面及立面呈梯形，东西长6.2米，南北宽5.8米，高1.5米，四周杂草灌木丛生。

6. 脑沟03烽火台 130481353201170006

位于馆陶乡脑沟村西北1500米山峰顶部，坐标：东经113° 47′ 41.90″，北纬36° 57′ 56.50″，高程1136米。

毛石垒砌，平面呈矩形，剖面及立面呈梯形，顶部东西宽6.79米，南北长7.2米，南高6.95米，北高4.67米，包墙厚0.8米，西侧设登顶梯道，宽1.6米，踏跺无痕迹，梯道距南墙2.28米，距北墙3.2米，南墙下高1.45米，梯道长4.24米，西、北、东侧坍塌。

7. 拐峧01烽火台 130481353201170007

位于管陶乡拐峧村东南约2500米左右，坐标：东经113° 48′ 56.00″，北纬36° 53′ 55.20″，高程922米。

毛石垒砌，平面呈矩形，剖面及立面呈梯形，东西长6.2米，南北宽6米，高3.5米，东北侧墙中间设登顶梯道，梯道宽2.3米，长4.5米，高3.3米，南墙下设毛石梯道上至东墙梯道，宽1.65米，长7米，中间高4.8米，西侧墙高6.5米，距顶部0.3米处，中间设一匾额，上书XXX墩台，长0.7米，高0.5米，方形石质，字迹不清，西墙存裂缝三道，东侧登顶梯道东端头存人工开凿凹形，推断为驻军避雨之用，四周杂草灌木丛生。

8. 列江01烽火台 130481353201170008

位于管陶乡列江村东南800米山峰顶部，坐标：东经113° 48′ 48.80″，北纬36° 55′ 25.50″，高程1067米。

毛石垒砌，平面呈矩形，剖面及立面呈梯形，东西长3.2米，高1.4～2.6米，顶部后期人为堆垒石柱一处，东墙中部设登顶梯道，长3.6米，宽2.2米，高1.8米，四周杂草灌木丛生。

9. 坟峤01烽火台 130481353201170009

位于管陶乡坟峤村东北山坡上，距村直线距离1500米，坐标：东经113° 48′ 18.80″，北纬36° 56′ 29.20″，高程1085米。

毛石垒砌，平面呈矩形，剖面及立面呈梯形，东西长6.6米，残高4.4米，包砌毛石厚0.5米，东侧设登台梯道，宽1.8米，长3.4米，高4米，北墙距梯道2.4米，四周碎石杂堆，杂草灌木丛生。

10. 天阳鄄01敌台 130481352101170010

位于活水乡天阳鄄村东南1千米边墙沟东南山峰，坐标：东经113° 58′ 31.60″，北纬36° 55′ 56.80″，高程1104米。

毛石垒砌，平面呈矩形，剖面及立面呈梯形，东西宽4.6米，南北长4.9米，东高5.6米，西高4.07米，东南高3.18米，北高4.3米，毛石包砌厚0.6米，敌台南北两侧接墙体，北侧墙宽2.25米，残高2.1米，向北直至山岩头，南侧墙宽3.2米，残高2.1米，向南延伸约36米，顶部及四周杂草灌木丛生。

11. 后柏山01敌台 130481352101170011

位于活水乡荒庄东南1.5千米公路东侧150米东南山峰间，坐标：东经113° 48′ 50.10″，北纬36° 58′ 38.90″，高程1270米。

毛石垒砌，平面呈矩形，剖面及立面呈梯形，东西长 6.5 米，南北宽 4.8 米，北高 1.1 ～ 1.65 米，南高 0.6 ～ 0.9 米，毛石包砌厚 0.6 米，敌台北接墙体，墙宽 1.35 米，残高 1.35 米，顶部及四周杂草灌木丛生。

12. 后柏山 02 敌台 1304813521011770012

位于活水乡荒庄东南 1.5 千米公路东侧 150 米东南山峰间，坐标：东经 113° 48′ 49.40″，北纬 36° 58′ 41.40″，高程 1264 米。

毛石垒砌，平面呈矩形，剖面及立面呈梯形，东西长 6.5 米，南北宽 5.4 米，高 1.65 米，毛石包砌厚 0.6 米，敌台南北两侧接墙体，墙宽 1.35 米，残高 1.35 米，顶部及四周杂草灌木丛生。

13. 阳坡 01 烽火台 130481353201170013

位于管陶乡阳坡东北 2.5 千米处山坡上，坐标：东经 113° 48′ 49.90″，北纬 36° 58′ 49.20″，高程 1349 米。

毛石垒砌，平面呈矩形，剖面及立面呈梯形，北墙东西长 3.2 米，残高 0.4 ～ 0.8 米，东侧残长 2.6 米，高 0.4 ～ 0.6 米，其余部分均已坍塌，四周杂草灌木丛生。

涉县

涉县位于邯郸市西部，太行山东麓，晋冀豫三省交界处，地理坐标：东经 113° 26 ～ 114° 北纬 36° 17′ ～ 36° 55′，县域东西长 37.5 千米，南北宽 64.5 千米，总面积 1509 平方千米。东与武安市、磁县毗邻，西与山西省长治市黎城县、平顺县相连，南与河南省安阳市林州市相邻，与山西省晋中市左权县接壤。距北京 455 千米，距石家庄市 178 千米，距邯郸市 78 千米。

涉县明长城分布在辽城乡、神头乡共 2 个乡，北邻武安市盘根 02 烽火台；西邻山西省长治市黎城县东阳关关门北侧墙体。

起点坐标：位于神头乡响堂铺村西北约 1.5 千米处，东经 113° 33′ 19.80″，北纬 36° 31′ 44.30″，高程 778 米。

止点坐标：位于偏城镇窑门口村白坛峻自然村西南 0.4 千米处，东经 113° 40′ 45.00″，北纬 36° 51′ 25.70″，高程 1288 米。

涉县调查长城墙体 7 段，总长 2407 米；单体建筑 8 座，其中：敌台 1 座、烽火台 7 座；关堡 1 座。

（一）长城墙体

涉县明长城墙体一览表（单位：米）

编号	认定名称	认定编码	类型	长度	保存程度				
					较好	一般	较差	差	消失
1	响堂铺长城 1 段	130426382102170001	石墙	504			403		101
2	甘土岭长城 1 段	130426382102170002	石墙	555			555		

（续）

编号	认定名称	认定编码	类型	长度	保存程度				
					较好	一般	较差	差	消失
3	甘土岭长城2段	1304263821021700003	石墙	555			555		
4	茅岭底长城1段	1304263821021700004	石墙	64			64		
5	岩上长城1段	1304263821021900005	石墙	372			127	65	180
6	西峧长城1段	1304263821021900006	石墙	324			314		10
7	白坛峧长城1段	1304263821021900007	石墙	33			33		
	合计	共7段：石墙7段		2407			2018	98	291
	百分比（%）	100					83.8	4.1	12.1

类型：砖墙、石墙、土墙、山险墙、山险

保存程度：较好、一般、较差、差、消失

1. 响堂铺长城1段 1304263821021700001

位于神头乡响堂铺村西北约1.5千米处，起点坐标：东经113°33′19.80″，北纬36°31′44.30″，高程778米，止点坐标：东经113°33′17.10″，北纬36°31′58.80″，高程854米。

墙体长504米，毛石垒砌，宽1.6～2米，外侧高2～2.5米，内侧高0.5～1.4米，豁口1处，长101米，邯长铁路呈东西向穿过。

2. 甘土岭长城1段 1304263821021700002

位于辽城乡西辽城村西南1.9千米处，起点坐标：东经113°30′19.70″，北纬36°41′28.20″，高程773米，止点坐标：东经113°30′31.30″，北纬36°41′51.30″，高程867米。

墙体设敌台1座，为甘土岭1号敌台，设烽火台3座，分别为甘土岭3～5号烽火台，墙体长555米，毛石垒砌，墙体底宽3.7米，顶宽0.9米，内高2.2米，外高1.3米，灌溉水渠1处，呈东西向穿越，墙体绕山体外侧一周，山体外侧陡峭，内侧存几处房基。

3. 甘土岭长城2段 1304263821021700003

位于辽城乡西辽城村西南1.8千米处，起点坐标：东经113°30′21.70″，北纬36°41′32.30″，高程752米，止点坐标：东经113°30′29.40″，北纬36°41′43.80″，高程768米。

墙体长555米，毛石垒砌，墙体已大部分坍塌，较好段墙体外高2米，墙体内侧为一小路。

4. 茅岭底长城1段 1304263821021700004

位于辽城乡茅岭底村西南1千米处，起点坐标：东经113°30′21.10″，北纬36°42′09.10″，高程607米，止点坐标：东经113°30′19.70″，北纬36°42′10.50″，高程641米。

墙体长64米，毛石垒砌，底宽1.5～2.6米，顶宽1.2～1.6米，内高1.8～2米，外高1～1.8米，砌墙所用的石块由下至上逐渐变小，至顶部改为小块片石垒砌，此段墙体呈阶梯状，分为三阶，每阶高差为1.7～2.4米，墙体南侧为一小河，南侧临近河边处存石砌券门基址，河谷宽约250米。

5. 岩上长城1段 1304263821021900005

位于辽城乡岩上村北1.1千米处，起点坐标：东经113°35′05.10″，北纬36°45′15.30″，高程1183米，止点坐标：东经113°34′53.20″，北纬36°45′17.90″，高程1231米。

墙体长 372 米，毛石垒砌，顶宽 0.8 米，内高 2 米，外高 0.9 米，通往山西省左权县树坪村的乡间公路穿段墙体，墙体内外长满杂草及灌木，内侧为陡坡，外侧山势较缓。

6. 西峧长城 1 段 130426382102190006

位于偏城镇西峧村西北 3.4 千米处，起点坐标：东经 113° 37′ 30.70″，北纬 36° 46′ 34.00″，高程 1239 米，止点坐标：东经 113° 37′ 24.10″，北纬 36° 46′ 26.20″，高程 1251 米。

墙体长 324 米，毛石垒砌，底宽 1.7 米，顶宽 0.8 米，内高 1 ～ 1.3 米，外高 1 米，墙体存多处小段落坍塌，仅存基址，内侧为一后建小庙，占地面积约 3 平方米，庙南侧存民国 8 年（公元 1919）所立的界碑，为山西省黎城县与辽县的界碑，青石质。

7. 白坛峧长城 1 段 130426382102190007

位偏城镇窑门口村白坛峧自然村西南 0.4 千米处，起点坐标：东经 113° 40′ 44.70″，北纬 36° 51′ 24.70″，高程 1286 米，止点坐标：东经 113° 40′ 45.00″，北纬 36° 51′ 25.70″，高程 1288 米。

墙体长 33 米，毛石垒砌，底宽 1.5 米，已全部坍塌。

（二）单体建筑

涉县明长城单体建筑一览表（单位：座）

编号	认定名称	认定编码	材质	保存程度				
				较好	一般	较差	差	消失
1	响堂铺 1 号烽火台	130426353201170001	土				√	
2	响堂铺 02 号烽火台	130426353201170002	土				√	
3	甘土岭 1 号烽火台	130426353201170003	石				√	
4	甘土岭 2 号烽火台	130426353201170004	石				√	
5	甘土岭 3 号烽火台	130426353201170005	石				√	
6	甘土岭 4 号烽火台	130426353201170006	石				√	
7	甘土岭 5 号烽火台	130426353201170007	石				√	
8	甘土岭 1 号敌台	130426352101170008	石				√	
合计		共 8 座：土 2 座，石 6 座					8	
百分比（%）		100					100	

备注：类型：单体建筑包括敌台、烽火台、马面等
保存程度：较好、一般、较差、差、消失

1. 响堂铺 1 号烽火台 130426353201170001

位于神头乡响堂铺村西南侧约 900 米的小山包上，坐标：东经 113° 33′ 17.40″，北纬 36° 30′ 57.50″，高程 761 米。

平面呈圆形，剖面及立面呈梯形，直径 4 米，高 0.7 米，坍塌严重，成堆状，杂草覆盖。

2. 响堂铺 2 号烽火台 130426353201170002

位于神头乡下湾火车站西北侧约 700 米处的山脊上，坐标：东经 113° 33′ 06.00″，北纬 36° 32′ 04.40″，高程 961 米。

平面呈矩形，剖面及立面呈梯形，东西宽 5.2 米，南北长 6.7 米，高 3 米，东侧根部存后期挖掘的壕沟，长 3 米，宽 1.6 米，深 0.7 米。

3. 甘土岭 1 号烽火台 130426353201170003

位于辽城乡辽城村西南侧约 1.9 千米处的山脊上，坐标：东经 113° 30′ 21.10″，北纬 36° 41′ 25.30″，高程 811 米。

毛石垒砌，平面呈圆形，剖面及立面呈梯形，西侧高 2.6 米、东侧高 0.9 米，中间残宽 2.3 米。

4. 甘土岭 2 号烽火台 130426353201170004

位于辽城乡辽城村西南侧约 1.9 千米处的山脊上，坐标：东经 113° 30′ 17.50″，北纬 36° 41′ 28.90″，高程 758 米。

毛石垒砌，平面呈矩形，剖面及立面呈梯形，东西长 6.8 米，南北宽 6.1 米，高 0.4 ～ 0.6 米。

5. 甘土岭 3 号烽火台 130426353201170005

位于辽城乡辽城村西南侧约 1.9 千米处的山脊上，坐标：东经 113° 30′北纬 36° 41′高程 759 米。

毛石垒砌，平面呈矩形，剖面及立面呈梯形，东西宽 6 米，南北长 6.4 米，高 2.5 米。

6. 甘土岭 4 号烽火台 130426353201170006

位于辽城乡辽城村西南侧约 1.9 千米处的山脊上，坐标：东经 113° 30′ 17.30″，北纬 36° 41′ 36.40″，高程 778 米。

毛石垒砌，平面呈矩形，剖面及立面呈梯形，东西长 6.5 米，南北宽 5.5 米，高 1.5 米。

7. 甘土岭 5 号烽火台 130426353201170007

位于辽城乡西辽城村西侧约 1.8 千米处的山脊上，坐标：东经 113° 30′ 20.80″，北纬 36° 41′ 42.50″，高程 801 米。

平面呈圆形，剖面及立面呈梯形，直径 5.9 米，残高 2 米。

8. 甘土岭 1 号敌台 130426352101170008

位于辽城乡西辽城村西侧约 1.6 千米处的山脊上，坐标：东经 113° 30′ 29.90″，北纬 36° 41′ 44.10″，高程 765 米。

平面呈圆形，剖面及立面呈梯形，敌台向外凸出墙体 5.9 米，残高 2 米。

（三）关堡

涉县明长城关堡一览表（单位：座）

编号	认定名称	认定编码	类型	周长（米）	保存程度				
					较好	一般	较差	差	消失
1	黑虎关	130426353101190001	石墙				√		
合计		共1座：石墙1座					1		
百分比（%）		100					100		

保存程度：较好、一般、较差、差、消失

1. 黑虎关 130426353101190001

位于偏城镇窑门口村白坛峧自然村西约 400 米的山顶上，坐标：东经 113° 40′ 36.10″，北纬 36° 54′ 32.50″，高程 1312 米。

平面形状呈不规则形，毛石垒砌，存墙长 15 米，坍塌严重，墙中辟门，门宽 2.4 米，高 2.7 米，上部残存小部分石砌门券，靠东侧下部存门轴石 1 块，露明高 0.34 米，轴径 0.065 米，根据门轴石分析门应向南开，门两侧的石墙靠下侧向设望孔一个，内口宽 0.3 米，高 0.26 米。

真保镇历史文献

线图

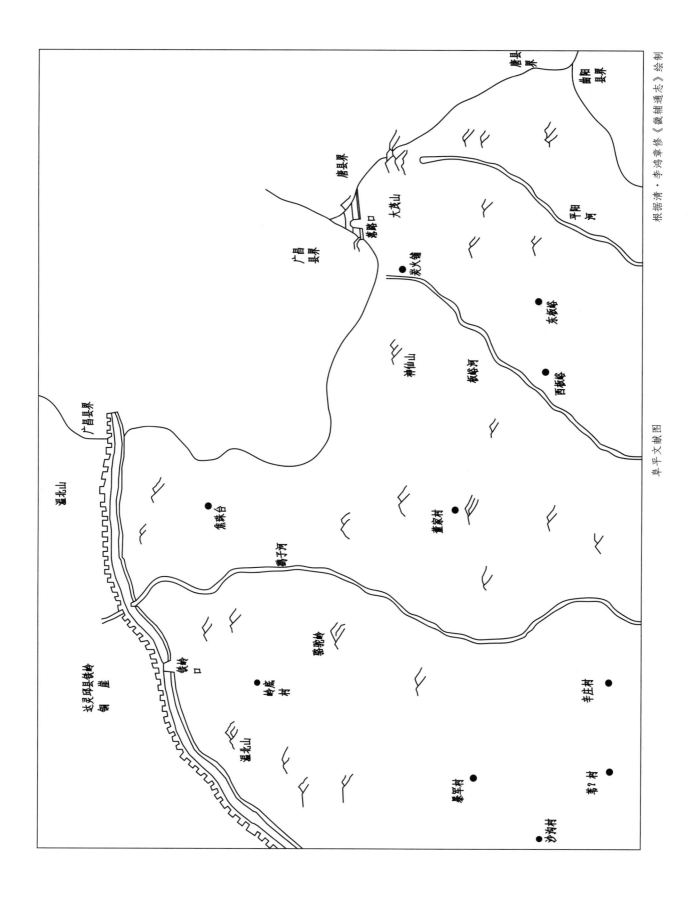

阜平文献图

根据清·李鸿章修《畿辅通志》绘制

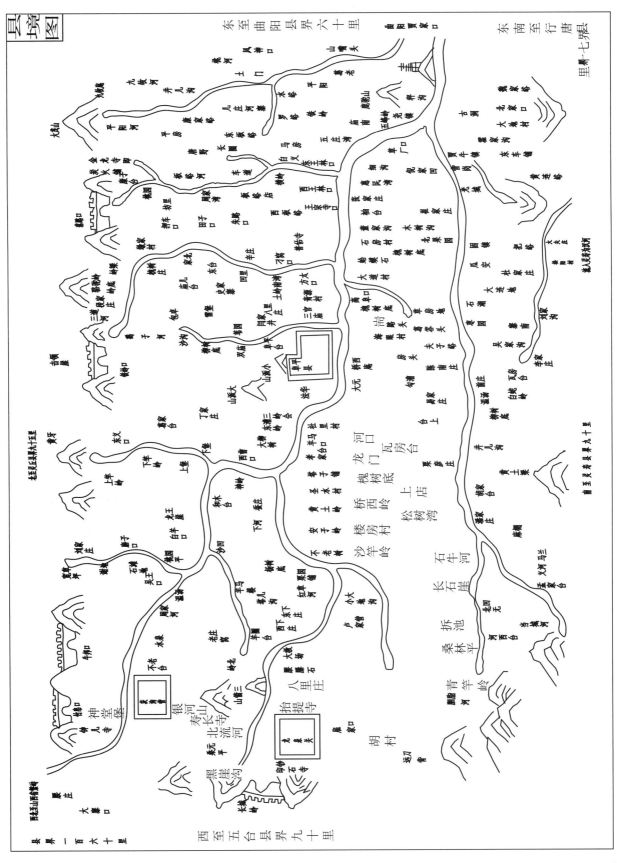

《涞水县志》图

根据清·光绪二十一年《涞水县志》绘制

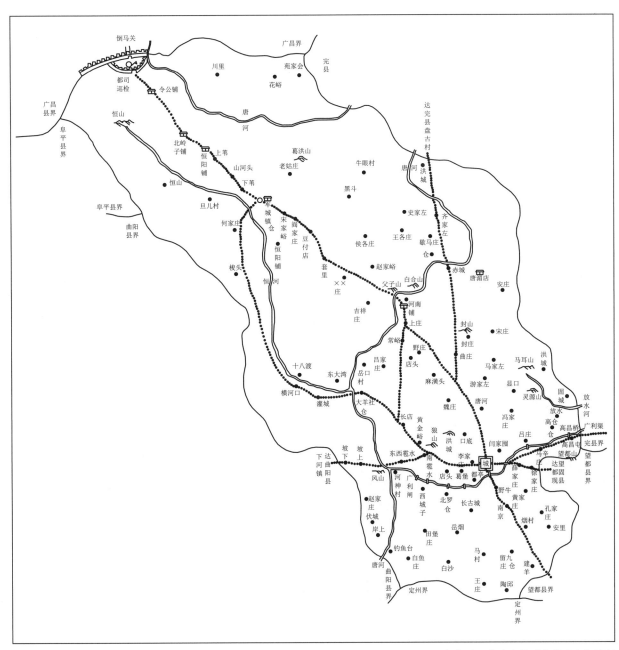

唐县文献图　　　　　　　　　　　根据清·李鸿章修《畿辅通志》绘制

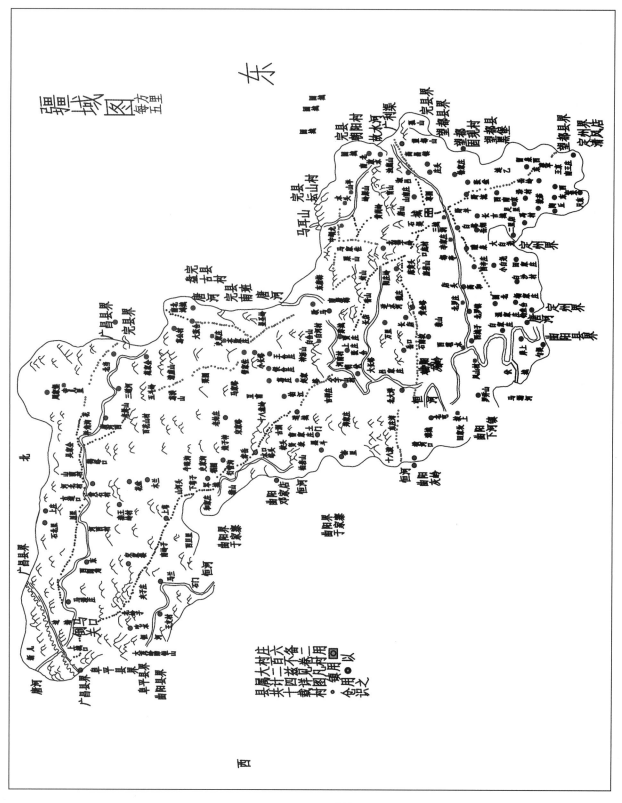

唐县疆域图

根据清·光绪四年陈咏修 张焯德《唐县志》绘制

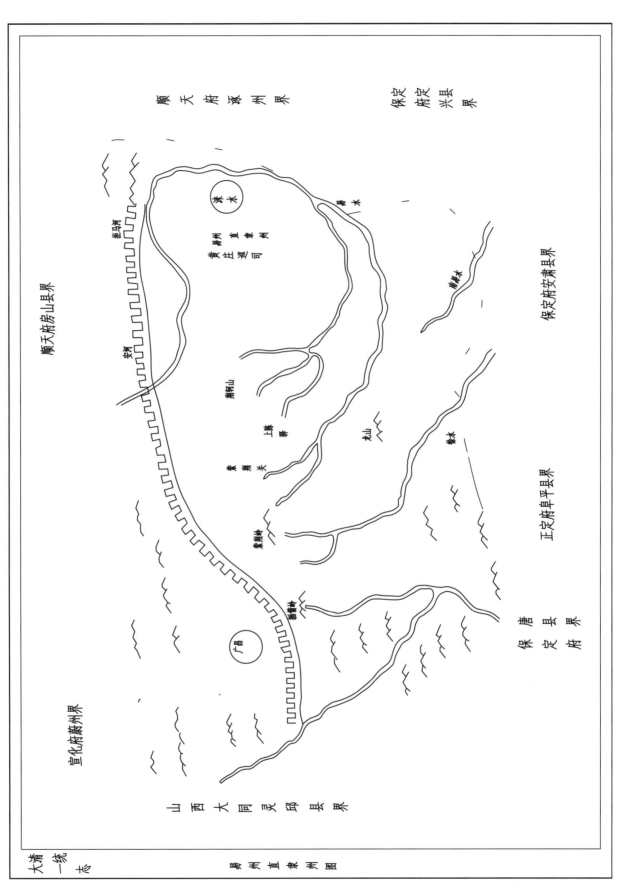

易州直隶州图

根据清·《大清一统志》绘制

顺天府涿州界

保定府定兴县界

顺天府房山县界

保定府安肃县界

正定府阜平县界

保定府唐县界

宣化府蔚州界

山西大同灵邱县界

拒马涧

涞水

涞水

拒马涧

涞源县直隶州
黄庄巡司

荆轲山

燕子夫上城峯

紫荆岭

蕃髦岭

广昌

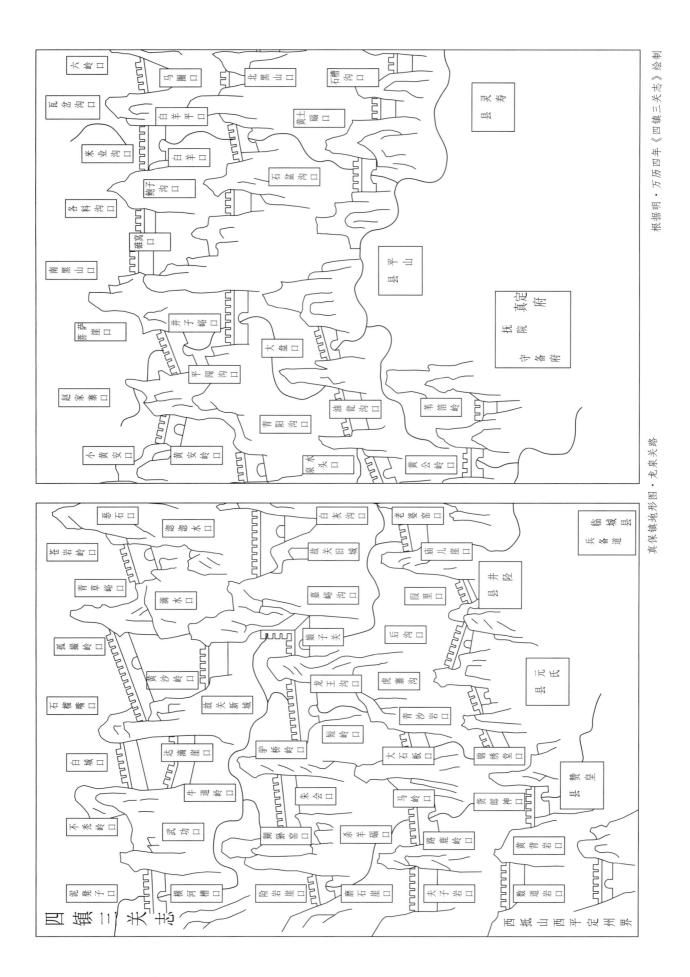

根据明·万历四年《四镇三关志》绘制

真保镇地形图·龙泉关路

四镇三关志

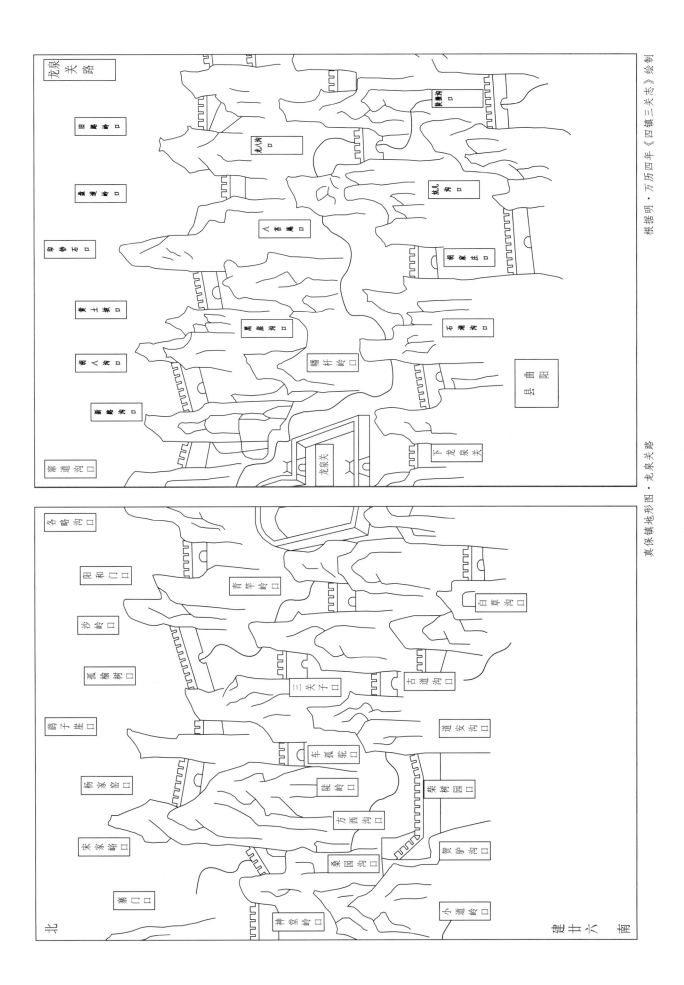

真保镇地形图·龙泉关路

根据明·万历四年《四镇三关志》绘制

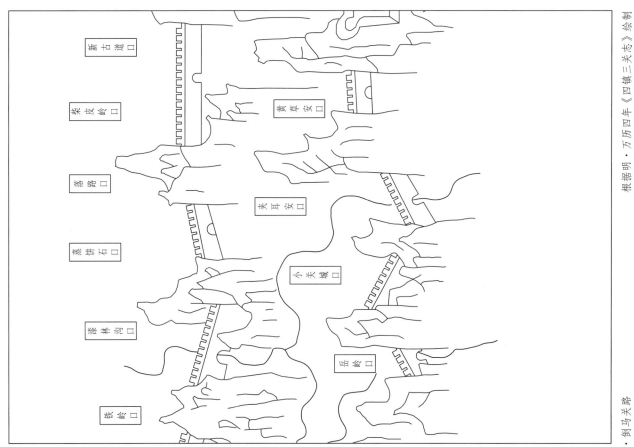

北

真保镇地形图 · 倒马关路

根据明 · 万历四年《四镇三关志》绘制

建 廿 五 南

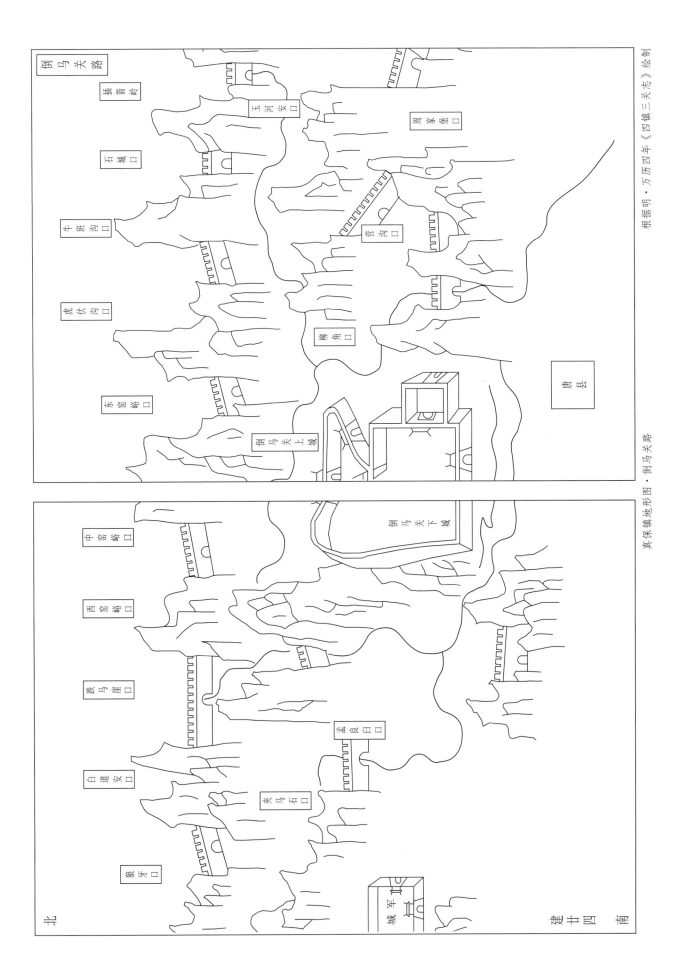

倒马关路

插箭岭

玉河安口

周家堡口

石城口

牛班沟口

菅沟口

虎伏沟口

柳角口

东窑峪口

倒马关上城

唐县

中窑峪口

西窑峪口

倒马关下城

跃马崖口

白道安口

孟良台口

夹马石口

狼牙口

北京军城

北

建廿四南

真保镇地形图·倒马关路

根据明·万历四年《四镇三关志》绘制

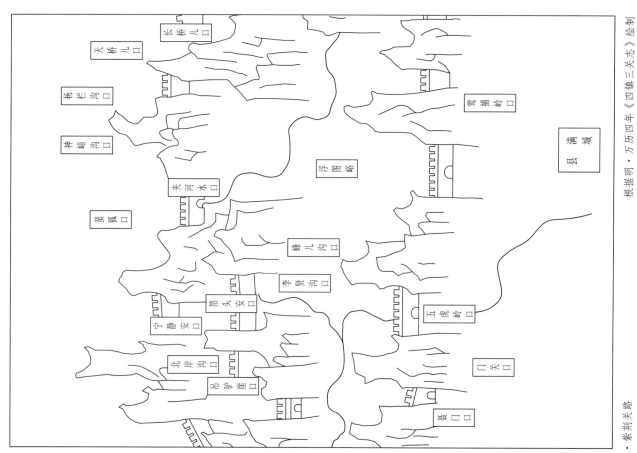

真保镇地形图·紫荆关路

根据明·万历四年《四镇三关志》绘制

北

南

长桥儿口
天桥儿口
杨栏沟口
神峪沟口
夹河水口
画狐口
浮图峪
蜂儿沟口
李贤沟口
鸾捕岭口
满城县
箭头安口
宁静安口
五虎岭口
北岸沟口
吊驴崖口
门夹口
聂门口

黄草安口
卢子沟口
歪嘴儿口
葫芦孩口
西水沟口
黄土岭口
长豕沟口
完县
烟熏崖口
白马安口
鹰鹁峪
广昌县
白石口
羊圈子口

建廿三

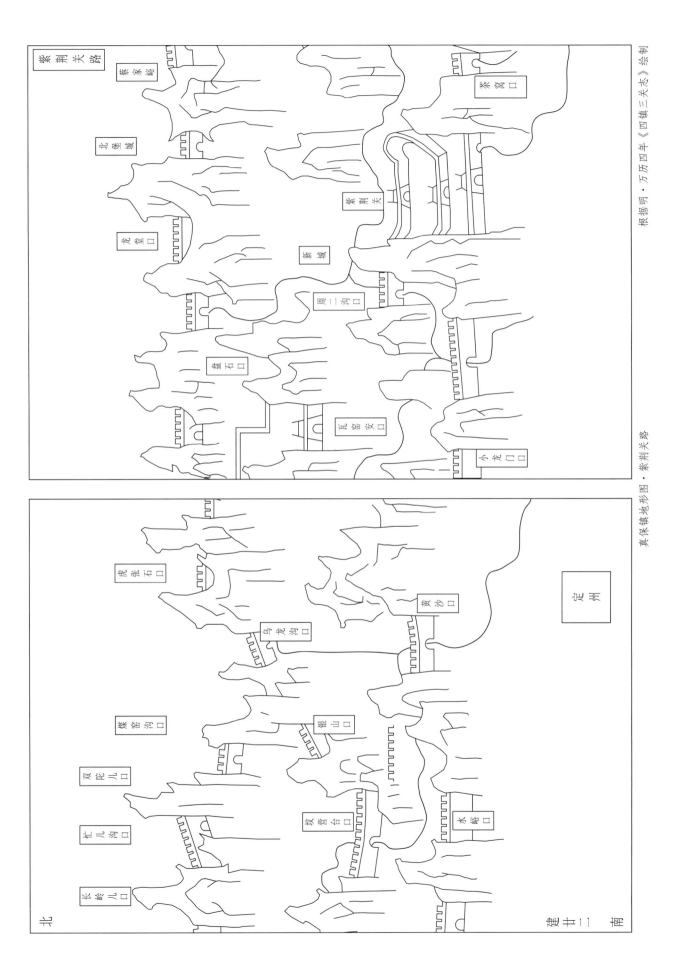

紫荆关路

蔡家峪

茶黄口

北堡城

紫荆关

龙望口

新城

周二沟口

盘石口

瓦窑安口

小龙门口

虎张石口

黄沙口

乌龙沟口

煤窑沟口

银山口

双陀儿口

定州

忙儿沟口

玫营台口

水峪口

长岭儿口

北

建廿二

南

根据明·万历四年《四镇三关志》绘制

真保镇地形图·紫荆关路

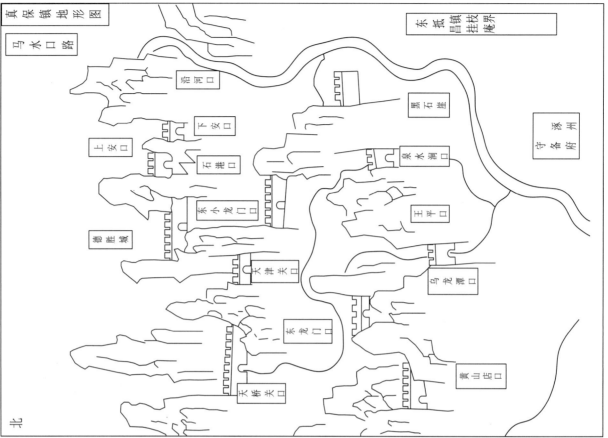

真保镇地形图·马水口路　根据明·万历四年《四镇三关志》绘制

保定市明长城资源
分布图

图一 保定市明长城资源分布图

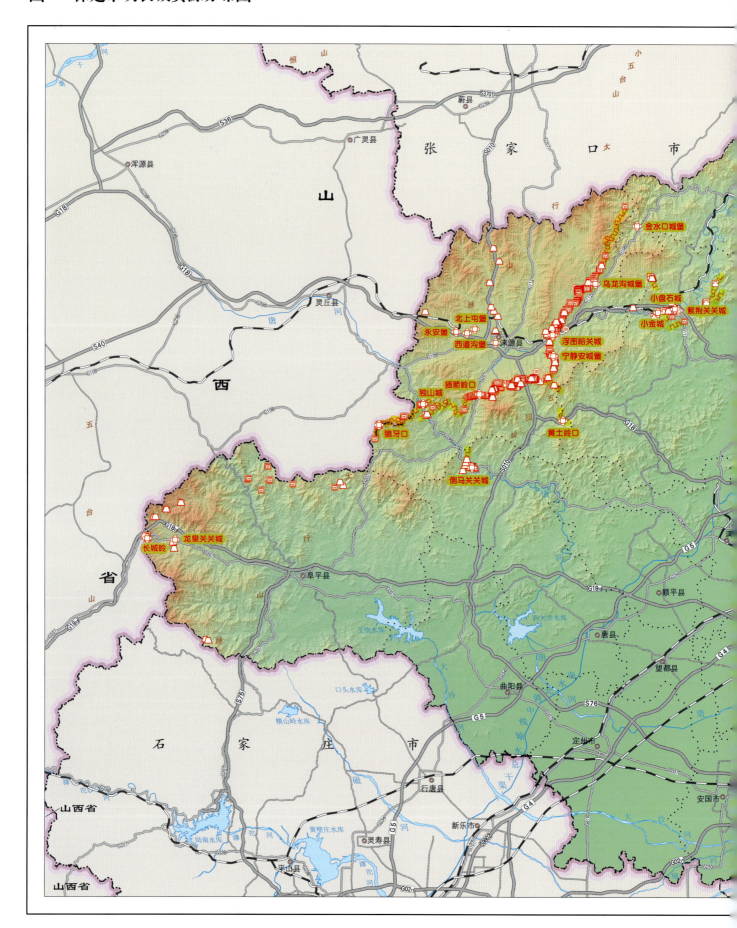

图一 保定市明长城资源分布图

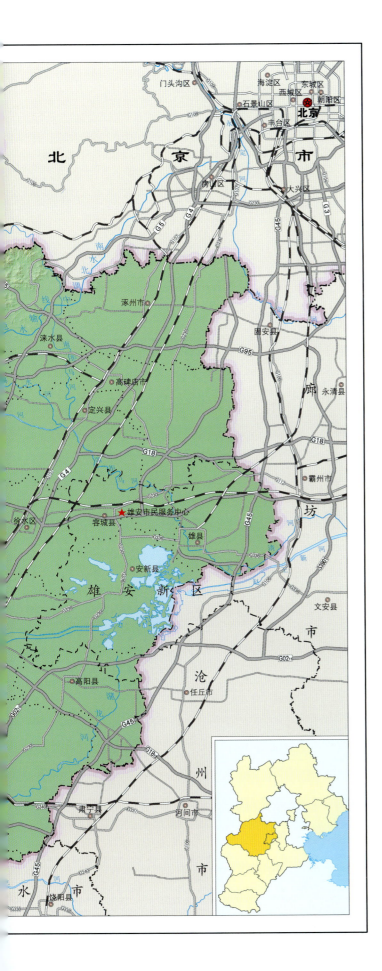

图 例

▭▭▭	明长城墙体
⬡	关堡
△	烽火台
⊖	挡马墙
⊞	敌台
⊡	马面
⊡	水门（关）
⊚	砖瓦窑
⊙	碑碣
⊡	居住址
⊡	其他相关遗址、遗迹
⬢	首都
⬢	省级行政中心
★	雄安新区市民服务中心
●	地级行政中心
◉	县级行政中心
– ‧ – ‧ –	省级界
– – –	地级界
– – –	雄安新区界
‧‧‧‧‧‧	县级界
▬▭▬▭	铁路
══ G7 ══	高速公路及编号
══ G207 ══	国道及编号
══════	省道及编号
〜〜	水系及闸坝

比例尺　1∶810 000

保定市长城资源概况

　　保定市明长城资源调查墙体175段，总长152959米；单体建筑538座，其中：敌台309座、马面126座、烽火台100座，水关（门）2座、其他单体建筑1座；关堡20座；相关遗存69处。

图二 涞水县明长城资源分布图

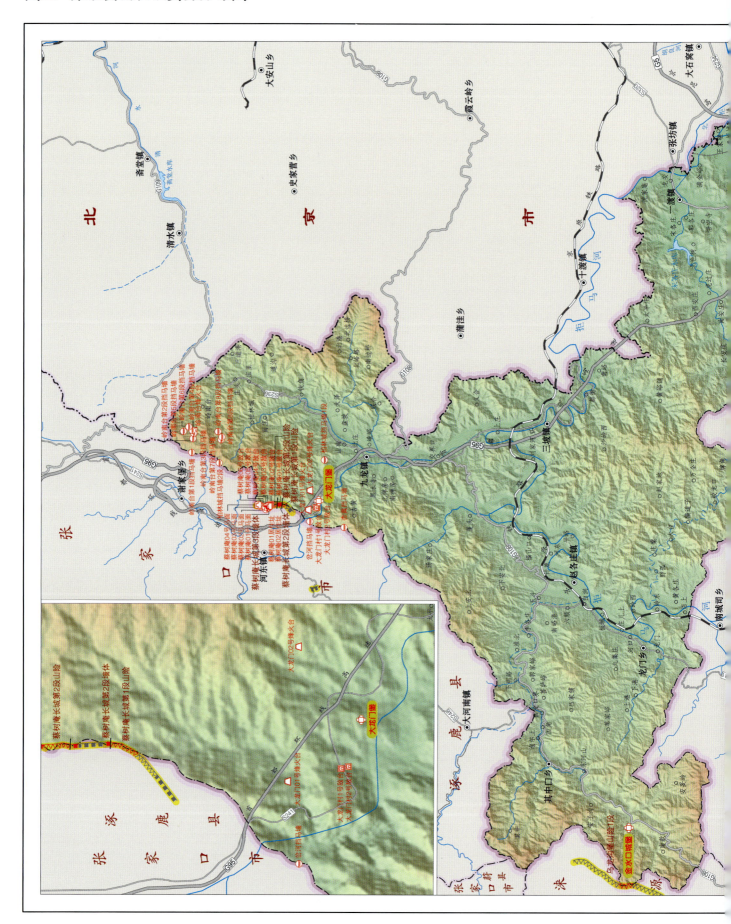

图二 涞水县明长城资源分布图

图 例

符号	名称
	土墙
	石墙
	砖墙
	消失墙体
	山险
	河险
	山险墙
	壕堑
	其他墙体
	关堡
	烽火台
	挡马墙
	敌台
	马面
	水关（门）
	砖瓦窑
	碑碣
	居住址
	其他相关遗址、遗迹
	省级行政中心
	地级行政中心
	县级行政中心
	乡、镇
	行政村
	省级界
	地级界
	雄安新区界
	县级界
	铁路
G7	高速公路及编号
G207	国道及编号
S247	省道及编号
	县道
	水系及闸坝

比例尺　1：292 000

涞水县长城资源概况

涞水县调查长城资源墙体6段，总长3462米；单体建筑16座，其中：敌台8座、马面4座、烽火台4座；关堡2座；相关遗存15处。

图三 易县明长城资源分布图

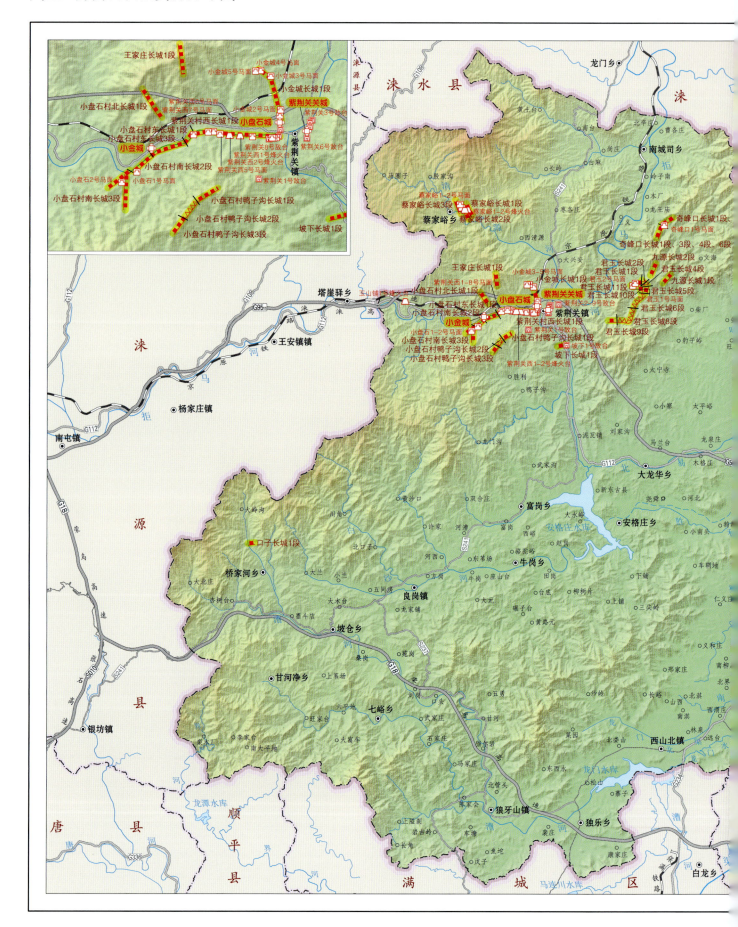

图例

	土墙
	石墙
	砖墙
	消失墙体
	山险
	河险
	山险墙
	壕堑
	其他墙体
	关堡
	烽火台
	挡马墙
	敌台
	马面
	水关（门）
	砖瓦窑
	碑碣
	居住址
	其他相关遗址、遗迹
	省级行政中心
	地级行政中心
	县级行政中心
	乡、镇
	行政村
	省级界
	地级界
	雄安新区界
	县级界
	铁路
G7	高速公路及编号
G207	国道及编号
S247	省道及编号
	县道
	水系及闸坝

比例尺　1∶260 000

易县长城资源概况

　　易县调查长城墙体38段，总长20706米；单体建筑35座，其中：敌台10座、马面20座、烽火台5座；关堡3座。

图四 涞源县明长城墙体、关堡、相关遗存分布图

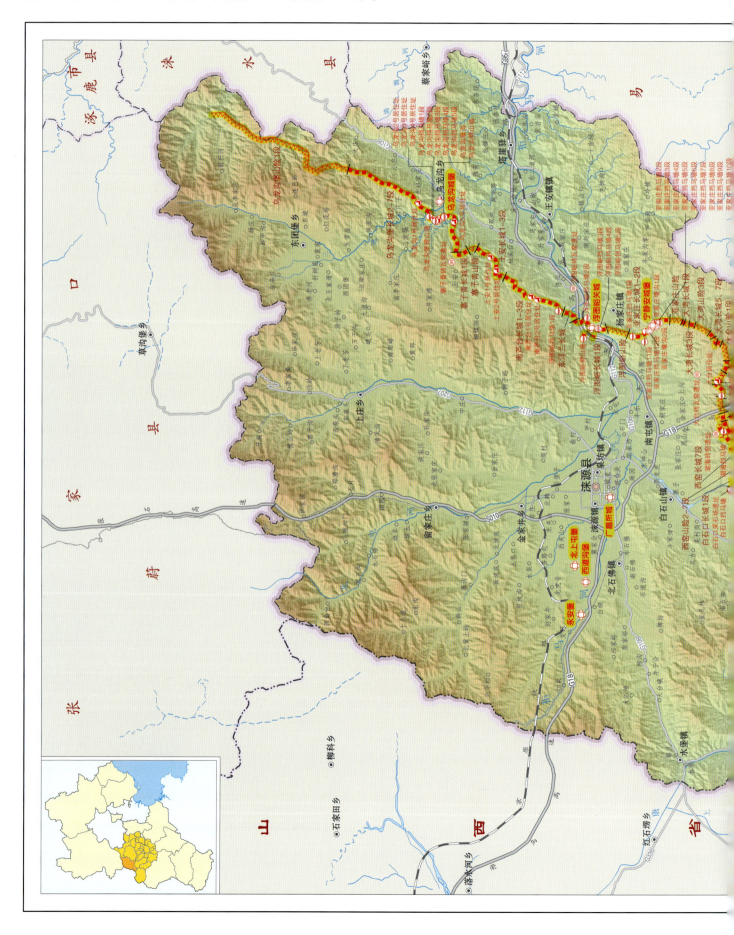

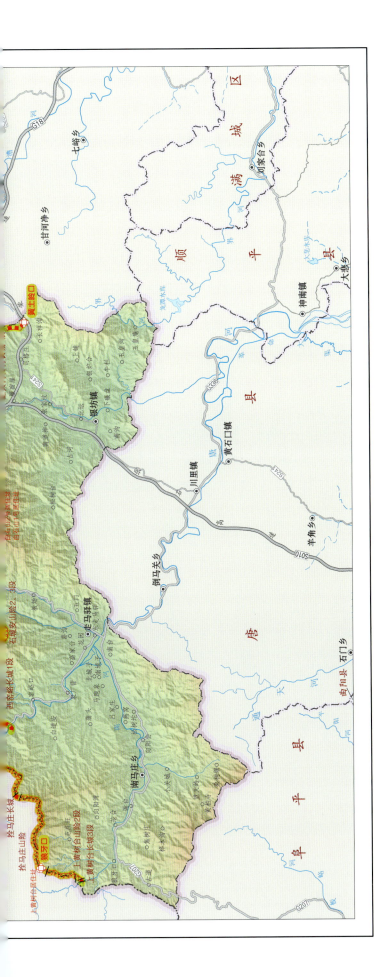

图 例

土墙	
石墙	
砖墙	
消失墙体	
山险	
河险	
山险墙	
壕堑	
其他墙体	
关堡	
烽火台	
挡马墙	
敌台	
马面	
水关（门）	
砖瓦窑	
碑碣	
居住址	
其他相关遗址、遗迹	
省级行政中心	
地级行政中心	
县级行政中心	
乡、镇	
行政村	
省级界	
地级界	
雄安新区界	
县级界	
铁路	
高速公路及编号	
国道及编号	
省道及编号	
县道	
水系及闸坝	

比例尺　1：274 000

涞源县长城资源概况

涞源县调查长城墙体122段，总长122437米；单体建筑444座，其中：敌台275座、马面100座、烽火台68座、水关（门）1座；关堡12座；相关遗存54处。

图五　涞源县明长城单体建筑分布图

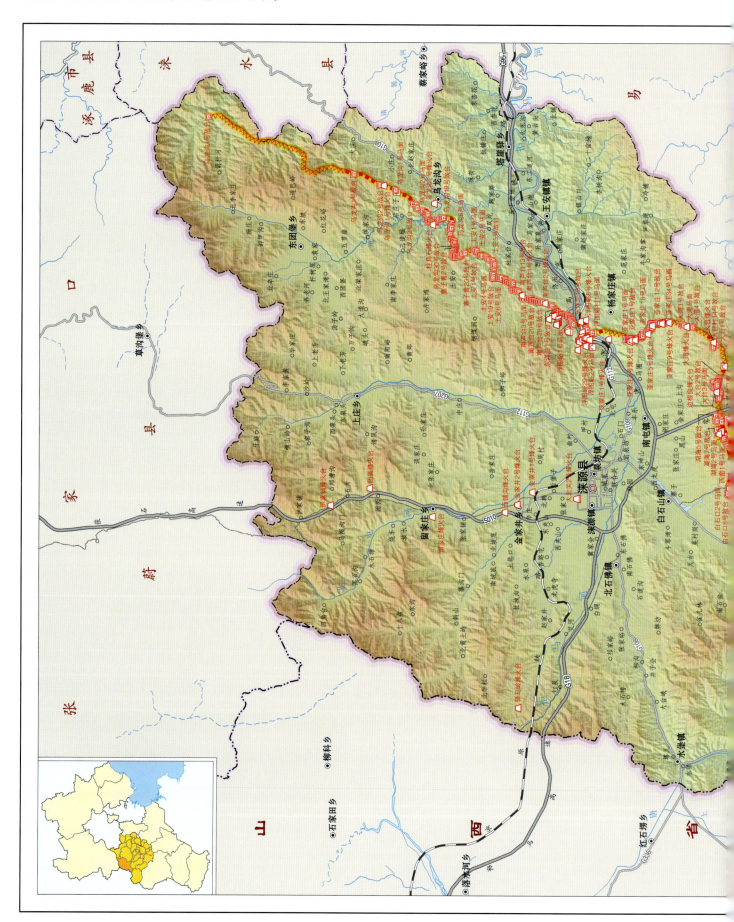

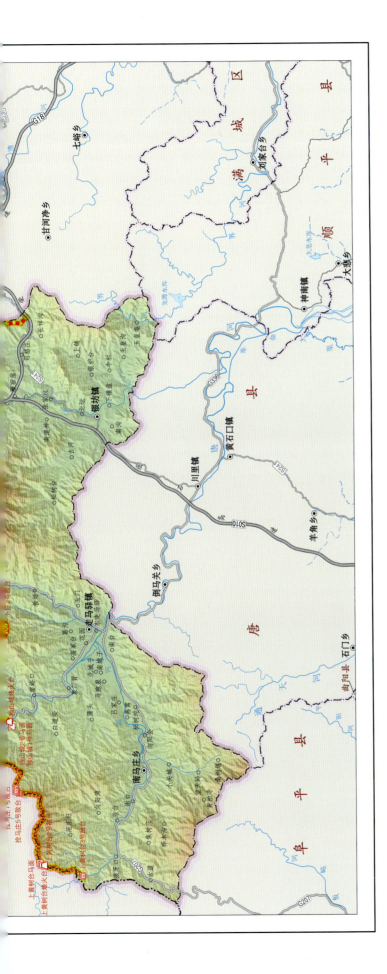

图 例

⊓⊓⊓⊓	土墙
▬▬▬▬	石墙
∏∏∏∏	砖墙
∧∧∧∧	消失墙体
ΛΛΛΛ	山险
∿∿∿∿	河险
∿∿∿∿	山险墙
▲▲▲▲	壕堑
– – – –	其他墙体
⊞	关堡
△	烽火台
⊖	挡马墙
▣	敌台
▢	马面
▣	水关（门）
⊚	砖瓦窑
⊚	碑碣
⊕	居住址
⊕	其他相关遗址、遗迹
✹	省级行政中心
●	地级行政中心
◉	县级行政中心
⊙	乡、镇
○	行政村
—·—·—	省级界
—··—··—	地级界
– – – –	雄安新区界
—·—·—	县级界
▬▬▬▬	铁路
══G7══	高速公路及编号
═G207═	国道及编号
═S247═	省道及编号
————	县道
〰	水系及闸坝

比例尺　1：274 000

涞源县长城资源概况

　　涞源县调查长城墙体122段，总长122437米；单体建筑444座，其中：敌台275座、马面100座、烽火台68座、水关（门）1座；关堡12座；相关遗存54处。

图六 唐县明长城资源分布图

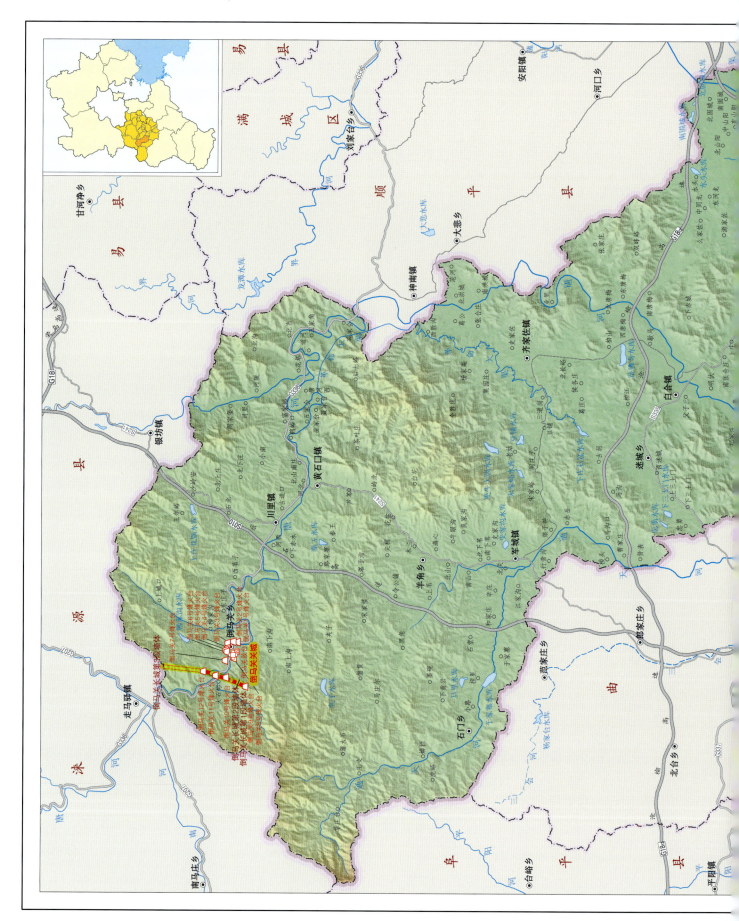

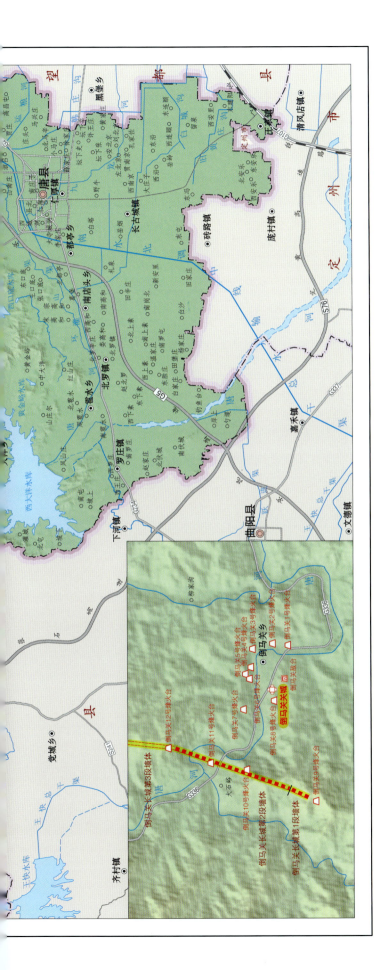

图 例

土墙
石墙
砖墙
消失墙体
山险
河险
山险墙
壕堑
其他墙体
关堡
烽火台
挡马墙
敌台
马面
水关（门）
砖瓦窑
碑碣
居住址
其他相关遗址、遗迹
省级行政中心
地级行政中心
县级行政中心
乡、镇
行政村
省级界
地级界
雄安新区界
县级界
铁路
高速公路及编号
国道及编号
省道及编号
县道
水系及闸坝

比例尺　1：215 000

唐县长城资源概况

唐县调查长城资源墙体3段，总长5068米；单体建筑13座，其中：敌台1座、烽火台12座；关堡2座。

图七 阜平县明长城资源分布图

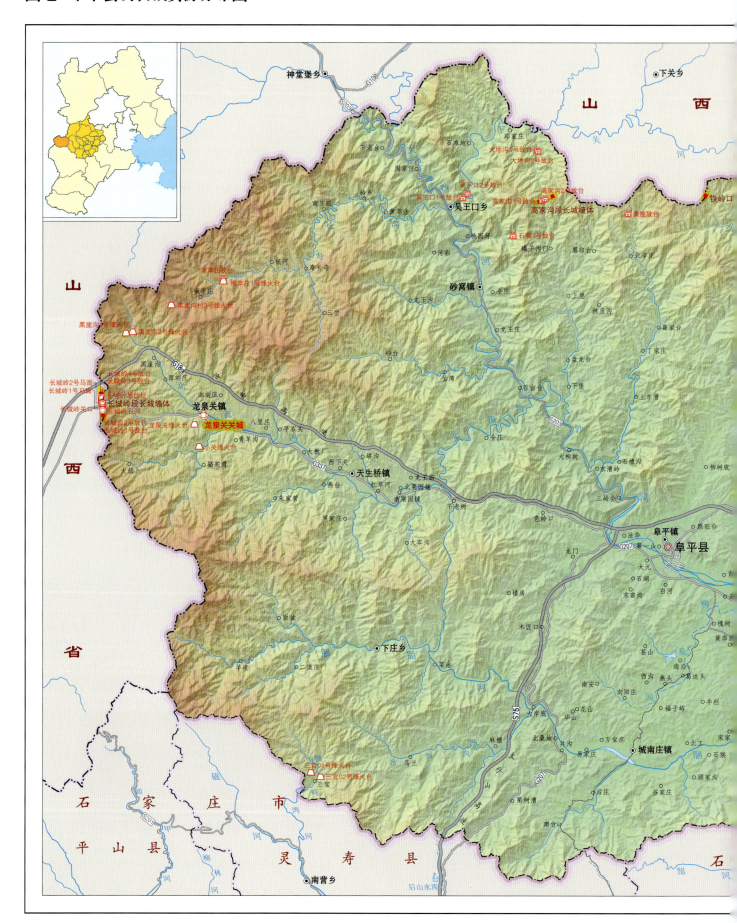

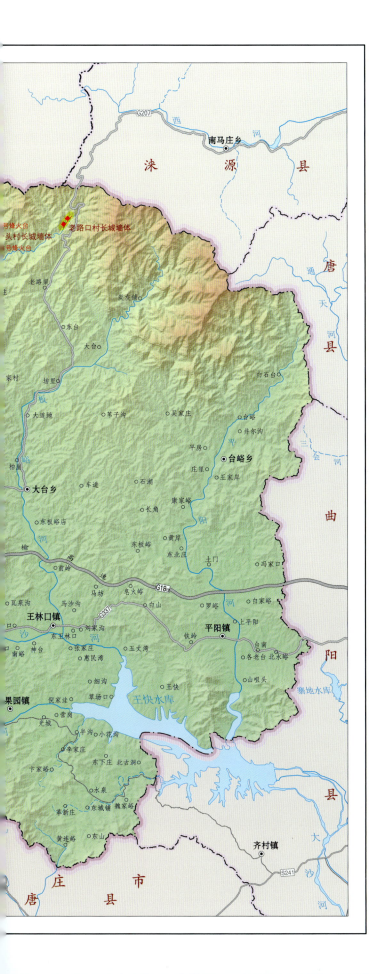

图 例

	土墙
	石墙
	砖墙
	消失墙体
	山险
	河险
	山险墙
	壕堑
	其他墙体
	关堡
	烽火台
	挡马墙
	敌台
	马面
	水关（门）
	砖瓦窑
	碑碣
	居住址
	其他相关遗址、遗迹
	省级行政中心
	地级行政中心
	县级行政中心
	乡、镇
	行政村
	省级界
	地级界
	雄安新区界
	县级界
	铁路
G7	高速公路及编号
G207	国道及编号
S247	省道及编号
	县道
	水系及闸坝

比例尺　1：225 000

阜平县长城资源概况

　　阜平县调查长城墙体6段，总长1286米；单体建筑30座，其中：敌台15座、马面2座、烽火台11座、水关（门）1座、其他单体建筑1座；关堡1座。

保定市明长城资源照片

涞水县

（一）墙体

1. 蔡树庵长城第 1 段墙体 130623382102170001

2. 蔡树庵长城第 2 段墙体 130623382102170003

3. 蔡树庵长城第 3 段墙体 130623382102170005

4. 蔡树庵长城第 4 段墙体 130623382102170006

（二）单体建筑

1. 岭南台烽火台 130623353201170001

2. 蔡树庵烽火台 130623353201170002

3. 大龙门 01 号烽火台 130623353201170003

4. 大龙门 02 号烽火台 130623353201170004

5. 蔡树庵 01 号敌台 130623352101170005

6. 蔡树庵 02 号敌台 130623352101170006

7. 蔡树庵 03 号敌台 130623352101170007

8. 蔡树庵 04 号敌台 130623352101170008

9. 蔡树庵 05 号敌台 130623352101170009

10. 蔡树庵 06 号敌台 130623352101170010

11. 大龙门 1 号敌台 130623352101170011

12. 大龙门 2 号敌台 130623352101170012

13. 蔡树庵 01 号马面 130623352101170013

14. 蔡树庵 02 号马面 130623352101170014

15. 蔡树庵 03 号马面 130623352101170015

16. 蔡树庵 04 号马面 130623352101170016

（三）关堡

1. 大龙门堡 130623353102170001

2. 金水口城堡 130623353102170002

（四）相关遗存

1.蔡树庵01居住址130623354104170001

2.蔡树庵02居住址130623354104170002

3.岔河挡马墙130623354104170003

4.杏黄挡马墙130623354104170004

5.柏林城第1段挡马墙130623354104170005

6.柏林城第2段挡马墙130623354104170006

7.岭南台第1段挡马墙130623354104170007

8.岭南台第2段挡马墙130623354104170008

9.岭南台第3段挡马墙130623354104170009

10.岭南台第4段挡马墙130623354104170010

11.岭南台第5段挡马墙130623354104170011

12.岭南台第6段挡马墙130623354104170012

13.岭南台第7段挡马墙130623354104170013

14.岭南台第8段挡马墙130623354104170014

15.岭南台第9段挡马墙130623354104170015

易县

（一）墙体

1.奇峰口村长城1段 130633382102170001

2.奇峰口长城2段 130633382102170002

3.奇峰口长城3段 130633382102170003

5.奇峰口长城5段 130633382102170005

4.奇峰口长城4段 130633382102170004

6.奇峰口长城6段 130633382102170006

7.九源长城1段 1306333821 02170007

8.九源长城2段 1306333821 02170008

9.君玉长城1段 1306333821 02170009

10.君玉长城2段 1306333821 02170010

11.君玉长城3段 1306333821 02170011

12.君玉长城4段 1306333821 02170012

13.君玉长城 5 段 1306333821021701013

14.君玉长城 6 段 1306333821021701014

15.君玉长城 7 段 1306333821021701015

16.君玉长城 8 段 1306333821021701016

17.君玉长城 9 段 1306333821021701017

18.君玉长城 10 段 1306333821021701018

19.君玉长城 11 段 1306333821021701019

20.坡下长城 1 段 1306333821021701020

21.黄土岭长城 1 段 130633382102170021

22.小盘石鸭子沟长城 1 段 130633382102170022

23.小盘石鸭子沟长城 2 段 130633382102170023

24.小盘石鸭子沟长城 3 段 130633382102170024

25.小盘石北长城 1 段 130633382102170025

26.王家庄长城 1 段 130633382102170026

27.小金城长城 1 段 130633382102170027

28.蔡家峪长城 1 段 130633382102170028

29. 蔡家峪长城 2 段 1306333821102170029

30. 蔡家峪长城 3 段 1306333821102170030

31. 口子长城 1 段 1306333821102170031

32. 紫荆关西长城 1 段 1306333821102170031

33. 小盘石东长城 1 段 1306333821102170033

34. 小盘石东长城 2 段 1306333821102170034

35. 小盘石东长城 3 段 1306333821102170035

36. 小盘石南长城 1 段 1306333821021 70036

37. 小盘石南长城 2 段 1306333821021 70037

38. 小盘石南长城 3 段 1306333821021 70038

（二）单体建筑

1. 坡下1号敌台 1306333521101170001

2. 紫荆关1号敌台 1306333521101170002

3. 紫荆关2号敌台 1306333521101170003

4. 紫荆关3号敌台 1306333521101170004

5. 紫荆关4号敌台 1306333521101170005

6. 紫荆关5号敌台 1306333521101170006

7. 紫荆关6号敌台 1306333521101170007

8. 紫荆关7号敌台 1306333521101170007

9. 紫荆关 8 号敌台 1306333352101170009

10. 紫荆关 9 号敌台 1306333352101170010

11. 奇峰口 1 号马面 1306333352101170011

12. 君玉 1 号马面 1306333352101170012

13. 君玉 2 号马面 1306333352101170013

14. 紫荆关西 1 号马面 1306333352101170014

15. 紫荆关西 2 号马面 1306333352101170015

16. 紫荆关西 3 号马面 1306333352101170016

17. 紫荆关西 4 号马面 130633352101170017

18. 紫荆关西 5 号马面 130633352101170018

19. 紫荆关西 6 号马面 130633352101170019

20. 紫荆关西 7 号马面 130633352101170020

21. 紫荆关西 8 号马面 130633352101170021

22. 小金城 1 号马面 130633352101170022

23. 小金城 2 号马面 130633352101170023

24. 小金城 3 号马面 130633352101170024

（三）关堡

1. 小盘石城 1306333531021 70001

（三）关堡

2.小金城 13063335310217 0002

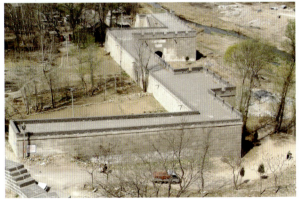

3. 紫荆关关城 130633353102170003

唐县

（一）墙体

1. 倒马关第 1 段墙体 1306273821 02170001

2. 倒马关第 2 段墙体 1306273821 02170002

3. 倒马关第 3 段墙体 1306273821 02170003

（二）单体建筑

1. 倒马关 1 号烽火台 130627353201170001

2. 倒马关 2 号烽火台 130627353201170002

3. 倒马关 3 号烽火台 130627353201170003

4. 倒马关 4 号烽火台 130627353201170004

5. 倒马关 5 号烽火台 130627353201170005

6. 倒马关 6 号烽火台 130627353201170006

7. 倒马关 7 号烽火台 130627353201170007

8. 倒马关 8 号烽火台 130627353201170008

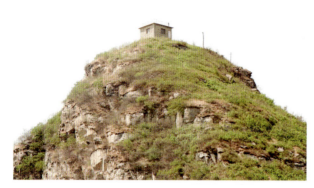

9.倒马关9号烽火台 130627353201170009

10.倒马关10号烽火台 130627353201170010

11.倒马关11号烽火台 130627353201170011

12.倒马关12号烽火台 130627353201170012

13.倒马关敌台 130627352101170013

（三）关堡

1. 倒马关关城 130627353101170001

2.军城堡 130627353102170002

阜平县

（一）墙体

1.长城岭段长城墙体 130624382102170001

2.高家沟段长城墙体 130624382102170002

3.铁岭口长城墙体 130624382102170003

4.铜绿崖段长城墙体 130624382102170004

5.口子头长城墙体 130624382102170005

6.老路口长城墙体 130624382102170006

（二）单体建筑

1. 三官 01 号烽火台 130624353201170001

2. 三官 02 号烽火台 130624353201170002

3. 小关烽火台 130624353201170003

4. 龙泉关烽火台 130624353201170004

5. 长城岭烽火台 130624353201170005

6. 黑崖沟 1 号烽火台 130624353201170006

7. 黑崖沟 2 号烽火台 130624353201170007

8. 黑崖沟村 3 号烽火台 130624353201170008

9.南辛庄1号烽火台 13062435320117 0009

10.口子头1号烽火台 13062435320117 0010

11.口子头2号烽火台 13062435320117 0011

12.长城岭1号敌台 13062435210117 0012

13.长城岭2号敌台 13062435210117 0013

14.长城岭3号敌台 13062435210117 0014

15.长城岭4号敌台 13062435210117 0015

16.南辛庄敌台 13062435210117 0016

17.吴王口1号敌台 130624352101170017

18.吴王口2号敌台 130624352101170018

19.大地沟1号敌台 130624352101170019

20.大地沟2号敌台 130624352101170020

21.高家沟1号敌台 130624352101170021

22.高家沟2号敌台 130624352101170022

23.黄崖敌台 130624352101170023

24.铜绿崖1号敌台 130624352101170024

25.铜绿崖 2 号敌台 130624352101170025

26.七里沟敌台 130624352101170026

27.长城岭 1 号马面 130624352101170027

28.长城岭 2 号马面 130624352101170028

29.长城岭关口 130624352101170029

30.长城岭石洞 130624352101170030

（三）关堡

1.龙泉关关城 130624353101170001

石家庄市明长城资源分布图

图二　灵寿县明长城资源分布图

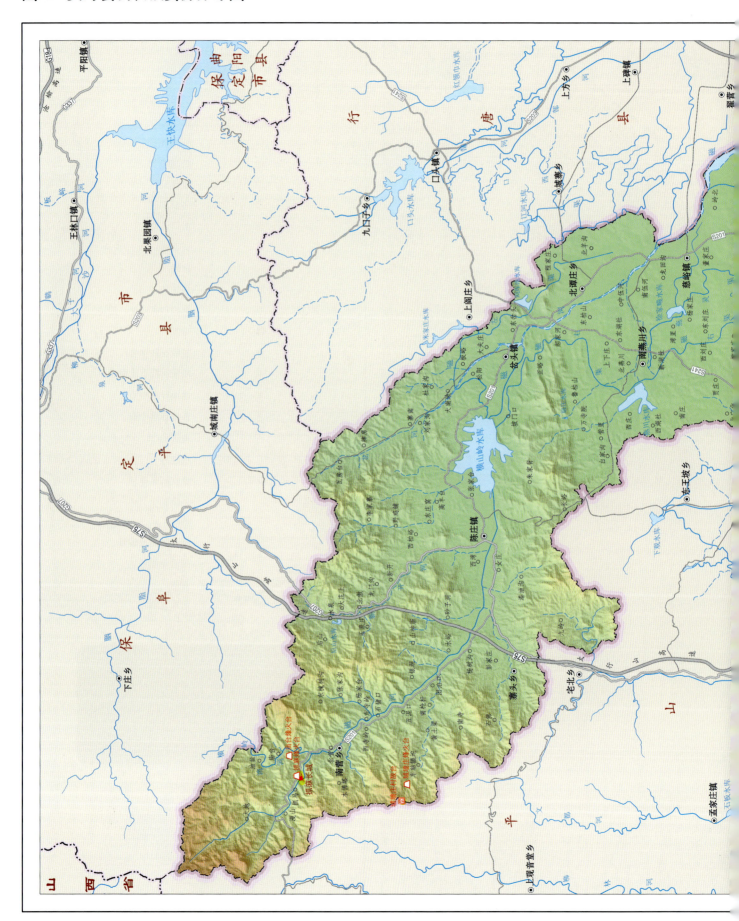

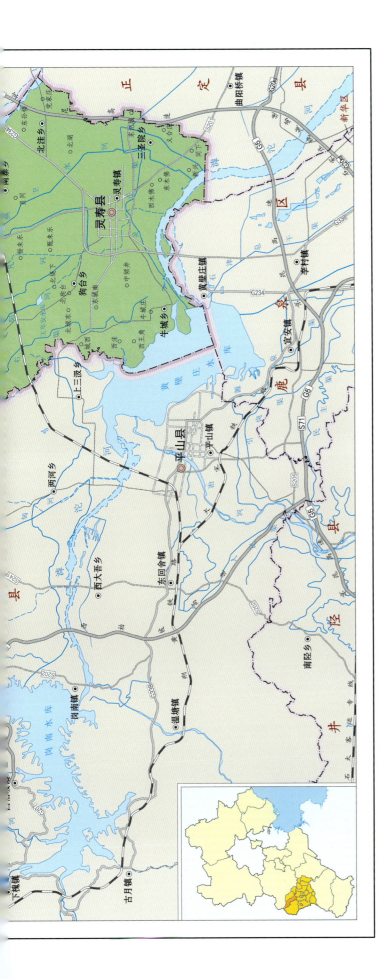

土墙
石墙
砖墙
消失墙体
山险
河险
山险墙
壕堑
其他墙体
关堡
烽火台
挡马墙
敌台
马面
水关（门）
砖瓦窑
碑碣
居住址
其他相关遗址、遗迹
省级行政中心
地级行政中心
县级行政中心
乡、镇
行政村
省级界
地级界
雄安新区界
县级界
铁路
G7 高速公路及编号
G207 国道及编号
S247 省道及编号
县道
水系及闸坝

比例尺　1：236 000

灵寿县长城资源概况

灵寿县调查长城墙体2段，长552米；单体建筑4座，其中：敌台1座、烽火台3座。

图三 平山县明长城资源分布图

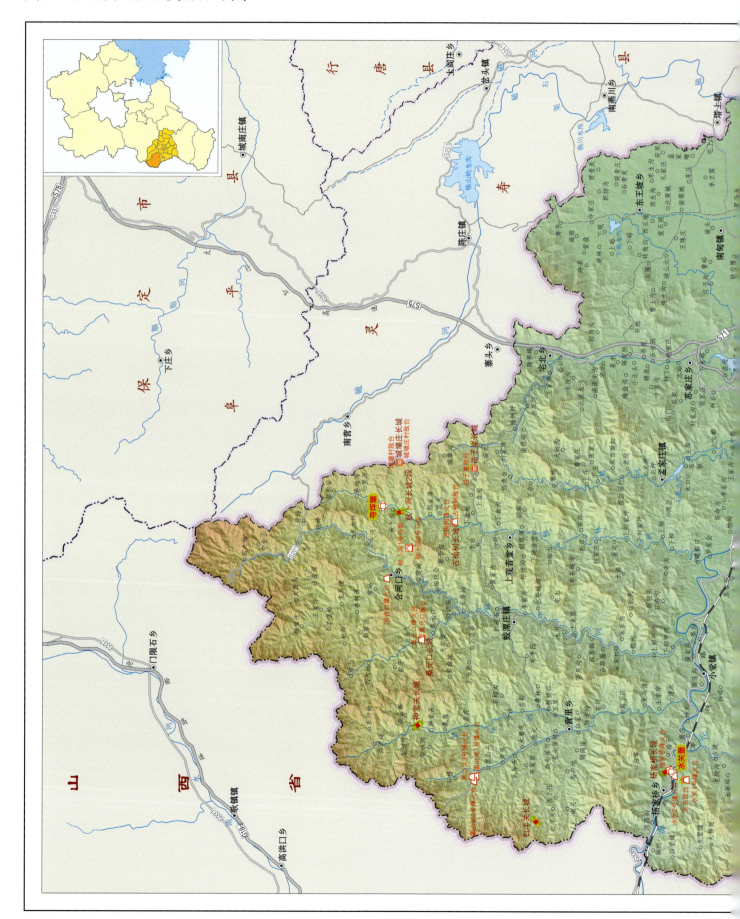

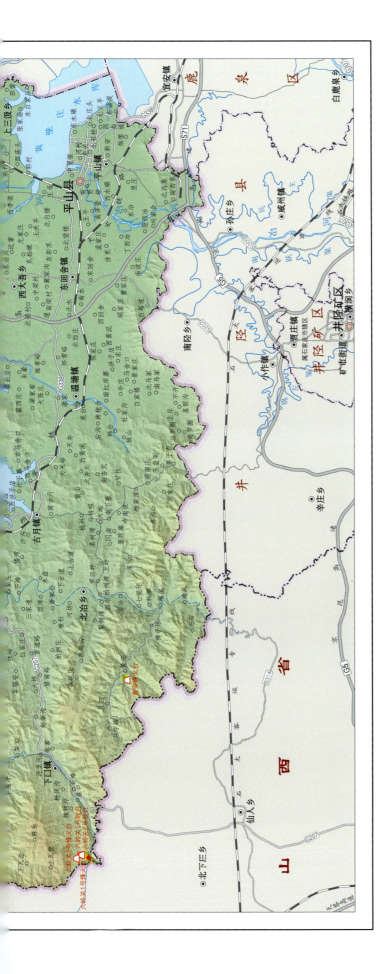

图　例

土墙
石墙
砖墙
消失墙体
山险
河险
山险墙
壕堑
其他墙体
关堡
烽火台
挡马墙
敌台
马面
水关（门）
砖瓦窑
碑碣
居住址
其他相关遗址、遗迹
省级行政中心
地级行政中心
县级行政中心
乡、镇
行政村
省级界
地级界
雄安新区界
县级界
铁路
高速公路及编号
国道及编号
省道及编号
县道
水系及闸坝

比例尺　1：280 000

平山县长城资源概况

平山县调查长城墙体25段，长4029米；单体建筑22座，其中：敌台6座、马面2座、烽火台14座；关堡2座。

图四 鹿泉区明长城资源分布图

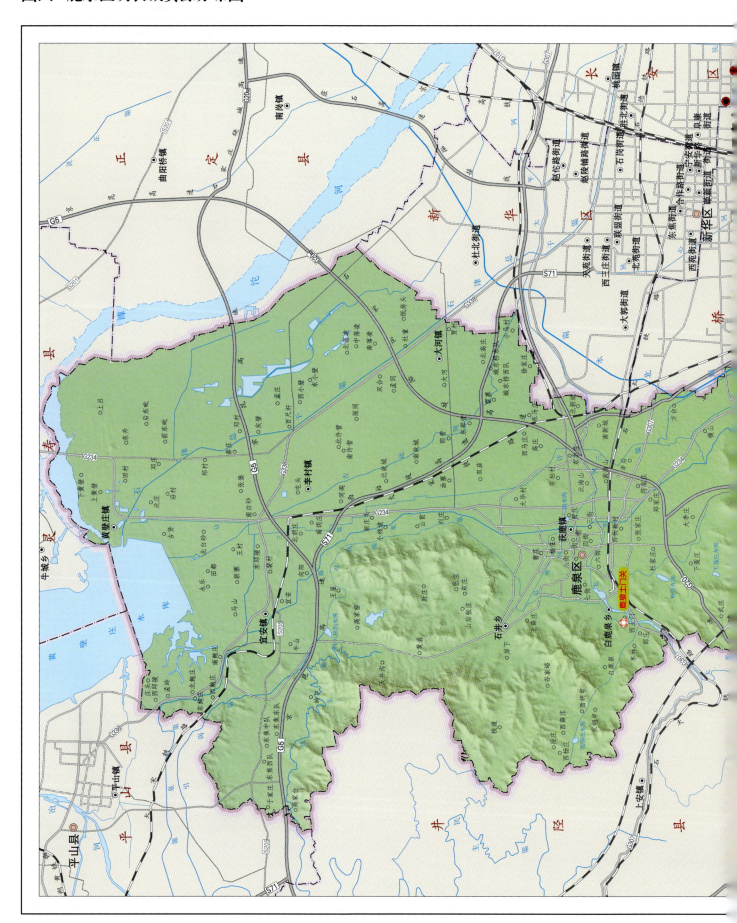

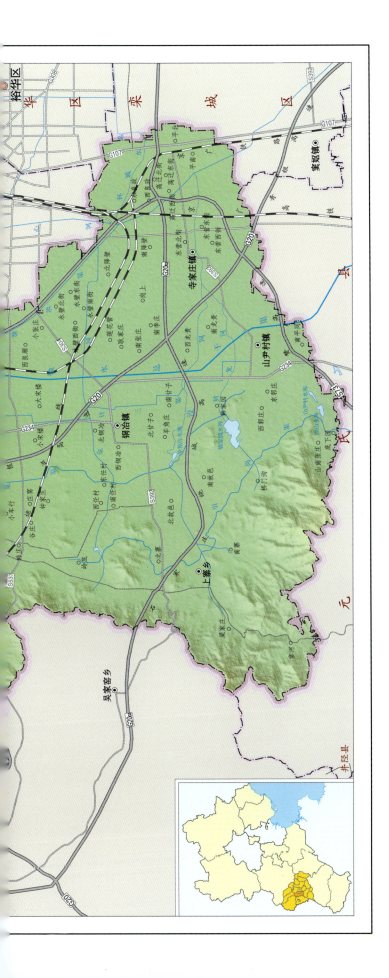

图 例

土墙	
石墙	
砖墙	
消失墙体	
山险	
河险	
山险墙	
壕堑	
其他墙体	
关堡	
烽火台	
挡马墙	
敌台	
马面	
水关（门）	
砖瓦窑	
碑碣	
居住址	
其他相关遗址、遗迹	
省级行政中心	
地级行政中心	
县级行政中心	
乡、镇	
行政村	
省级界	
地级界	
雄安新区界	
县级界	
铁路	
高速公路及编号	
国道及编号	
省道及编号	
县道	
水系及闸坝	

比例尺　1：135 000

鹿泉区长城资源概况

鹿泉区调查长城关堡1座。

图五　井陉县明长城资源分布图

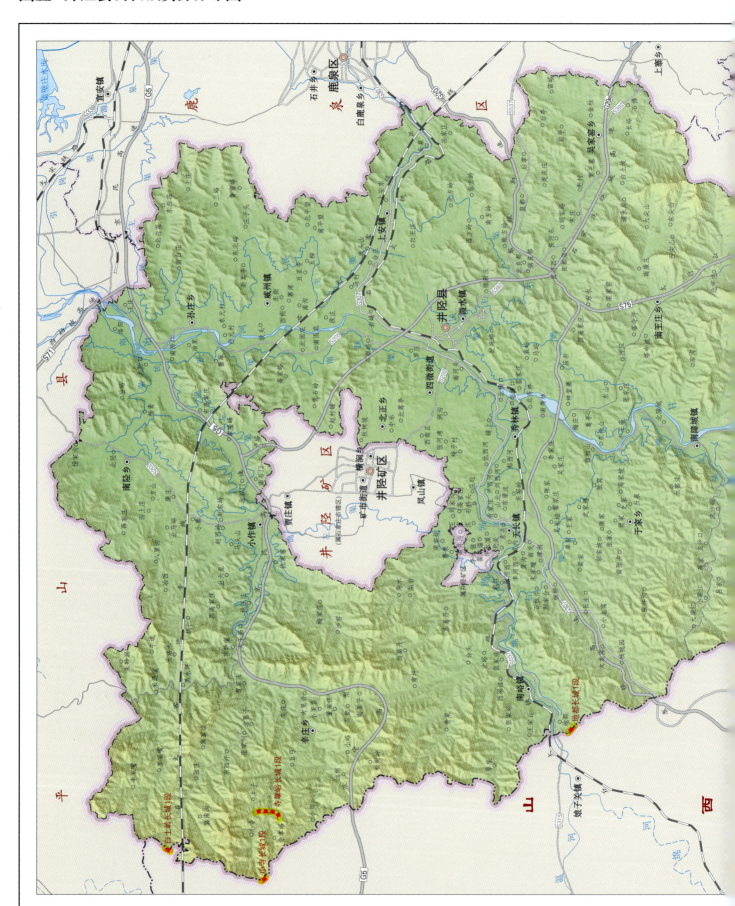

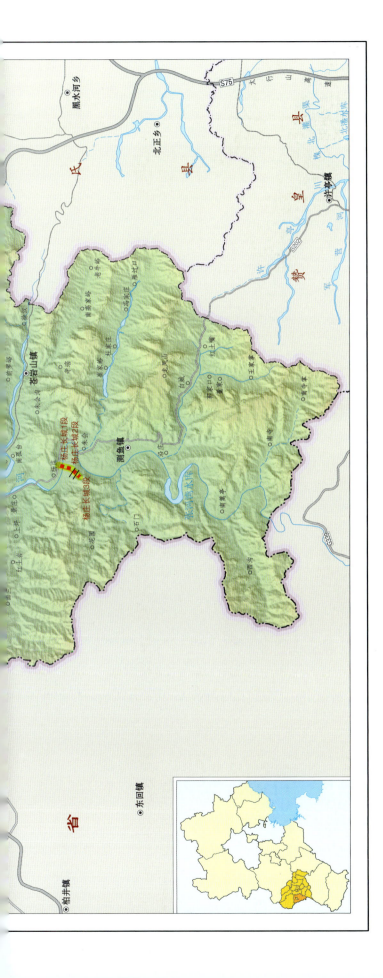

图 例

土墙	
石墙	
砖墙	
消失墙体	
山险	
河险	
山险墙	
壕堑	
其他墙体	

关堡
烽火台
挡马墙
敌台
马面
水关（门）
砖瓦窑
碑碣
居住址
其他相关遗址、遗迹
省级行政中心
地级行政中心
县级行政中心
乡、镇
行政村
省级界
地级界
雄安新区界
县级界
铁路
高速公路及编号
国道及编号
省道及编号
县道
水系及闸坝

比例尺 1：185 000

井陉县长城资源概况

井陉县调查长城墙体14段，长5569米，单体建筑22座，其中：敌台5座、马面8座、烽火台9座。

图六 赞皇县明长城资源分布图

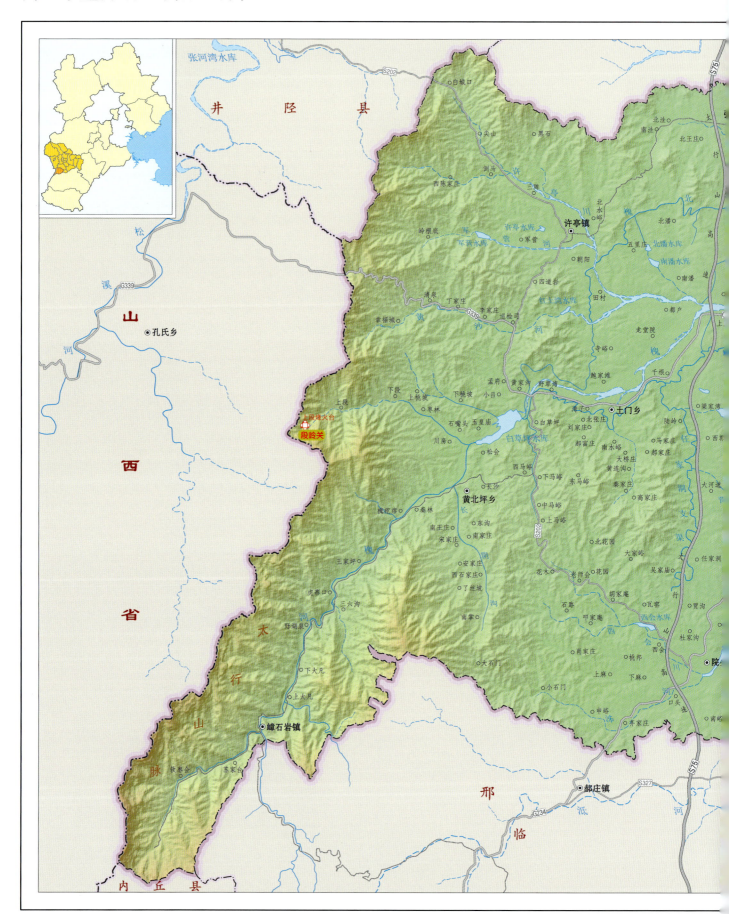

图六 赞皇县明长城资源分布图

土墙
石墙
砖墙
消失墙体
山险
河险
山险墙
壕堑
其他墙体
关堡
烽火台
挡马墙
敌台
马面
水关（门）
砖瓦窑
碑碣
居住址
其他相关遗址、遗迹
省级行政中心
地级行政中心
县级行政中心
乡、镇
行政村
省级界
地级界
雄安新区界
县级界
铁路
G7 高速公路及编号
G207 国道及编号
S247 省道及编号
县道
水系及闸坝

比例尺　1：155 000

赞皇县长城资源概况

赞皇县调查长城单体建筑烽火台1座，关堡1座。

石家庄市明长城资源照片

灵寿县

（一）墙体

1.抓麻长城 13012638210217 0001

2.城墙庄长城 13012638210217 0002

（二）单体建筑

1.城墙庄村烽火台 13012635320117 0001

2.抓麻烽火台 13012638210217 0002

3.庙台烽火台 13012635320117 0003

4.城墙村敌台 13012635210119 0004

平山县

15.白羊关长城 13013138210217 0015

16.神堂关长城 13013138210217 0016

17.桑元口长城 13013138210217 0017

18.合河口长城 13013138210217 0018

19.秋卜洞长城 1 段 13013138210217 0019

20.秋卜洞长城 2 段 13013138210217 0020

21.古榆树长城 13013138210217 0021

22.岳子崖长城 13013138212102170022

23.上瓦岔长城 1 段 13013138212102170023

24.上瓦岔长城 2 段 13013138212102170024

25.上瓦岔长城 3 段 13013138212102170025

（二）单体建筑

1.六岭关1号敌台 130131352101170001

2.六岭关2号敌台 130131352101170002

3.水关敌台 130131352101170003

4.桑元口敌台南立面 130131352101170004

6.岳子崖敌台 130131352101170006

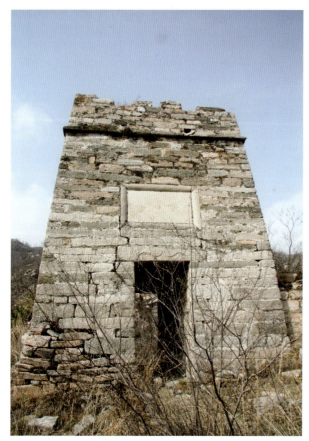

5.古榆树敌台北立面 130131352101170005

7.秋卜洞1号马面 130131352102170007

8.秋卜洞 2 号马面 130131352102170008

9.黄安烽火台 130131353201170009

10.六岭关 1 号烽火台 130131353201170010

11.六岭关 2 号烽火台 130131353201170011

12.蹚马 1 号烽火台 130131353201170012

13.蹚马 2 号烽火台 130131353201170013

14.水关 1 号烽火台 130131353201170014

15.水关 2 号烽火台 130131353201170015

16. 杨家桥烽火台 1301313532011170016

17. 黑山关 1 号烽火台 1301313532011170017

18. 黑山关 2 号烽火台 1301313532011170018

19. 黑山关 3 号烽火台 1301313532011170019

20. 桑元口烽火台 1301313532011170020

21. 合河口烽火台 1301313532011170021

22. 古榆树烽火台 1301313532011170022

（三）关堡

1. 寺坪堡 1301313531021 70001

2. 水关堡 1301313531021 70002

鹿泉市

（一）关堡

1. 鹿泉土门关 130185353101170001

井陉县

（一）墙体

1.白土岭长城 1 段 1301213821021 70001

2.白土岭长城 2 段 1301213821021 70002

3.白土岭长城 3 段 1301213821021 70003

4.白土岭长城 4 段 1301213821021 70004

6.寺掌峪长城 1 段 1301213821021 70006

5. 白土岭长城 5 段 1301213821021 70005

7. 小寺长城 1 段 1301213821021 70007

8. 凉沟桥长城 1 段 1301213821021 70008

9. 松树岭长城 1 段 1301213821021 70009

10. 岸底长城 1 段 1301213821021 70010

11. 地都长城 1 段 1301213021021 70011

12. 杨庄长城 2 段 1301213821021 70012

14.杨庄长城 3 段 130121382102170014

13.杨庄长城 2 段 130121382102170013

（二）单体建筑

1.杨庄 1 号敌台 130121352101170001

2.杨庄 2 号敌台 130121352101170002

3.杨庄 3 号敌台 130121352101170003

4.杨庄 4 号敌台 130121352101170004

5.杨庄 5 号敌台 130121352101170005

6.白土岭 1 号马面 130121352101170006

7.凉沟桥 1 号马面 130121352101170007

8.白土岭 1 号战台 130121352101170008

9.寺掌峪 1 号战台 130121352101170009

10.凉沟桥 1 号战台 130121352101170010

11.松树岭 1 号战台 130121352101170011

12.杨庄 1 号战台 130121352101170012

13.杨庄 2 号战台 130121352101170013

14.白土岭 1 号烽火台 130121353201170014

15.寺掌峪 1 号烽火台 130121353201170015

16.小寺 1 号烽火台 130121353201170016

17.凉沟桥 1 号烽火台 13012135320117017

18.凉沟桥 2 号烽火台 13012135320117018

19.贵泉四队 1 号烽火台 13012135320117019

20.岸底 1 号烽火台 13012135320117020

21.岸底 2 号烽火台 13012135320117020

22.杨庄 1 号烽火台 13012135320117022

赞皇县

（一）单体建筑

1.上段烽火台 130129353201170001

（二）关堡

1.段岭关 130129353101170001

邢台市明长城资源

分 布 图

图一　邢台市明长城资源分布图

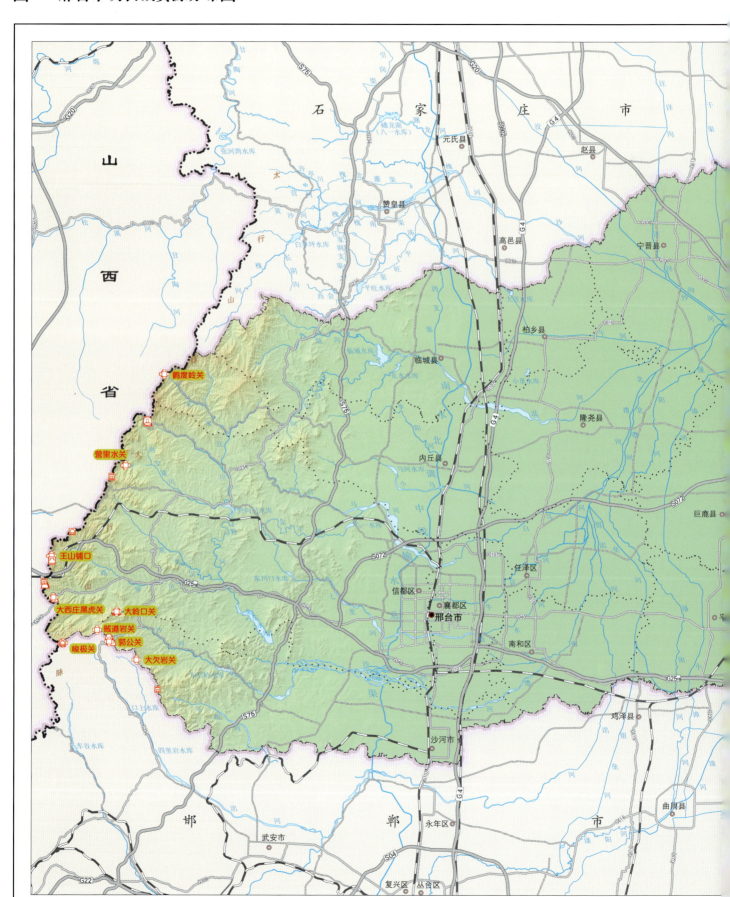

图一　邢台市明长城资源分布图

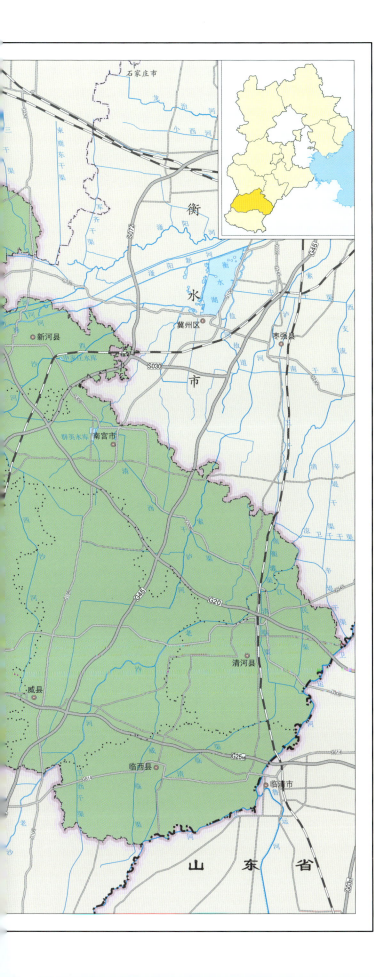

图 例

〰〰〰〰	明长城墙体
⊕	关堡
△	烽火台
⊖	挡马墙
⊡	敌台
⊞	马面
⊡	水门（关）
◎	砖瓦窑
⊙	碑碣
◪	居住址
⊟	其他相关遗址、遗迹
⊛	首都
⊛	省级行政中心
★	雄安新区市民服务中心
●	地级行政中心
◎	县级行政中心
—·—·—	省级界
— — —	地级界
– – –	雄安新区界
··········	县级界
—▬—▬—	铁路
═G7═	高速公路及编号
─G207─	国道及编号
────	省道
〰	水系及闸坝

比例尺　1：590 000

邢台市长城资源概况

　　邢台市明长城资源调查墙体8段，总长2395米；单体建筑15座，其中：敌台6座、马面1座、烽火台8座；关堡9座。

图二 内丘县明长城资源分布图

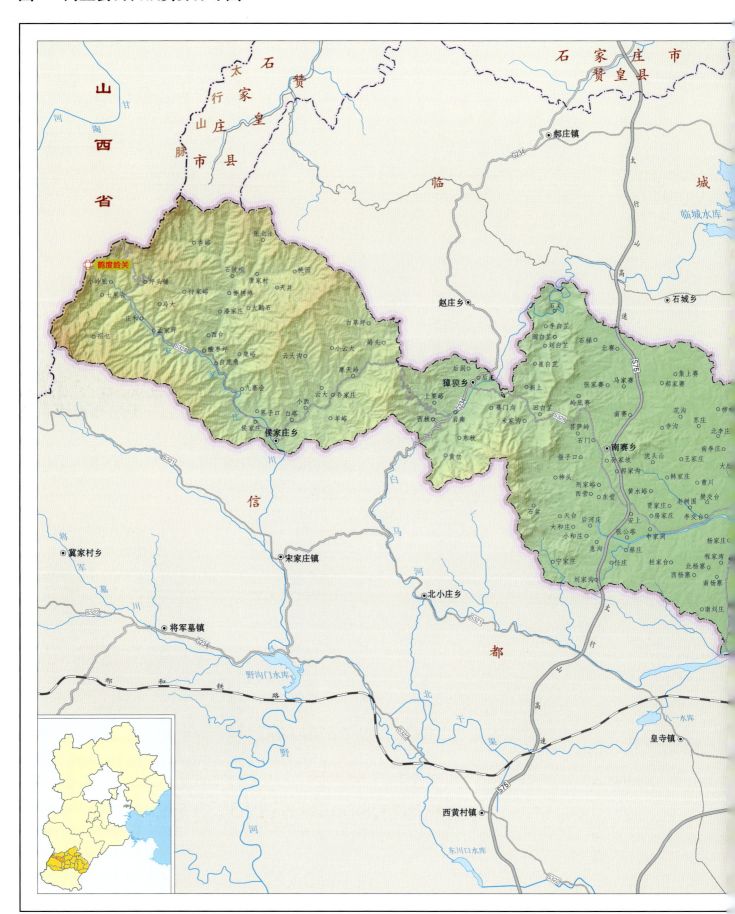

图 例

土墙	
石墙	
砖墙	
消失墙体	
山险	
河险	
山险墙	
壕堑	
其他墙体	
关堡	
烽火台	
挡马墙	
敌台	
马面	
水关（门）	
砖瓦窑	
碑碣	
居住址	
其他相关遗址、遗迹	
省级行政中心	
地级行政中心	
县级行政中心	
乡、镇	
行政村	
省级界	
地级界	
雄安新区界	
县级界	
铁路	
高速公路及编号	
国道及编号	
省道及编号	
县道	
水系及闸坝	

比例尺　1：196 000

内丘县长城资源概况

内丘县调查长城关堡1座。

图三　信都区明长城资源分布图

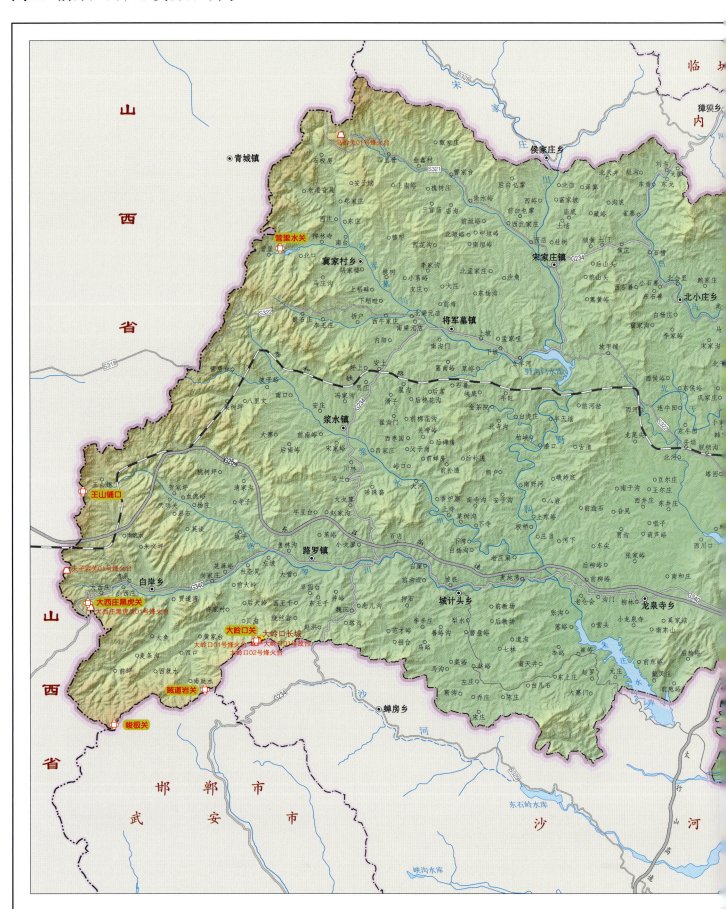

邢台市明长城资源照片

内丘县

（一）关堡

1. 鹤度岭关 130523353101170001

邢台县

（一）墙体

1.马岭关长城 13052138210217 0001

2.王三铺长城 13052138210217 0002

3.紫金山长城 13052138210217 0003

4.大西庄黑虎关长城 13052138210217 0004

5.夫子岩长城 13052138210217 0005

6.菅里关长城 13052138210217 0006

（一）墙体

1. 大岭口长城 130582353101170001

2. 黄背岩长城 130582382102170002

（二）单体建筑

1.黄背岩 01 号烽火台 130582353201170001

2.黄背岩 02 号烽火台 130582353201170002

3.黄背岩 03 号烽火台 130582353201170003

4.黄背岩 01 号马面 130582353201170004

5.黄背岩 01 号敌台 130582353201170005

6.黄背岩 02 号敌台 130582353201170006

7.黄背岩 03 号敌台 130582353201170007

8.黄背岩 04 号敌台 130582353201170008

9. 黄背岩 05 号敌台 130582353201170009

10. 大岭口 01 号烽火台 130582353201170010

11. 大岭口 02 号烽火台 130582353201170011

12. 大岭口 01 号敌台 130582353201170012

（三）关堡

1. 郭公关 13058235310117000 1

2. 大岭口 13058235310117000 2

3. 大欠岩关 13058235310117000 3

邯郸市明长城资源

分布图

图一 邯郸市明长城资源分布图

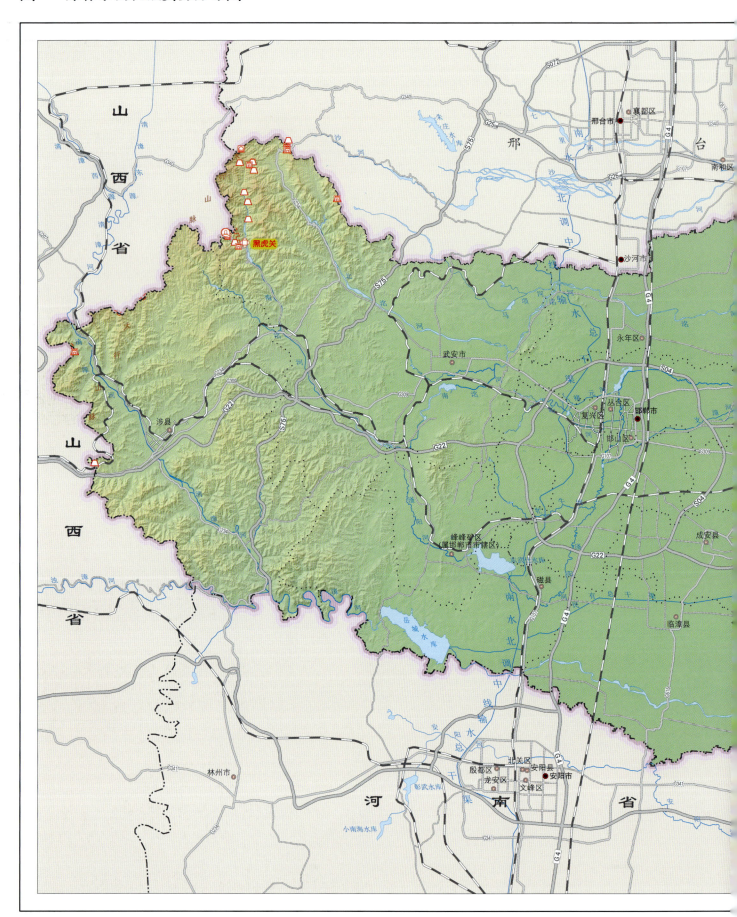

图一 邯郸市明长城资源分布图

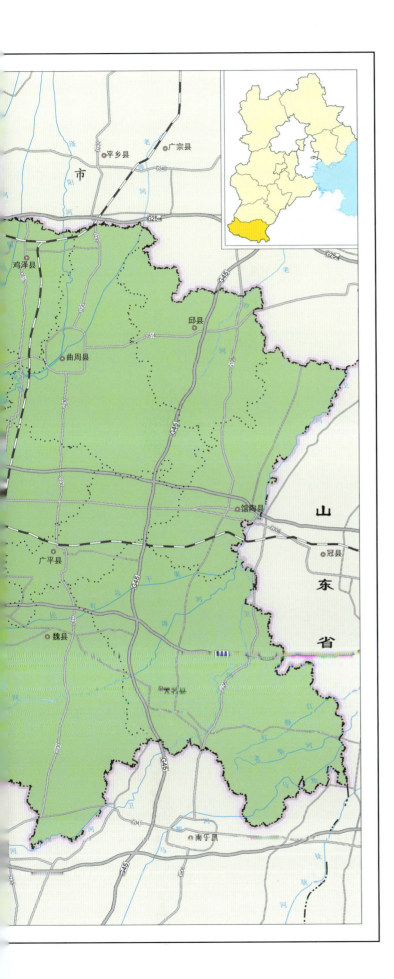

图　例

明长城墙体
关堡
烽火台
挡马墙
敌台
马面
水门（关）
砖瓦窑
碑碣
居住址
其他相关遗址、遗迹
首都
省级行政中心
雄安新区市民服务中心
地级行政中心
县级行政中心
省级界
地级界
雄安新区界
县级界
铁路
高速公路及编号
国道及编号
省道
水系及闸坝

比例尺　1：570 000

邯郸市长城资源概况

　　邯郸市明长城资源调查墙体13段，总长4664米；单体建筑21座，其中：敌台5座、烽火台16座；关堡1座。

图二 武安市明长城资源分布图

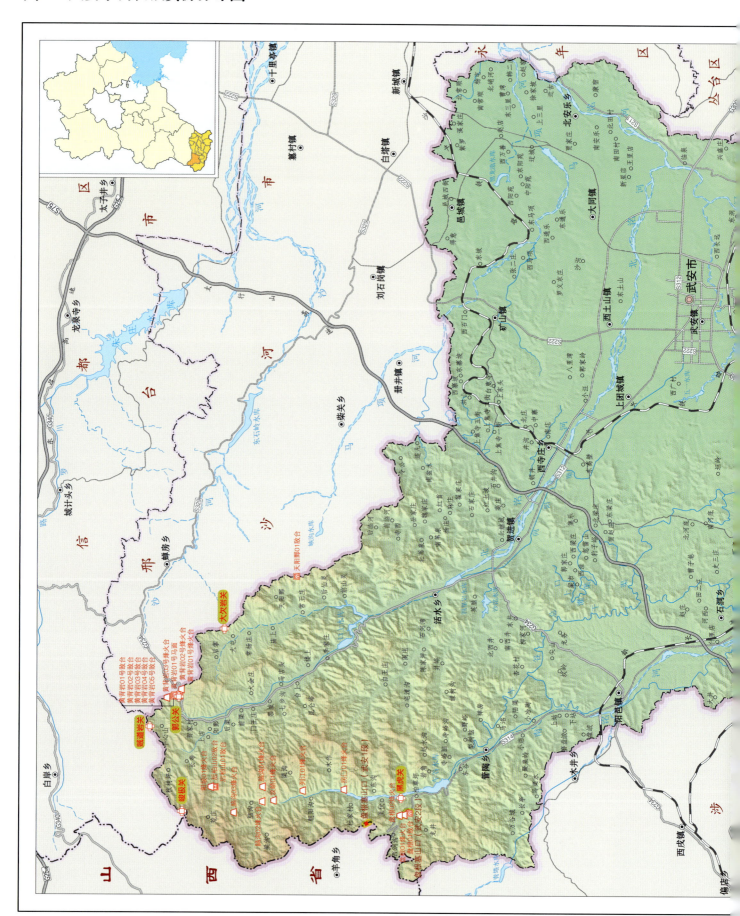

图二 武安市明长城资源分布图

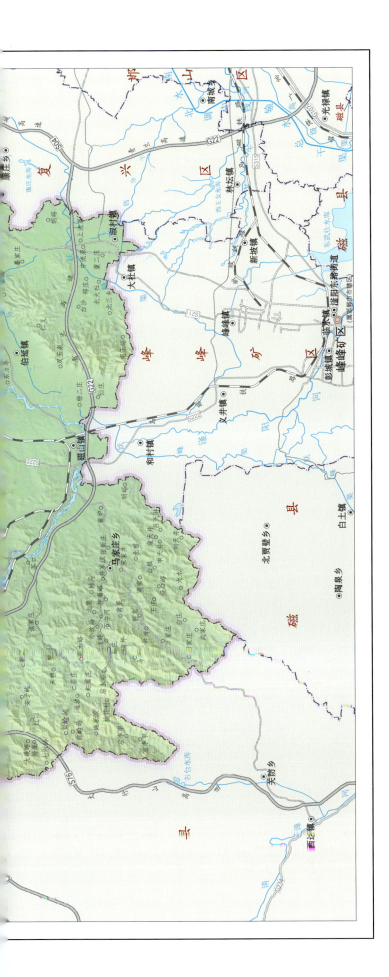

图　例

(土墙符号)	土墙
(石墙符号)	石墙
(砖墙符号)	砖墙
(消失墙体符号)	消失墙体
(山险符号)	山险
(河险符号)	河险
(山险墙符号)	山险墙
(壕堑符号)	壕堑
(其他墙体符号)	其他墙体
(关堡符号)	关堡
(烽火台符号)	烽火台
(挡马墙符号)	挡马墙
(敌台符号)	敌台
(马面符号)	马面
(水关门符号)	水关（门）
(砖瓦窑符号)	砖瓦窑
(碑碣符号)	碑碣
(居住址符号)	居住址
(其他相关遗址符号)	其他相关遗址、遗迹
(省级行政中心符号)	省级行政中心
(地级行政中心符号)	地级行政中心
(县级行政中心符号)	县级行政中心
(乡镇符号)	乡、镇
(行政村符号)	行政村
(省级界符号)	省级界
(地级界符号)	地级界
(雄安新区界符号)	雄安新区界
(县级界符号)	县级界
(铁路符号)	铁路
G7	高速公路及编号
G207	国道及编号
S247	省道及编号
(县道符号)	县道
(水系符号)	水系及闸坝

比例尺　1：237 000

武安市长城资源概况

　　武安市调查长城墙体6段，总长2257米；单体建筑13座，其中：敌台4座、烽火台9座。

图三 涉县明长城资源分布图

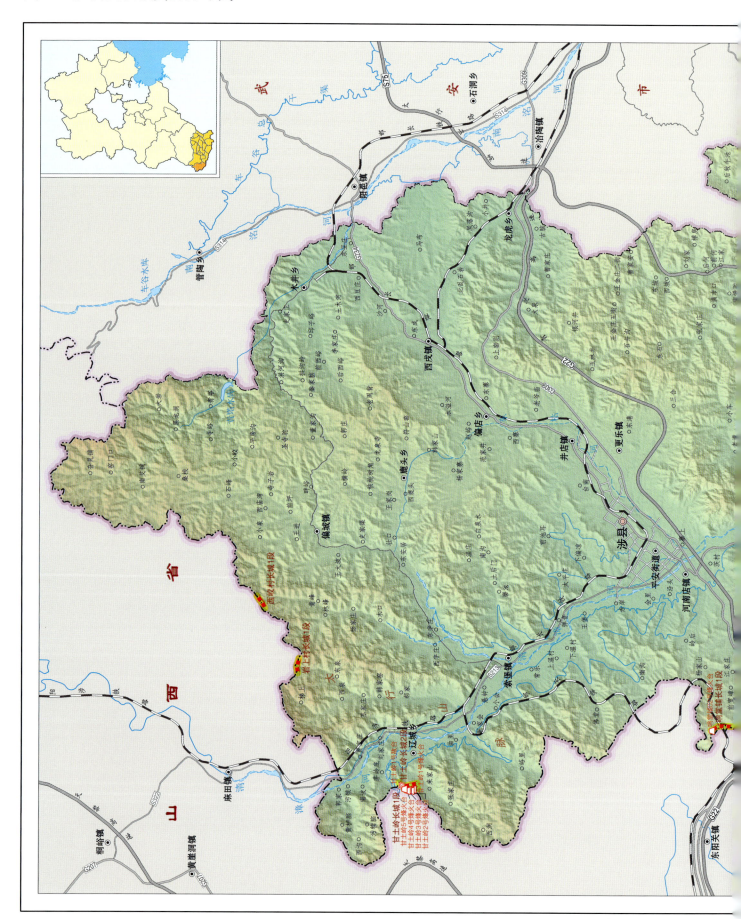

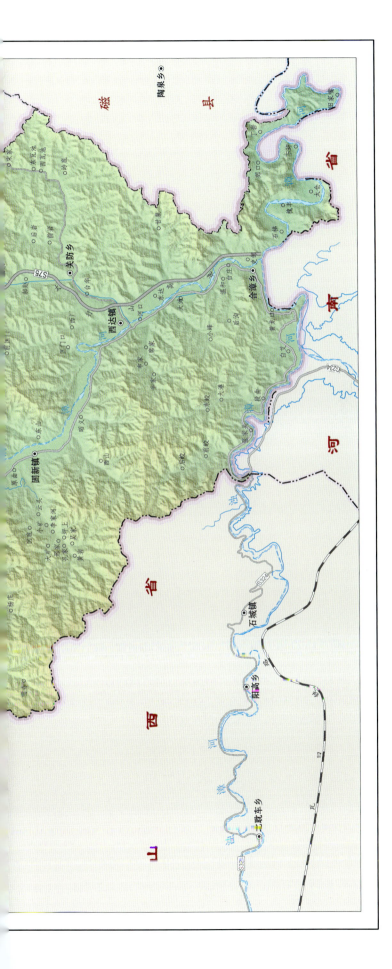

图 例

	土墙
	石墙
	砖墙
	消失墙体
	山险
	河险
	山险墙
	壕堑
	其他墙体
	关堡
	烽火台
	挡马墙
	敌台
	马面
	水关（门）
	砖瓦窑
	碑碣
	居住址
	其他相关遗址、遗迹
	省级行政中心
	地级行政中心
	县级行政中心
	乡、镇
	行政村
	省级界
	地级界
	雄安新区界
	县级界
	铁路
	高速公路及编号
	国道及编号
	省道及编号
	县道
	水系及闸坝

比例尺　1∶205 000

涉县长城资源概况

涉县调查长城墙体7段，总长2407米；单体建筑8座，其中：敌台1座、烽火台7座；关堡1座。

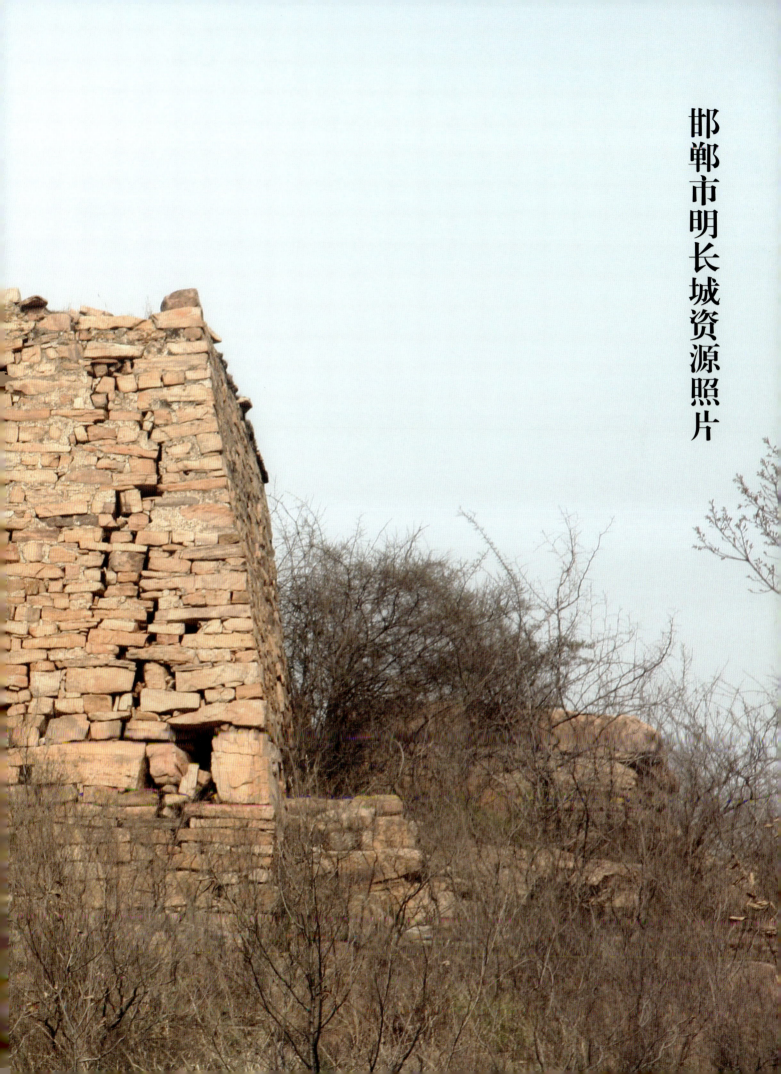

（一）墙体

1.盘根塞山口长城1段 130481382102170001

2.盘根塞山口长城2段 130481382102170002

3.盘根塞山口长城3段 130481382102170003

4.盘根塞山口4段 130481382102170004

5.天阳鄣长城1段 130481382102170002

6.荒庄长城1段 130481382102170006

（二）单体建筑

1 盘根 01 烽火台 130481353201170001

2 盘根 01 敌台 130481352101170002

3 盘根 02 烽火台 130481353201170003

4 脑沟 01 烽火台 130481353201170004

5 脑沟 02 烽火台 130481353201170005

6 脑沟 03 烽火台 130481353201170006

7 拐岐 01 烽火台 130481353201170007

8 列江 01 烽火台 130481353201170008

9 坟峪 01 烽火台 1304813532011170009

10 天阳鄄 01 敌台 1304813521101170010

11 后柏山 01 敌台 1304813521101170011

12 后柏山 02 敌台 1304813521011/0012

13 阳坡 01 烽火台 1304813532011170013

涉县

(一)墙体

1. 响堂铺长城 1 段 1304263821021700001

2. 甘土岭长城 1 段 1304263821021700002

3. 甘土岭长城 2 段 1304263821021700003

4. 茅岭底长城 1 段 1304263821021700004

5. 岩上长城 1 段 1304263021021900005

6. 西崚长城 1 段 1304263821021900006

7. 白坛峧长城 1 段 1304263821021900007

（二）单体建筑

1. 响堂铺 1 号烽火台 130426382102170001

2. 响堂铺 02 号烽火台 130426353201170002

3. 甘土岭 1 号烽火台 130426353201170003

4. 甘土岭 2 号烽火台 130426353201170004

5. 甘土岭 3 号烽火台 130426353201170005

6. 甘土岭 4 号烽火台 130426353201170006

7. 甘土岭 5 号烽火台 130426353201170007

8. 甘土岭 1 号敌台 130426352101170008

（三）关堡

1. 黑虎关 130426353101190001